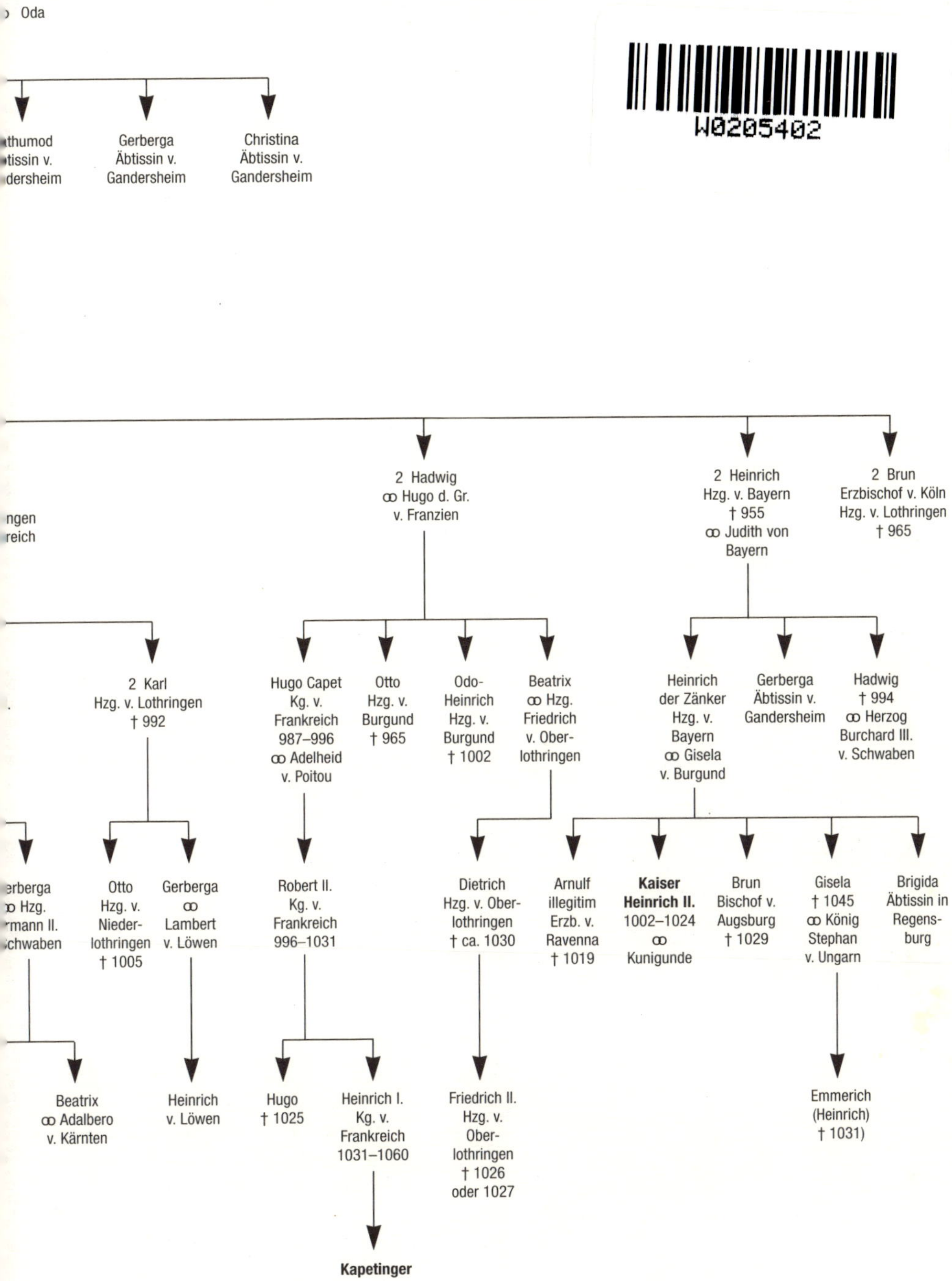

Oda
thumod
tissin v.
dersheim
Gerberga
Äbtissin v.
Gandersheim
Christina
Äbtissin v.
Gandersheim
ngen
reich
2 Hadwig
∞ Hugo d. Gr.
v. Franzien
2 Heinrich
Hzg. v. Bayern
† 955
∞ Judith von
Bayern
2 Brun
Erzbischof v. Köln
Hzg. v. Lothringen
† 965
2 Karl
Hzg. v. Lothringen
† 992
Hugo Capet
Kg. v.
Frankreich
987–996
∞ Adelheid
v. Poitou
Otto
Hzg. v.
Burgund
† 965
Odo-
Heinrich
Hzg. v.
Burgund
† 1002
Beatrix
∞ Hzg.
Friedrich
v. Ober-
lothringen
Heinrich
der Zänker
Hzg. v.
Bayern
∞ Gisela
v. Burgund
Gerberga
Äbtissin v.
Gandersheim
Hadwig
† 994
∞ Herzog
Burchard III.
v. Schwaben
erberga
∞ Hzg.
rmann II.
chwaben
Otto
Hzg. v.
Nieder-
lothringen
† 1005
Gerberga
∞
Lambert
v. Löwen
Robert II.
Kg. v.
Frankreich
996–1031
Dietrich
Hzg. v. Ober-
lothringen
† ca. 1030
Arnulf
illegitim
Erzb. v.
Ravenna
† 1019
Kaiser
Heinrich II.
1002–1024
∞
Kunigunde
Brun
Bischof v.
Augsburg
† 1029
Gisela
† 1045
∞ König
Stephan
v. Ungarn
Brigida
Äbtissin in
Regens-
burg
Beatrix
∞ Adalbero
v. Kärnten
Heinrich
v. Löwen
Hugo
† 1025
Heinrich I.
Kg. v.
Frankreich
1031–1060
Friedrich II.
Hzg. v.
Ober-
lothringen
† 1026
oder 1027
Emmerich
(Heinrich)
† 1031)
Kapetinger

Manfred Höfer

Heinrich II.

Manfred Höfer

Heinrich II.

Das Leben und Wirken
eines Kaisers

BECHTLE

Besuchen Sie uns im Internet unter
http://www.herbig.net

Schutzumschlag: Wolfgang Heinzel
Motiv: AKG, Berlin
Satz: Fotosatz Völkl, Puchheim
Druck: Jos. C. Huber KG, Dießen
Binden: R. Oldenbourg, München
Printed in Germany
ISBN 3-7628-0566-0

Inhaltsverzeichnis

Dem Helden gebührt das ehrenvolle Andenken –
dem Friedvollen gehört die Liebe –
dem aber,
der sich opfert im Dienst für die Gemeinschaft,
bleibt oft nur der Spott –
der Menschen.

Vorwort

Dieses Buch soll nicht nur über den Lebenslauf Kaiser Heinrichs II. berichten, sondern ich habe versucht, den Herrscher in seiner Zeit darzustellen. Es war mein Anliegen, dass sich aus dieser Art der Präsentation Verständnis für die Welt des Mittelalters ergeben wird. Es sind gar nicht so viele Generationen, die zwischen dem 10. und frühen 11. Jahrhundert liegen und trotzdem gehört das Zeitalter Heinrichs II. einer längst versunkenen Zeit an, die uns heute unverständlich und düster erscheint.

Wer es wagt, sich mit dem Leben der ottonischen Herrscher zu befassen, der ist mit dem Problem der Ungenauigkeit, der Fremdartigkeit und der Dürftigkeit der mittelalterlichen Quellen konfrontiert. Sie verstehen zu lernen und ihren Inhalt in die heutige Zeit zu übersetzen war die schwierigste Aufgabe, die nach 1000 Jahren erfüllt werden musste. Dennoch liefern die Quellen im Falle Heinrichs II. vor allem für den Lebensabschnitt nach seiner Königskrönung genügend Informationen, die meines Erachtens ausreichen, um den Herrscher in seinen Handlungen und in seinem Charakterbild vorzustellen. Schließlich musste ich ihm gerecht werden; das habe ich mit Vorsicht und höchstmöglicher Genauigkeit versucht.

Bei der Erfüllung meiner mir selbst gewählten Aufgabe habe ich immer wieder Menschen getroffen, die mir Verständnis und Hilfe entgegengebracht haben, dafür möchte ich mich an dieser Stelle herzlich bedanken. Zu besonderem Dank aber bin ich dem Historiker, Herrn Oberstleutnant a. D. Willi Meder, verpflichtet, ohne dessen andauernde Mitarbeit und tatkräftige Unterstützung dieses Buch in der vorliegenden Form hätte nicht entstehen können.

Bremerhaven im April 2002

Kapitel 1

917–973

EINFÜHRUNG: GLANZ UND ELEND – OTTONISCHE FAMILIENGESCHICHTE

Als König Konrad I. im Jahre 917 im Kampf schwer verwundet wurde und seine Aufgaben nicht mehr wahrnehmen konnte, übergab sein Bruder, Herzog Eberhard von Franken, in einer königlichen Entscheidung die Reichsinsignien an den damaligen Herzog Heinrich von Sachsen. König Konrad I. starb am 23. Dezember 918 kinderlos nach sieben Regierungsjahren. Er wurde im Dom zu Fulda bestattet. Mit der Übergabe der Reichsinsignien an Herzog Heinrich und dem damit verbundenen Verzicht auf die eigene Königskandidatur bewies Eberhard von Franken menschliche Größe. Diese bewahrte ihn allerdings nicht davor, später gegen König und Reich zu opponieren.

Die Übergabe der Zeichen der Königsmacht an den Sachsenherzog stellt in der Geschichte unseres Landes einen der seltenen politischen Vorgänge dar, bei dem Einsicht in die eigene Schwäche, die Sorge um das Wohl des Landes, persönlicher Verzicht und politischer Weitblick die Schritte der Beteiligten lenkten. Es verwundert daher nicht, dass die Geschichte der Übergabe der Reichsinsignien an Herzog Heinrich von Sachsen im Volksmund ausgeschmückt wurde. Bei der Jagd, beim Vogelfang, soll die denkwürdige Begebenheit stattgefunden haben. Doch der Streit mindestens dreier Orte um den Vorzug, den Schauplatz für dieses Ereignis gestellt zu haben, dämpft den Glauben an die Wahrheit dieser Überlieferung (Nordhausen, Quedlinburg und Pöhlde).

Der niederösterreichische Schriftsteller Johann Nepomuk Vogl hat das Überbringen der Nachricht an Herzog Heinrich von Sachsen in seiner berühmten Ballade »Herr Heinrich sitzt am Vogelherd recht froh und wohlgemut ...« in lebhaften Farben geschildert.

Die Wahl Heinrichs von Sachsen fand im Mai des Jahres 919 in Fritzlar statt. Obwohl sich die Reichsinsignien bereits im Besitz Herzog Heinrichs befanden, verlief die Königswahl nicht unproblematisch. Es heißt, dass nur die Sachsen und Franken zur Wahl antraten und die Schwaben und Bayern nicht einmal erschienen. Die gewohnte Eigenständigkeit, die nach dem Machtzerfall des karolingischen Herrschergeschlechts eintrat, gefiel den Stammesfürsten viel zu gut, als dass sie sich freiwillig einem kraftvollen König unterworfen hätten. Andererseits verlangten die einem Bürgerkrieg ähnlichen Verhältnisse im Reich nach einer ordnenden Hand. Heinrich I. besaß ein stärkeres Durchsetzungsvermögen als der verstorbene König Konrad. Vor allem aber verfügte er über die notwendigen militärischen Mittel, um seiner Herrschaft notfalls gewaltsam zur Anerkennung zu verhelfen.

Das Regierungsprogramm Heinrichs I. stellte eine regelrechte Revolution dar. Entgegen der bei den Karolingern üblichen Praxis verzichtete er auf die formelle Königskrönung durch einen hohen geistlichen Würdenträger. Das karolingische Kaiserhaus hatte keinen eigenen Verwaltungsapparat für das Reich aufgebaut, sondern sich der vorhandenen kirchlichen Administration bedient. Dadurch entwickelte sich die Reichskirche zu einer mächtigen weltlichen Organisation. Heinrich I. versuchte stattdessen, mit dem Aufbau eines dichten Netzes von Königspfalzen eine unabhängige königliche Administration zu schaffen, die die Machtfülle der Kirche und der Reichsfürsten unter der Bedingung eines erfolgreichen Abschlusses erheblich begrenzt hätte. Darauf bezog sich übrigens das Lob, das der König von Historikern des 19. und frühen 20. Jahrhunderts als Städtegründer erhielt.

Dass Heinrich I. mit seinem Programm jedoch vornehmlich die eigene Machtposition stärken wollte, wurde damals nicht erkannt. 17 Regierungsjahre reichten allerdings nicht aus, um dieses schwierige

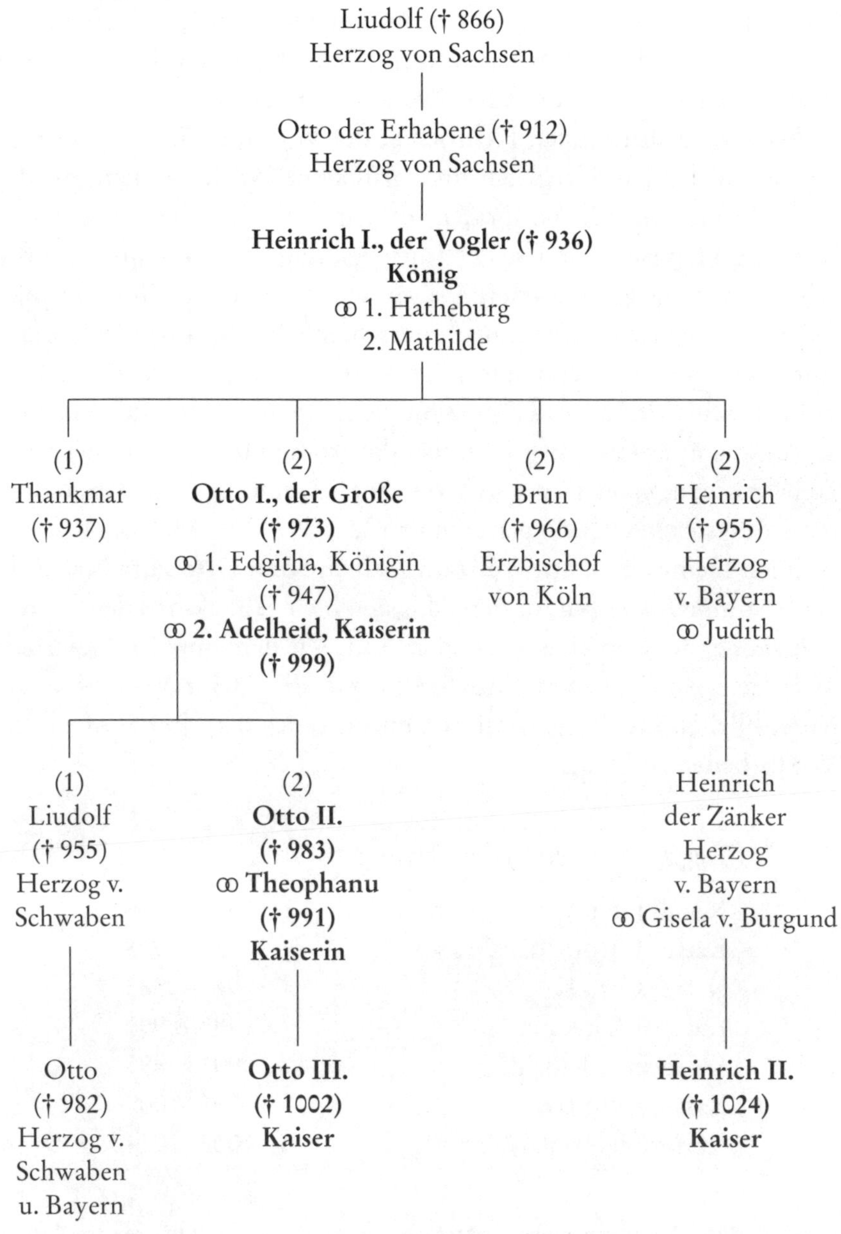

Bild 1: Vereinfachte Stammtafel des sächsischen Herrscherhauses

Werk zu vollenden. Es hätte der Kontinuität über einen längeren Zeitraum bedurft, doch die Nachfolger König Heinrichs I. versuchten ihre politischen Ziele auf andere Weise zu erreichen.

Als der Reichsgründer, Heinrich I., der Vogler, im Jahre 936 starb, stritten in der Familie gleich drei männliche Nachkommen um die Reichskrone. Den Grund für den aufkeimenden Familienzwist lieferte König Heinrich I. mit seiner Entscheidung, seinen Sohn Otto für seine Nachfolge zu nominieren. Zwei seiner weiteren Söhne, Thankmar und Heinrich, hatten aus unterschiedlichen Gründen für diese Entscheidung kein Verständnis. Thankmar beanspruchte als Erstgeborener seines Vaters die Krone für sich. Heinrich hingegen glaubte, als so genannter »Purpurgeborener« die größten Rechte auf die Krone zu besitzen, denn er war der einzige Sohn Heinrichs I., der nach dessen Königsproklamation geboren wurde.

Doch Heinrich I. hatte frühzeitig seinen Sohn Otto zum Nachfolger bestimmt, da er ihn für den fähigsten hielt. Thankmar, den älteren Sohn aus erster Ehe, schloss er ebenso aus wie den jüngeren Heinrich. Trotz der vorsorglichen Entscheidungen, die Heinrich I. getroffen hatte, blieben die Auseinandersetzungen unter den drei Söhnen des Verstorbenen nicht aus.

Regierungszeiten der Ottonen	
König Heinrich I., der Vogler	919– 936
Kaiser Otto I., der Große	936– 973
Kaiser Otto II.	973– 983
Kaiserin Theophanu	983– 991
Kaiserin Adelheid	991– 995
Kaiser Otto III.	995–1002
Kaiser Heinrich II.	1002–1024

Gemäß dem Wunsche seines Vaters trat Otto I. die Nachfolge im Amte des Königs an. Im Gegensatz zu seinem Vater sicherte er sich umgehend die Unterstützung durch die Kirche. Es dauerte viele Jahre, bis Otto I. sich gegen seine eigene Familie durchsetzen konnte, besonders schwer war sein Kampf gegen den Großvater Kaiser Heinrichs II., Herzog Heinrich I. von Bayern.

Im Jahre 951 erreichte Otto I. ein Hilferuf aus dem Königreich Burgund. König Konrad III. von Burgund hatte als Kind einen wesentlichen Lebensabschnitt in Sachsen verbracht und dort einen großen Teil seiner Bildung und Erziehung genossen. Seither fühlte er sich dem sächsischen Herrscherhaus freundschaftlich verbunden. Seine Schwester, die italienische Königin Adelheid, geriet in Oberitalien in große Gefahr. Sie wurde in der Festung Garda am gleichnamigen See gefangen gehalten.

Im August 951 brach Otto I. zu seinem ersten Zug über die Alpen auf. Sicher verband der König neben dem ritterlichen Hilfsakt auch noch weitere Absichten mit seiner Reise. Ob er im Jahre 951 schon die Kaiserkrone anstrebte, lässt sich nicht nachweisen. Als Otto I. in Oberitalien eintraf, hatte sich Adelheid bereits mit der Unterstützung italienischer Freunde aus der Haft befreit und befand sich auf der Burg Canossa in Sicherheit.

Durch die Vermittlung seines Bruders Heinrich konnte König Otto noch im Herbst des Jahres 951 mit Königin Adelheid in Pavia die Ehe schließen. Seine erste Frau, Königin Edgitha, war bereits im Jahre 946 gestorben. Durch die Heirat mit Adelheid fiel das Königreich Italien rechtmäßig an die deutsche Krone. Ein Vorgang, der die frühe deutsche Geschichte 300 Jahre lang schwer belastet hat.

Im Frühjahr des Jahres 952 reiste König Otto I. nach Deutschland zurück. Nunmehr opponierte sein eigener Sohn, Liudolf, den er zum Herzog von Schwaben ernannt hatte, gegen ihn. Erst nach einem Ungarneinfall in Bayern im Jahre 954 begann man sich auf einen Frieden zu besinnen. Die Gefahr durch den Feind von außen brachte die Parteien schließlich zusammen.

Die wieder gewonnene Einheit im Lande kam keinen Augenblick zu früh, denn als man sich in Bayern und Sachsen gerade von den letzten Kämpfen erholte, drangen im Juli 955 die Ungarn in das Reich ein. Wieder zog König Otto I. in einen Krieg – die Lechfeldschlacht. Er errang einen glänzenden Sieg. Mit diesem Sieg auf dem Lechfeld hatte Otto I. nicht nur die Gefahr der ungarischen Beutezüge beendet, sondern auch seine einhellige Anerkennung als König im ganzen Land endgültig erreicht.

Im letzten Lebensabschnitt wandte sich Otto I. vor allem seinen Interessen in Italien zu. Papst Johannes XII. krönte Adelheid und Otto I. am 2. Februar 962 in Rom zum Kaiserpaar, wobei Adelheid ausdrücklich zur Mitregentin erhoben wurde. Im Reiche und von den Nachbarn hoch verehrt, starb Otto der Große am 7. Mai 973 wie sein Vater in Memleben. Er wurde nach Magdeburg überführt und im dortigen Dom bestattet. Sein Grab blieb der Nachwelt erhalten.

Kaiser Otto der Große hatte seinen 955 geborenen Sohn Otto frühzeitig zur Nachfolge auf dem deutschen Thron wählen, krönen und ausbilden lassen. Liudolf, sein älterer Sohn aus erster Ehe, war bereits im Jahre 957 gestorben. Zum Zeitpunkt der Regierungsübernahme war Kaiser Otto II. 18 Jahre alt, nach mittelalterlichem Recht volljährig und bereits mit einer standesgemäßen byzantinischen Prinzessin verheiratet. Der Regierungübergang vom Vater auf den Sohn verlief diesmal aufgrund der guten Vorbereitung vergleichsweise reibungslos.

Kapitel 2

973–995

EINE ÜBERSCHATTETE KINDHEIT

In der Anlage der herzoglichen Burg Abbach, am großen Donauknie nicht weit von der Stadt Regensburg entfernt, herrschte am 6. Mai im Jahre 973 n. Chr. eine gespannte Stille. Ein Kind sollte geboren werden. Endlich hob sich ein geschabtes Leder beiseite, mit dem die schmalen Fensteröffnungen der Kemenate verhängt waren, und eine Nonne des Stifts Niedermünster zu Regensburg, die schon seit Tagen zu Hilfe bei der Geburt des Kindes in der Burg weilte, präsentierte das soeben geborene und in Tücher gewickelte Kind den wartenden Burgleuten: »Sagt es dem Herrn, ein Knabe ist es!« Jubel erscholl im Burghof: »Hoch, unserem lieben Herrn Herzog Heinrich und seiner Gemahlin Gisela!« Kurz darauf stürmten Schritte zur Kemenate hinauf. Den spärlich mit einigen Truhen eingerichteten Raum beherrschte ein großes, mit einem Baldachin versehenes Bett. Die Stoffe des Baldachins waren nun hochgezogen. Trotz des warmen Frühlingstages brannte ein Feuer im offenen Kamin, das das diffuse Licht des Raumes ein wenig erhellte. Ein Mann betrat hastig den Raum, freudig küsste er die müde, aber glücklich lächelnde junge Mutter, die das Neugeborene jetzt im Arm hielt. »Wir werden ihn Heinrich nennen, nach der Tradition unseres Geschlechts!« Die Antwort übertönten die nun einsetzenden Klänge der Glocke der direkt unter der nördlichen Burgmauer erbauten Kirche, die die Botschaft an das Volk verkündete: Dem Herzog von Bayern ist ein Sohn und Erbe geschenkt worden!

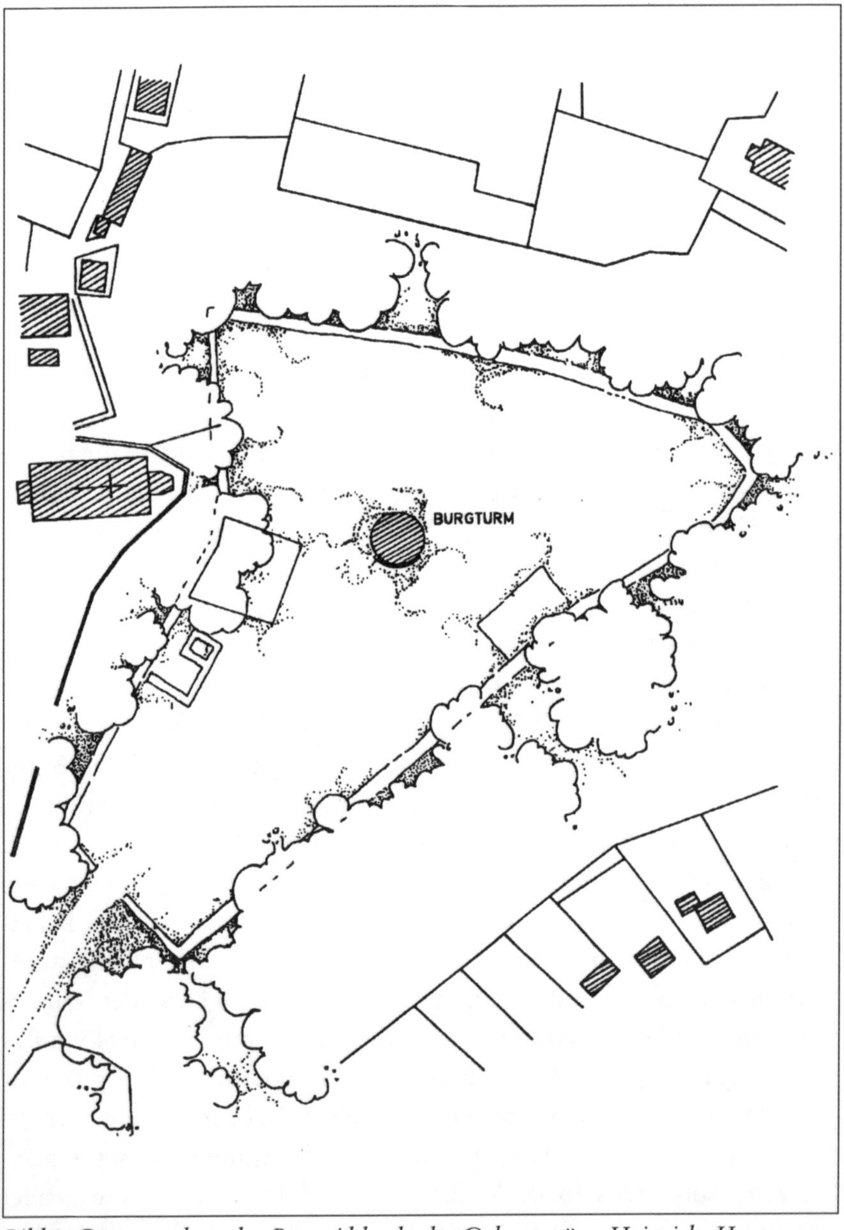

Bild 2: Gesamtanlage der Burg Abbach, der Geburtsstätte Heinrichs II., Zeichnung von Günter Knesch

Der Schlossberg in Bad Abbach stellt unter militärisch-strategischer Betrachtung eine so beherrschende Höhe dar, dass er seit vorgeschichtlicher Zeit als Beobachtungsort und Fliehburg eine wichtige Funktion für die im Umfeld lebenden Bewohner einnahm. Die Besiedlung der Höhe konnte aber erst für die keltische Periode nachgewiesen werden. Seither wurden der Burgberg und die sich darauf befindenden Gebäude bis zum Jahr 1803 durchgehend bewohnt. Römer, Bayern und Franken richteten den Platz für ihre Zwecke ein und nutzten ihn in erster Linie als befestigten Stützpunkt zu ihrem Schutz. Die erste schriftliche Erwähnung fand die Burg Abbach im Jahre 907. Dies bedeutet, dass sich bereits zu Beginn des 10. Jahrhunderts auf dem Schlossberg eine mittelalterliche Wehranlage befand, die auf keltische und römische Vorgängerbauten zurückging. Wegen der Bedrohung Bayerns durch die Ungarn im 10. Jahrhundert erneuerten die Herzöge von Bayern die Burg und bauten sie zu einer starken Festung aus.

Wahrscheinlich kam die Burg Abbach durch die Heirat Herzog Heinrichs I. von Bayern mit Judith, der Tochter Herzog Arnulfs von Bayern, in den Besitz des liudolfingischen Hauses. Möglich ist es aber auch, dass die Burg als ehemals bayerisches Herzogsgut mit der Belehnung Heinrichs I. von Bayern durch seinen Bruder Otto I. automatisch an den Herzog fiel. Da die Burg nahe der von den bayerischen Herzögen bevorzugten Stadt Regensburg liegt, gehörte auch Abbach zu ihren beliebten Aufenthaltsorten.

Am 1. November 1007 schenkte König Heinrich II. die Burg und die Ortschaft Abbach mit allen umliegenden Dörfern, mit Rechten und Privilegien an das Bistum Bamberg (MGH DD H II Nr. 146). Über 100 Jahre lang gehörte der Ort zu diesem Bistum. Anlässlich der feierlichen Einweihung der Kirche des Klosters Prüfening übergab Bischof Otto I. von Bamberg Abbach am 12. März des Jahres 1119 mit allem Besitz an ebendieses Kloster. Um die bayerischen Herzöge daran zu hindern, die Burg Abbach dem Kloster Prüfening abzunehmen, ließ Bischof Otto von Bamberg die Anlage vorsichtshalber zerstören. Später bestätigten Papst Innozenz II. und Papst Eugen III. dem Kloster Prüfening seinen Besitz. Interessanterweise ist Eugen III. jener Papst, der im Jahre 1146 Kaiser Heinrich II. heilig gesprochen hat.

Um das Jahr 1200 trat ein, was Bischof Otto von Bamberg befürchtet hatte: Die Burg Abbach kehrte in den Besitz der Herzöge von Bayern zurück. Herzog Ludwig I. von Bayern, ein Wittelsbacher, entriss Abbach dem Kloster Prüfening. Erst nach einem lange anhaltenden Streit zwischen Abt Hartmann von Prüfening und dem Herzog, bei dem zeitweise sogar eine Exkommunikation ausgesprochen wurde, konnte ein Kompromiss gefunden werden. Doch Abbach blieb im bayerischen Herzogsgut. Nach der Übernahme der Burg durch Herzog Ludwig I. ließ dieser die Anlage nach und nach wieder aufbauen.

Im Jahre 1209 kam Abbach durch ein Aufsehen erregendes Ereignis ins Gespräch. In Bamberg ermordete Pfalzgraf Otto von Wittelsbach am 21. Mai 1208 König Philipp von Schwaben. Es war der erste Mord an einem deutschen König. Monate später, im Jahre 1209, entdeckte Marschall Heinrich von Pappenheim den Mörder in einer Scheune in Oberndorf in der Nähe von Abbach. Otto von Wittelsbach wurde sogleich getötet, enthauptet und in die Donau geworfen. Der Leichnam blieb acht Jahre lang unbestattet in einem Fass im Kloster Indersdorf liegen. 1217 erwirkte Herzog Ludwig I. von Bayern die Lossprechung des Pfalzgrafen vom Kirchenbann, sodass Otto von Wittelsbach beerdigt werden konnte.

Schon Mitte des 13. Jahrhunderts befand sich in Abbach ein so genanntes herzogliches Land- und Pflegegericht. Dieser Gerichtshof und das Marktrecht verhalfen Abbach im Mittelalter zu einer Bedeutung, die der Ort in moderner Zeit nicht mehr erlangte. Obwohl die Burg im Verlaufe der Jahrhunderte oft verpfändet wurde, blieb sie Eigentum der bayerischen Herzöge. Mehrfach hielten sich Kaiser und Könige in ihr auf. So im Jahre 1532, als sich Kaiser Karl V. in der Abbacher Schwefelquelle Heilung von seinen Leiden erhoffte. Seit dem späten Mittelalter wohnten die Pfleger des Abbacher Pflegegerichts in der Burg. Sie waren die Verwaltungsvorsitzenden des Land- und Pflegegerichts und wurden unmittelbar vom Herzog bestellt. Der Pfleger war für die Termine, die Durchführung der Gerichtstage und für die Verwaltungsgeschäfte des Gerichts verantwortlich. Ihm war ein ordentlicher Richter für die Abwicklung der Rechtsfälle zur Seite gestellt. Die Verhandlungen fanden regelmäßig alle 14 Tage statt und mussten nicht unbedingt in Abbach abgehalten werden. Bei Bedarf konnte der Pfleger auch einen anderen Ort innerhalb des Gerichtssprengels auswählen. Da zu den Gerichtstagen oft viele Menschen aus der ganzen Umgebung zusammenkamen, wurden bei dieser Gelegenheit gleichzeitig Märkte abgehalten und Kauf- und Handelsgeschäfte abgeschlossen.

Als im Jahre 1803 das Pflegegericht in Abbach aufgelöst wurde und der letzte Burgherr ausgezogen war, überließ man die Burg dem allmählichen Zerfall.

Bodenfunde in Abbach beweisen, dass die Besonderheit der Abbacher Schwefelquellen bereits in prähistorischer Zeit aufgefallen sein muss. Der austretende Schwefel, die aufsteigende Kohlensäure und der bei kühlem Wetter auftretende Dunstnebel über den Quellen zog die Menschen an. Münzfunde in unmittelbarer Nähe der Quellen beweisen, dass Kelten und Römer die Quellen nutzten. Erste urkundliche Erwähnung fanden die Schwefelquellen jedoch erst im Jahre 1262. Seit 1465 verbürgt ein herzoglicher Verleihungsbrief Kur- und Badebetrieb in Abbach. Die Quellen und das darüber errichtete Badehaus blieben bis 1952 in Privatbesitz.

Ein Fresko in der katholischen Pfarrkirche St. Niklas, eine Gedenktafel am Heinrichsturm im ehemaligen Burgbereich und eine nach Heinrich II. benannte Straße erinnern in Bad Abbach daran, dass der Kaiser hier geboren wurde.

Der Geburtsort und der Geburtstag Heinrichs II. sind nicht dokumentiert. Allerdings weisen die zeitgenössischen Quellen so konkret auf die oben angegebenen Daten, dass sowohl der Ort als auch das Geburtsdatum in der einschlägigen Literatur meistens ohne Einschränkungen so angegeben werden. Nur eine Quelle aus dem Jahr 1044 gibt Hildesheim als Heinrichs Geburtsstätte an, doch liegt hier wohl eine Verwechslung mit seiner Schulzeit vor. Heinrich II. fühlte sich seinem bayerischen Heimatort eng verbunden. Er ließ die Burg vergrößern und verschönern und erhob sie zur Königspfalz. Dass er unter anderem auch den Ort seiner Geburt seinem Lieblingsprojekt, dem Bistum Bamberg, schenkte, bedeutet für Bamberg eine besondere Ehre. Heinrich besuchte Abbach oft. Zu Fuß soll er von dort nach Regensburg gewandert sein, um im Kloster Sankt Emmeram am Gottesdienst teilzunehmen. Nach dem anstrengenden, zirka zehn Kilometer langen Marsch ruhte er sich im Kloster auf dem »Heinrichsstuhl« aus. Dieser steht seit 1894 in der Mittelnische an der Westwand der Wolfgangskrypta in der Klosterkirche Sankt Emmeram. Der »Heinrichsstuhl« wurde offenbar als Thronsessel angefertigt und besteht aus Kalkstein. Die Arbeit stammt modernen Untersuchungen zufolge aus dem 9. Jahrhundert.

Die Frau, die am 6. Mai 973 ihren ersten Sohn zur Welt brachte, hieß Gisela. Sie war die Tochter König Konrads III. von Burgund, ihr Gemahl war Herzog Heinrich II. von Bayern, der später »der Zänker« genannt wurde. Den unrühmlichen Beinamen erhielt der Herzog jedoch erst nach seinem Tod. Die eheliche Verbindung der beiden kam durch die Initiative Kaiserin Adelheids zustande, eine Tante Giselas von Burgund. Kaiserin Adelheid war besonders mit der Großmutter des Neugeborenen, Herzogin Judith, eng befreundet und besaß für den bayerischen Zweig der Königsfamilie der Liudolfinger stets eine besondere Vorliebe.

Die für Heinrich den Zänker über seinem Stand als Herzog rangierende Heirat mit einer Königstochter bestärkte ihn in seinen vermeintlich geerbten Ansprüchen auf die deutsche Krone, die er von seinem Vater in seine Generation übernommen hatte. Herzog Heinrich II. von Bayern wartete nur auf eine geeignete Gelegenheit, um diese Ansprüche durchsetzen zu können. Die Chance glaubte der Herzog mit dem Regierungswechsel nach dem Tode Kaiser Ottos des

Karte 1: Bad Abbach – die geografische Lage am großen Donauknie zwischen Regensburg und Kehlheim

Großen im Geburtsjahr seines ersten Sohnes gekommen. Doch zunächst besetzte Herzog Burchardt von Schwaben mit dem Wissen des Zänkers in einem beispiellosen Affront gegen den jungen Kaiser den Bischofsstuhl von Augsburg neu, als Bischof Ulrich von Augsburg gestorben war. Anstatt den Kaiser zu unterrichten oder wenigstens dessen Zustimmung einzuholen, ernannte Herzog Burchardt Graf Heinrich, einen Cousin seiner Frau, zum Bischof von Augsburg. Herzog Heinrich der Zänker hatte sein Einverständnis zu diesem Akt erklärt, denn die Gemahlin Herzog Burchardts von Schwaben, Herzogin Hadwig, war seine Schwester.

Bevor der Kaiser selbst auf die neue Situation reagieren konnte, war der wichtige Bischofssitz in Augsburg neu besetzt. Die Ernennung Bischof Heinrichs von Augsburg durch den Herzog von Schwaben stellte einen schweren Übergriff auf die königlichen Rechte dar, die im engsten Kreise der Herzogsfamilien in den beiden süddeutschen Stammländern geplant und durchgeführt worden war. Überdies hatte Herzog Burchardt den königlichen Boten, der die Nachricht vom Tode Bischof Ulrichs dem in Aachen weilenden Kaiser überbringen sollte, in Worms abgefangen und zurückgehalten. Die Angelegenheit erhielt weitere Brisanz durch die Tatsache, dass das Kaiserhaus als Nachfolger für Bischof Ulrich längst den Fuldaer Abt Werinhar vorgesehen hatte.

Nach außen blieb Otto II. zunächst zurückhaltend, doch nach dem Tod von Herzog Burchardt am 11. November 973 handelte der Kaiser sehr schnell und heftig. Aufgrund der im 10. Jahrhundert geltenden erbrechtlichen Bestimmungen glaubte Herzog Heinrich der Zänker, sich wegen der Ehe seiner Schwester Hadwig und mit Herzog Burchardt Hoffnungen auf eine Belehnung mit dem schwäbischen Herzogtum machen zu können. Die beiden süddeutschen Herzogtümer wären unter dieser Bedingung zu einem riesigen Gebiet zusammengewachsen und die Macht des Zänkers hätte sich erheblich ausgeweitet. Diesmal aber war Otto II. gewarnt. Bevor der Herzog eingreifen konnte, vergab der Kaiser das Herzogtum Schwaben an seinen Freund Otto, den Sohn Liudolfs, einem Enkel Ottos des Großen. Gleichzeitig beschränkte der Kaiser den Witwenbesitz Hadwigs auf das Notwendigste für ihren Lebensunterhalt.

Die Maßnahmen, die Otto II. ergriffen hatte, trafen Herzog Heinrich II. von Bayern hart. Er war dermaßen verärgert, dass er den offenen Aufstand gegen den Kaiser plante. Sein Vorhaben, die Vereinigung der beiden Herzogtümer, war gescheitert, deshalb griff er nun zur Reichskrone. Ende Juni des Jahres 974 wurde es offensichtlich, dass der Herzog sich mit Herzog Boleslaw II. von Böhmen und mit Herzog Mieszko von Polen verbunden hatte, um den Kaiser zu stürzen. Doch der Babenberger Graf Berthold von Schweinfurt warnte Otto II. rechtzeitig. Noch bevor es zu Kampfhandlungen kam, gelang es dem Kaiser, den Herzog in seine Gewalt zu bringen und ihn in der Pfalz Ingelheim zu inhaftieren.

Doch Anfang Februar des Jahres 976 konnte Heinrich der Zänker mit der Hilfe von Freunden aus Ingelheim flüchten. Kaiserin Adelheid versuchte, ihren Sohn, Otto II., in der bayerischen Frage zum Einlenken zu bewegen. Aber nach dem Entkommen des Zänkers aus Ingelheim ließ sich der Kaiser nicht mehr umstimmen. Er warf den erneut in Bayern entfachten Aufstand der Herrscher sehr schnell nieder, aber dem Zänker gelang die Flucht zu Herzog Boleslaw nach Böhmen. Als der Herzog vernahm, dass sich Otto II. mit seinem Heer nach Böhmen gewandt hatte, um Boleslaw zu unterwerfen, kehrte er nach Bayern zurück. Dort wurde der Zänker mit dem Rest seiner Freunde in Passau eingeschlossen und, als sich die Heere Ottos von Schwaben mit denen des Kaisers vereinigt hatten, zur Aufgabe bewogen.

Nachdem Herzog Otto von Schwaben Herzog Heinrich den Zänker in Passau bezwungen und gefangen genommen hatte, kam es zu Ostern des Jahres 978 beim Hoftag in Magdeburg für den bayerischen Herzog zu folgenschweren Entscheidungen. Er kam in Haft und seine Familie wurde für viele Jahre zerrissen. Das Herzogtum Bayern wurde annektiert und sein Besitz beschlagnahmt. Der Kaiser nahm dem Herzog alle seine Titel und Ämter und ließ ihn in Utrecht bei Bischof Folkmar inhaftieren.

Unterdessen starb am 29. Juni 976 Erzbischof Gero von Köln. Es war der Bischof, der das nach ihm benannte Kruzifix, das »Gerokreuz«, anfertigen ließ. Auf dem wichtigen Bischofsstuhl in Köln folgte Erzbischof Warin, über den noch zu berichten sein wird.

Es ist nicht genau bekannt, wann Heinrich, der Sohn des Zänkers, nach Hildesheim in die dortige Domschule kam, doch es muss bald nach dem Hoftag von Magdeburg gewesen sein. Vermutlich war das Kind selbst Gegenstand einer Verfügung, die dort entschieden wurde. Denn die Aufnahme in die Hildesheimer Domschule bedeutete gleichzeitig die Vorbereitung auf ein geistliches Amt, nachdem der Vater Titel und allen Besitz verloren hatte. Aufseiten des Kaisers spielte dabei wegen der anhaltenden familiären Auseinandersetzungen die damit gewährleistete Sicherheit eine entscheidende Rolle; denn es war im Hochadel nicht üblich, alle Söhne eines Elternpaares zu Priestern ausbilden zu lassen. Zuvor hatte allerdings schon am Hofe seines Vaters Bischof Adalbert von Freising mit der Unterrichtung des Knaben begonnen.

Das Ergebnis der Magdeburger Entscheidungen bedeutete, dass Heinrich in den entscheidenden Jahren seiner Kindheit weder von der Mutter noch vom Vater unmittelbar betreut wurde. Obwohl die Hildesheimer Schule damals zu den besten des Reiches gehörte, war es für Heinrich eine überschattete Zeit, die ihn von seinen Eltern und Geschwistern entfremdete und ihn für das spätere Leben auch im negativen Sinne prägte.

Der Priester Thangmar gehörte dort als Leiter der Domschule zu den Lehrern des Knaben. Thangmar verfasste später die erhalten gebliebene Schrift »Vita Bernwardi«, das Leben des Bischofs Bernward von Hildesheim, der ebenfalls einer seiner Schüler war. Dieser scheidet jedoch als Lehrer Heinrichs in Hildesheim aus. Zwar unterrichtete Bernward den jungen König Otto III. von 987 bis zu seiner Ernennung zum Bischof am 15. Januar 993. In der fraglichen Zeit, in der sich

Heinrich in Hildesheim befand, lebte Bernward jedoch einige Jahre im Hause seines Großvaters, des Pfalzgrafen Adalbero von Sachsen. Dort übte er das Amt eines Geistlichen aus, nachdem er von Erzbischof Willigis von Mainz die Priesterweihe empfangen hatte.

Einziger bekannter Mitschüler Heinrichs ist Meinwerk von Immendingen, den er später zum Bischof von Paderborn ernannte. Meinwerk blieb zeitlebens der treueste Freund Heinrichs II. Selbst als alle Bischöfe des Reiches zusammen mit Erzbischof Aribo von Mainz im Jahre 1023 auf der Synode von Seligenstadt gegen Kaiser und Papst opponierten, blieb Meinwerk als einziger deutscher Bischof der Veranstaltung fern. Deutlicher konnte er seine Verbindung zu Kaiser Heinrich II. nicht zum Ausdruck bringen.

Die Freundschaft, die Heinrich II. mit Meinwerk verband, schützte den Bischof nicht vor derben Späßen, die sich der Herrscher gelegentlich mit ihm erlaubte. So ließ Heinrich II. dem Bischof eines Tages einen prunkvoll ausgestatteten Brief zustellen, in dem Meinwerk sein baldiger Tod mitgeteilt wurde. Der Bischof glaubte an das Schreiben, und als der übermittelte Tag nahte, erwartete er in einem Sarg sein Ende. Als Meinwerk am nächsten Morgen völlig verstört vor Heinrich II. erschien, gratulierte ihm dieser als »wieder auferstandenen Lazarus«. An einem anderen Tag ließ der Herrscher Meinwerks lateinischen Messetext heimlich abändern, sodass der in der lateinischen Sprache nicht sehr sattelfeste Bischof vor dem lachenden Hof eine Messe für Esel und Maulesel hielt.

Über das Leben an einer Domschule berichtet Abt Konrad von Abdinghof in seiner Lebensbeschreibung des Bischofs Meinwerk von Paderborn (Vita Meinwerci): »Vielfältige Studienübungen blühten unter ihm. Und Jünglinge und Jungen wurden kräftig in der mönchischen Regel unterwiesen, wobei sie ohne Säumnis in der klösterlichen Disziplin und in aller wissenschaftlichen Lehre vorwärts schritten.« Und an anderer Stelle heißt es über den Nachfolger Meinwerks in der gleichen Schrift: »Der genannte Bischof Imad war auch während seiner Kindheit dort durch eine so große Strenge klösterlicher Disziplin erzogen, dass er niemals seinen Vater außerhalb der Klostermauern sehen oder mit ihm reden durfte, weil der Bischof [Meinwerk] sagte, dass die Jungen und Jünglinge mit Strenge aufgezogen werden mussten und nicht durch schädliche Annehmlichkeiten verlockt werden dürften, weil die Erziehung zu Kühnheit und Tatkraft ihnen später Annehmlichkeiten verschaffe …« Ohne Zweifel dürfen die in diesen Zitaten geschilderten Zustände auf die Hildesheimer Domschule übertragen werden. Die Lehrpläne umfassten vor allem die Unterweisung in der lateinischen Sprache, Lesen und Schreiben, Grammatik, Rhetorik und Dialektik, der Geometrie, Arithmetik, Astronomie und Musik sowie praktische Fächer, wie Schreib-, Mal- und Goldschmiedekunst. In der Mathematik verwendete man noch das umständliche römische Zahlensystem. Das wesentlich praktischere arabische Zehnersystem mit der Zahl Null fand erst im Verlaufe der Kreuzzüge und mit der Förderung durch Kaiser Friedrich II. Eingang in die abendländische Wissenschaft. Das heute übliche pädagogische Prinzip der Induktion – vom Einfachen zum Komplizierten – kannten die Lehrer im 10. Jahrhundert noch nicht. Auch der Einsatz von Lernmitteln war sehr beschränkt, daher mussten die Schüler den Lernstoff meistens so lange durch Aufsagen wiederholen, bis sie ihn auswendig aufsagen konnten. Die im Unterricht verwendeten Schiefertafeln boten nur beschränkt Platz für Notizen, die schon bald für neue Übungen gelöscht werden mussten.

Für Heinrich waren die Jahre in Hildesheim überaus hart, denn mit Privilegien konnte er aufgrund der Inhaftierung seines Vaters nicht rechnen.

Möglicherweise liefert die Trennung Heinrichs von seiner Familie auch den Grund dafür, dass das Verhältnis zu seinem jüngeren Bruder Brun, dem er später als König das Bistum Augsburg anvertraute, zeitlebens ausgesprochen schlecht genannt werden muss. Brun wurde an der Regensburger Domschule erzogen, während seine Schwester Gisela ihre Ausbildung bei ihrer Tante, der Äbtissin Gerberga, in Gandersheim erhielt. Über die anderen Geschwister Heinrichs, seine

Schwester Brigida und seinen Halbbruder Arnulf, ein unehelicher Sohn seines Vaters, und über ihre Verhältnisse zum Bruder ist noch weniger bekannt. Brigida wurde nach ihrer Ausbildung Äbtissin des Klosters St. Paul in Regensburg und seinen Halbbruder Arnulf ernannte Heinrich im Jahre 1013 zum Erzbischof von Ravenna.

Während Heinrich in Hildesheim mit Strenge und Härte erzogen und ausgebildet und sein Vater in Utrecht in ritterlicher Haft gehalten wurde, überschritt Kaiser Otto II. im Oktober des Jahres 980 die Alpen. Sieben Jahre benötigte Otto II., um sich in Deutschland durchzusetzen. Doch er musste sich auch gegen äußere Feinde behaupten. Im Norden kämpfte er gegen die Dänen, im Osten gegen die Slawen und im Westen gegen das westfränkische Reich. Überall gelang es ihm, die Machtstellung zu verteidigen, die sein Vater aufgebaut hatte. Nun hielt Otto II. die Zeit für gekommen, die Politik zu betreiben, die ihm besonders am Herzen lag. Zunächst knüpfte er in Italien noch an die Aktivitäten seines Vaters an. Er vertrieb einen Gegenpapst aus Rom und setzte Papst Benedikt VII. wieder in sein Amt ein.

Doch der enge Kontakt mit bedeutenden Menschen, wie dem Naturwissenschaftler Gerbert von Aurillac und den Äbten Majolus von Cluny und Adso von Montier-en-Der, veränderten die Haltung des Herrschers. Allmählich reifte in Otto II. der Gedanke an die Erneuerung des Römischen Reiches. Zur Verwirklichung dieser Pläne gehörte nach den Vorstellungen des Kaisers vor allem die Rückgewinnung verlorener Gebiete in Süditalien, die von den Arabern erobert worden waren. Gleichzeitig sollten auch die letzten byzantinischen Besitzungen in Apulien in sein Reich aufgenommen werden. Die Pläne des Herrschers wendeten sich also gegen Byzanz. Demonstrativ nannte er sich ab 982 »Romanorum Imperator Augustus«, um damit klarzustellen, dass er den byzantinischen Basileus als illegitimen Nachfolger der Cäsaren sah.

Doch das Vorhaben Ottos II. schlug fehl. Zwar eroberte er das byzantinische Apulien und drang in das arabische Kalabrien ein, doch sein Vormarsch endete abrupt am 13. Juli 982. Bei Kap Colonne südlich von Cotrone kam es an diesem Tag zur Schlacht gegen die Araber. Im sicheren Glauben an ihren soeben errungenen Sieg stürzten sich die deutschen Ritter der Beute wegen auf die erschlagenen Feinde, als das arabische Hauptheer geschlagen und ihr Führer, Emir Abul Kassim, gefallen war. Da überraschte eine zweite arabische Abteilung das siegestrunkene deutsche Heer und schlug es vernichtend. Die Verluste des Kaisers waren katastrophal. Selbst Otto II. musste schmählich flüchten und gelangte zunächst unerkannt auf ein griechisches Schiff, von dem er sich bei Rossano nur durch einen mutigen Sprung in das Meer retten konnte. Schwimmend erreichte der Kaiser den Strand und zog mit dem Rest seiner geschlagenen Truppe nach Rom. Kaiserin Theophanu atmete insgeheim erleichtert auf, denn der von ihr befürchtete Kampf mit Byzanz, ihrem Heimatland, blieb aus.

Die Nachricht von der Niederlage bei Kap Colonne verbreitete sich wie ein Lauffeuer nach Norden. Vielleicht durch die Schwäche des Reiches motiviert, lehnten sich die Dänen und Slawen gegen die deutsche Herrschaft auf. In einem gewaltigen Aufstand drangen die unterdrückten Dänen, Obodriten und Lutizen in das Reich und zerstörten die deutschen Siedlungen. Wer nicht rechtzeitig flüchten konnte, wurde getötet. Havelberg und Brandenburg gingen in Flammen auf. Die Obodriten eroberten und plünderten Hamburg. Magdeburg konnte nur mit äußerster Anstrengung verteidigt werden. Das Aufbauwerk der Ostkolonisation durch König Heinrich I. und Kaiser Otto den Großen östlich der Elbe und Saale war in wenigen Monaten zerstört. Lediglich die Marken Meißen und Lausitz konnten gehalten werden. Erst im August des Jahres 983 gelang es dem sächsischen Heer in der Schlacht an der Tanger, den slawischen Vorsturm zu stoppen und die Elbe-Saale-Grenze zu sichern.

Die entscheidende Wende in der Kindheit Heinrichs II. begann im Jahre 983. In Aachen hatten am Weihnachtstag dieses Jahres soeben die Erzbischöfe Willigis von Mainz und Johannes von Ravenna (für Italien) die Königskrönung des dreijährigen Königs Otto III. vollzogen, da stürmte ein Reiter in die Aachener Königspfalz. Unermüdlich hatte er sein erschöpftes Pferd angetrieben. Immer wieder hatte er in den Pfalzen und Klöstern, an denen er vorüberkam, die Tiere wechseln müssen. Seit 18 Tagen hatte er fast ohne Pause im Sattel gesessen und dabei die Strecke Rom–Aachen zurückgelegt. Nun trat er mit letzter Kraft und gesenktem Kopf vor die Festversammlung im Palas der Aachener Pfalz. Seine Stimme klang brüchig, als er verkündete: »Der Kaiser – der Kaiser ist tot! Er starb am 7. Dezember 983 in Rom!« Lähmendes Entsetzen befiel die Anwesenden. Nur der kleine König verstand die Tränen nicht, die überall zu fließen begannen, und warum es im Saal plötzlich so still und ernst geworden war.

Weil König Otto III. zu diesem Zeitpunkt erst drei Jahre alt war, musste ein Vormund eingesetzt werden. Für diese verantwortungsvolle Aufgabe kamen in der besonderen Stellung des Kaiserhauses drei Personen infrage:

- die Mutter Ottos III., Kaiserin Theophanu, die bei der Heirat mit Kaiser Otto II. in Rom gleichzeitig zur Kaiserin gekrönt worden war und daher als rechtmäßige Erbin des Kaiserthrones gelten konnte;
- Kaiserin Adelheid, die bei ihrer Krönung zur Kaiserin im Jahre 962 in Rom ausdrücklich zur Mitregentin ihres Mannes, Kaiser Ottos des Großen, gekrönt wurde und daher als in Amt und Würden befindlich galt; und
- als ältester nächster männlicher Verwandter ausgerechnet der in Utrecht einsitzende Herzog Heinrich der Zänker.

Die beiden Kaiserinnen befanden sich zum Zeitpunkt des Todes Kaiser Ottos II. in Italien. Hier einigten sich die beiden Frauen über die betreuende Regentschaft zur Sicherung der Thronrechte des Sohnes beziehungsweise des Enkels. Diese Einigung wirkt umso erstaunlicher, da Schwiegermutter und Schwiegertochter in ihrer beiderseitigen Beziehung auf eine überaus zerstrittene Vergangenheit zurückblickten.

Indes gelang es Heinrich dem Zänker, Bischof Folkmar von Utrecht die Änderung in der Rechtslage aus seiner Sicht näher zu bringen, worauf ihn dieser aus der Haft entließ. Unverzüglich begab sich der

Zänker nach Köln, wo sich Otto III. in der Obhut Erzbischofs Warins befand. Dort konnte Heinrich der Zänker mit erstaunlichem Verhandlungsgeschick den Erzbischof zur Herausgabe des gekrönten Königs überreden. Vermutlich hat der Zänker es bei den Besprechungen mit dem Erzbischof nicht an immensen Versprechungen für die Zukunft fehlen lassen.

Nachdem Heinrich der Zänker König Otto III. in seine Gewalt gebracht hatte, begab er sich in das wichtigste Herzogtum des Reiches nach Sachsen. Zwar bemühte er sich zunächst um eine Allianz mit dem westfränkischen König Lothar und lud diesen zu einem Treffen nach Breisach ein. Aber die treuen lothringischen Verwandten des Kaiserhauses verhinderten eine Einigung. Der Zänker versetzte daraufhin den französischen König in Breisach. Heinrichs Bemühungen in Sachsen brachten nur Teilerfolge. Am Palmsonntag des Jahres 984 forderte er in Magdeburg von den zusammengerufenen Vertretern der Kirche und des Adels seine Wahl zum König des Reiches zu Ostern in Quedlinburg. Doch die Zustimmung der Sachsen fiel eher halbherzig aus, viele der in Magdeburg versammelten Landesfürsten verließen nach dieser Ankündigung die Stadt.

In Quedlinburg gab es eine ähnliche Situation. Der Versuch Heinrichs des Zänkers, den Streit um die Vormundschaft für König Otto III. zu seiner unrechtmäßigen Königserhebung zu missbrauchen, stürzte viele der in Magdeburg und Quedlinburg anwesenden sächsischen Kirchen- und Adelsvertreter in eine tiefe Loyalitätskrise, mit der der Zänker nicht gerechnet hatte. Während sich Heinrich zu Ostern in Quedlinburg um seine Königswahl bemühte, verständigten sich seine Gegner auf der Asselburg über das militärische Vorgehen gegen den entmachteten Herzog. Bei Worms sollte die Entscheidungsschlacht um die deutsche Krone geschlagen werden. Doch angesichts der deutlichen Übermacht des königlichen Kontingents verzichtete der Zänker in weiser Voraussicht auf die Auseinandersetzung. Er lenkte ein und versprach, sich auf dem zum 29. Juni 984 einberufenen Reichstag zu Rohr bei Meiningen einzufinden. Dort wollte er den von ihm festgehaltenen jungen König an Kaiserin Theophanu zurückgeben. Noch befand sich Otto III. unter der Obhut Giselas von Burgund, der Ehefrau des Zänkers, in Merseburg.

Zum Reichstag von Rohr berief der Reichskanzler, Erzbischof Willigis von Mainz, die beiden Kaiserinnen aus Italien zurück. Sogar der Bruder Kaiserin Adelheids, König Konrad III. von Burgund, reiste an den Verhandlungsort. Herzog Heinrich der Zänker taktierte in Rohr vorsichtig. Nachdem ihm jedoch in einer versöhnlichen Stimmung die Rückgabe seines Herzogtums in Aussicht gestellt wurde, übergab er den inzwischen vierjährigen Otto seiner Mutter und verzichtete auf die Ausübung der Vormundschaft. Das Herzogtum war nach dem frühen Tod Herzog Ottos von Bayern und Schwaben im Jahre 982 in Lucca an Herzog Heinrich III., dem Jüngeren, übertragen worden, der zuvor nur in Kärnten als Herzog residiert hatte. Nach der Rückgabe Bayerns an den Zänker blieb Herzog Heinrich III. dem Jüngeren ebendieses Herzogtum erhalten. Nach seinem Tode im Jahre 989 erhielt der Zänker auch dieses Herzogtum.

Auch seinen Sohn Heinrich hatte Herzog Heinrich II. von Bayern zum Reichstag in Frankfurt am Main am 29. Juli des Jahres 985 mitgebracht, als ihm in einem feierlichen Akt sein Herzogtum zurückgegeben wurde und er dem jungen König Otto III. den Lehnseid leistete. Kniend legte der Herzog seine Hände in die des fünfjährigen Knaben und schwor ihm die Treue. Der Kniefall beendete den Streit in der Familie der Liudolfinger, der über zwei Generationen angedauert hatte. Neben dem König und der Familie des Zänkers waren Kaiserin Theophanu, Kaiserin Adelheid, Äbtissin Mathilde von Quedlinburg, die Tante Ottos III., Erzbischof Willigis von Mainz, Bischof Hildibald von Worms, Bischof Notker von Lüttich, Abt Brantho von Fulda und viele weitere Große des Reiches anwesend.

Die Beendigung des Thronstreits in der ottonischen Familie kam beim glanzvoll inszenierten Hoftag zu Ostern des Jahres 986 in Quedlinburg zum Ausdruck. Kaiserin Theophanu hatte die gesamte Fürstenelite des Landes eingeladen. Sie nutzte die Gelegenheit zur

Demonstration der uneingeschränkten Herrschaft ihres Sohnes, die sie für ihn ausübte. In einem Festakt dienten dem jungen König Herzog Heinrich II. von Bayern als Truchsess, Herzog Konrad von Schwaben als Kämmerer, Herzog Heinrich von Kärnten als Mundschenk und Herzog Bernhard von Sachsen als Marschall. Um dem König zu huldigen, erschienen auch die Herzöge Mieszko von Polen und Boleslaw von Böhmen. Deutlicher konnte die gestärkte Stellung der vormundschaftlichen Regierung nicht vor Augen geführt werden.

Nach dem Frankfurter Reichstag war der Aufenthalt des inzwischen 13-jährigen Heinrich in der Hildesheimer Domschule nicht mehr notwendig. Denn anlässlich des Reichstags wurden sicherlich weitere Fragen besprochen, die mit der personellen Situation im Hause der Liudolfinger zusammenhingen. Diese Situation stellte sich wie folgt dar: Kaiserin Theophanu kam aufgrund ihrer Stellung als Kaiserin und Kaiserwitwe für eine weitere eheliche Verbindung kaum infrage, weitere Nachkommen von ihr waren daher ausgeschlossen. Ihr Sohn Otto III. zählte erst fünf Jahre. Ob er das Erwachsenenalter erreichen würde, war völlig ungewiss. Der Sohn des Zänkers, Heinrich, stand dagegen mit seinen 13 Jahren bereits kurz vor der Volljährigkeit, die zu der Zeit meist mit 15 Jahren eintrat. Es kann daher als absolut sicher angesehen werden, dass solche Fragen einer möglichen Königsfolge in Frankfurt diskutiert worden sind.

Ein Ergebnis dieser Beratungen kann darin abgelesen werden, dass Heinrich die Hildesheimer Domschule verließ und nach Regensburg wechselte. Mit diesem Schulwechsel dürften gleichzeitig die Lehrinhalte seiner Ausbildung verändert worden sein. Der Schwerpunkt seiner bisherigen Unterrichtung in Hildesheim hatte neben der Unterweisung in der lateinischen Sprache vor allem auf theologischen Themenkreisen gelegen; diese entfielen in Regensburg zugunsten staatspolitischer und juristischer Ausbildungsschwerpunkte weitgehend. Über die Lehrer Heinrichs wissen wir sehr wenig. Bischof Wolfgang von Regensburg wird von Bischof Thietmar von Merseburg, einem zeitgenössischen Chronisten, als besonderer väterlicher

Freund und Lehrmeister für den jungen Prinzen genannt. Doch ist es kaum vorstellbar, dass sich der Bischof persönlich um die Unterrichtung des Jungen kümmerte. Seine Großmutter, Herzogswitwe Judith, die im Regensburger Stift Niedermünster lebte, war wahrscheinlich in ihren letzten beiden Lebensjahren bis zu ihrem Tod 987 eine viel wichtigere Bezugsperson gewesen, als es der Bischof sein konnte. Auch mit seiner Schwester Brigida und mit seinem Bruder Brun gab es in Regensburg ein Wiedersehen. Tagino, ein Geistlicher, der mit der Verwaltung der Besitzungen Bischof Wolfgangs von Regensburg beauftragt war, gehörte offensichtlich zu den beliebtesten Lehrern oder Freunden Heinrichs, da er einen enormen Karrieresprung nach Heinrichs Königserhebung machte.

Am 31. Oktober 994 starb Heinrichs väterlicher Freund, Lehrer und Erzieher, Bischof Wolfgang von Regensburg. Eine Legende erzählt, dass der junge Fürst oft zum Grab des Verstorbenen ging. Als er eines Tages dort wieder einmal andächtig im Gebet verweilte, hörte er plötzlich eine Stimme mit dem Ruf: »Schau aufwärts!« Da soll Heinrich am Himmel zwei Worte gelesen haben: »Post sex!« (Nach sechs). Heinrich glaubte zunächst, dass er nach sechs Tagen sterben solle, und bereitete sich ergeben auf seinen Tod vor. Als aber nach sechs Tagen nichts geschah, rechnete er mit sechs Wochen, sechs Monaten und schließlich mit sechs Jahren, nach denen sein Leben enden solle. Stattdessen wurde er nach sechs Jahren zum deutschen König erkoren.

Heinrich bekannte sich in dieser Zeit deutlich zur benediktinisch geprägten mönchischen Lebensform. Dies lässt vermuten, dass er in Regensburg mit Personen in Berührung kam, die diesem Orden angehörten. Dazu zählten die bekannten Äbte Ramwold von St. Emmeram in Regensburg und Gozbert von Tegernsee. Bei allen Unsicherheiten steht allerdings eines fest: Mit seiner Rückkehr nach Bayern und seiner wenigstens sporadischen Rückkehr in den Kreis seiner Familie änderte sich das Leben Heinrichs zum Positiven.

Die durch den Wechsel in der Ausbildung deutlich gewordene Änderung in der weiteren Lebensplanung des Prinzen bestätigen auch die Bestrebungen seines Vaters, für den Sohn das Zugeständnis der Mitregierung im Herzogtum Bayern nach dem Eintritt in die Volljährigkeit (988) von Kaiserin Theophanu zu erhalten. Theophanu hatte diesem Ansinnen im Namen ihres Sohnes stattgegeben. Damit sicherte die Kaiserin für Prinz Heinrich die Nachfolge im Amt des Herzogs von Bayern. Dies wurde umso bedeutender, als die Kaiserin nach dem Tode Herzog Heinrichs von Kärnten (Herzog Heinrich III., der Jüngere) im Jahre 989 auch dessen Herzogtum an Heinrich den Zänker übergab und dadurch das bayerische Herzogtum zu einer enormen Größe anwuchs.

Seit dem Jahre 988 war Heinrich an den militärischen Aktionen und den politischen Gesprächen und Entscheidungen seines Vaters beteiligt. Seine Kontakte zu den beiden Kaiserinnen (Theophanu und Adelheid) sowie zu dem sieben Jahre jüngeren König Otto III. waren zahlreich. Im Jahre 991 siegte er zusammen mit seinem Vater in der Ostmark des Reiches über die Ungarn. Dabei wurde das Gebiet, das im Wesentlichen das heutige Niederösterreich umfasst, für das deutsche Reich zurückgewonnen. Ebenso begleitete Heinrich ein Jahr später seinen Vater, als ein bayerisches Militärkontingent die Aktionen Kaiserin Adelheids gegen die Lutizen in Brandenburg unterstützte. Adelheid hatte für Otto III. die Regentschaft übernommen, nachdem Kaiserin Theophanu am 15. Juni 991 in Nimwegen gestorben war.

Inzwischen waren die im Jahre 983 zerstörten Burgen an der Elbe-Saale-Grenze wieder aufgebaut worden. Mehrere Vorstöße des königlichen Heeres gegen die Gebiete östlich der Elbe führten zum Erfolg und zur erneuten Unterwerfung der Slawen. Die Domweihe des neuen Halberstädter Doms am 16. Oktober 992, zu der Bischof Hildeward von Halberstadt geladen hatte, wurde so zu einem glanzvollen Fest. Kaiserin Adelheid, König Otto III. und Äbtissin Mathilde von Quedlinburg nahmen an der Feier teil. Außerdem waren drei Erzbischöfe, 16 Bischöfe und der gesamte sächsische Adel anwesend.

Auch im Sommer des Jahres 995 beteiligte sich Heinrich mit seinem Vater an einem Heereszug gegen die Slawen im Oderraum. Doch musste Herzog Heinrich der Zänker aus gesundheitlichen Gründen das Heer verlassen. Sein Sohn begleitete den schwer Erkrankten nach Gandersheim, wo Gerberga, die Schwester des Zänkers, als Äbtissin residierte. Dort ließ – nach Thietmar von Merseburg – der im Sterben befindliche Herzog seinen Sohn an sein Sterbebett rufen und richtete an ihn seine letzten Worte: »Zieh schnell heim, ordne die Regierung und widersetze dich niemals deinem Könige und Herrn! Ich fühle tiefe Reue, dass ich es einst getan habe! Denk an deinen Vater, du wirst ihn in dieser Welt nicht wieder sehen.« (aus der Chronik des Bischofs Thietmar von Merseburg in der Übersetzung von Werner Trillmich)

Herzog Heinrich der Zänker starb am 28. August 995 im Alter von nur 44 Jahren in Gandersheim, wo ihn seine Schwester, die Äbtissin Gerberga, inmitten der Stiftskirche in der Nähe des Heiligenkreuzaltars bestatten ließ. Sein Grab ging verloren, möglicherweise wurde es im Verlaufe der Jahrhunderte bei einer der zahlreichen Umbauten der Gandersheimer Stiftskirche zerstört.

Kapitel 3

995–997

KAISER OTTO III.
UND SEIN HERZOG – TEIL 1

Ursprünglich bezeichneten die germanischen Stämme einen Anführer, den sie für einen Kriegszug aus den Reihen ihrer freien Männer gewählt hatten, mit dem Namen »Herzog«. Die Bezeichnung ist also wörtlich zu nehmen. Im Lauf der Jahrhunderte kristallisierten sich Familien aus den Stammesverbänden heraus, die sich in den Augen der Bevölkerung vornehmlich für die Übernahme herausragender Führungsaufgaben eigneten. Römer, Merowinger und Karolinger nutzten solche vorhandenen Strukturen und setzten Männer aus vornehmen Familien für Verwaltungs-, Herrschafts- und militärische Aufgaben ein. Die Herrschaft der Herzöge basiert also auf den Versuchen in römischer und fränkischer Zeit, das Land mit einer erfolgreichen Administration zu versehen. Da aber noch keine leistungsfähige Geldwirtschaft existierte, konnten Ämter nur an Grundbesitz gebunden werden. Damit erhielt die Aufgabe seine wirtschaftliche Basis und gleichzeitig auch seine Attraktivität für den Amtsinhaber. Diese Praxis bewirkte, dass der Herzog und seine Familie in gewisser Weise bereits der Verfügungsgewalt des Königs entzogen wurden, da der Herzog Handlungsspielraum benötigte.

Der herzogliche Amtsträger besaß in seinem Herrschaftsgebiet eine besondere Machtfülle auf das unmittelbare Leben der Bevölkerung. Dadurch erschien der Herzog für die einzelnen Menschen des Herzogtums oft viel wichtiger als der im Hintergrund und meist in unerreichbarer Ferne wirkende König. Die Herzöge übten in ihren Herzogtümern oft unterschiedliche, aber dennoch nahezu uneingeschränkte Herrschaftsrechte über die gesamte Volksgruppe im Amtsbereich aus. Während der vormundschaftlichen Regentschaft der Kaiserin Adelheid für ihren Enkel, König Otto III., erhielten die damals herrschenden Herzöge bereits die Zusicherung des Erbrechts für ihre Herzogtümer. Das galt auch für Herzog Heinrich den Zänker, den Vater Heinrichs II. Das Lehnsrecht, die Vergabe von Landbesitz und Herrschaftsrechten durch eine höher gestellte Persönlichkeit, veränderte sich durch dieses Zugeständnis erheblich. Ursprünglich konnte ein Lehen, wenn es übertragen war, jederzeit auch wieder entzogen werden.

Das Lehnswesen ist eine Organisationsform, die unverwechselbar zum Mittelalter gehört. Es bestand aus den Auffassungen im spätrömischen Großgrundbesitz, verschmolzen mit den germanischen Begriffen von Adelsherrschaft und Gefolgschaft, sowie mit der keltischen Idee der Vasallität. Das Lehnswesen entstand in den fränkischen Merowinger- und Karolingerreichen und verbreitete sich in ganz Europa. Nirgendwo aber erreichte es eine solche Ausprägung wie in Deutschland.

Zur Zeit der Merowingerkönige wurde damit begonnen, Männern aus der unmittelbaren Gefolgschaft des Königs Land leihweise zu überlassen. Diese Männer konnten auch Unfreie oder nichtadelige Freie sein. Der Dienst, den sie für den König – meistens als Soldaten – leisteten, hob sie aus ihrer ehemaligen Stellung heraus und verhalf zu höherem Ansehen. Das vom König verliehene Land machte aus dem Lehnsträger einen Grundherrn, auch dann, wenn ihm der Besitz gar nicht gehörte. Als Dienstmann des Königs erhielt der neue Grundherr Zugang in die höhere Adelsschicht, die zur Zeit der Merowinger aus Angehörigen der ehemals römischen Senatorenschicht und dem alten germanischen Blutadel bestand. Auf diese Weise bildete sich eine neue Gesellschaftsschicht, der Dienstadel, der sich in seiner Stellung zwischen dem Hochadel und dem Volk ansiedelte. Der Vertrag beruhte auf Gegenseitigkeit. Der König gab das Land, das den Unterhalt des

Lehnsträgers sicherte, und dieser verpflichtete sich gegenüber dem König zur Treue und zur Ableistung von Kriegs- und anderen Diensten. Dem Beispiel des Königs folgten bald auch andere Angehörige des Hochadels.

Während der Zeit des karolingischen Reiches sorgten vor allem die Einfälle der Araber dafür, dass ein ständiges Heer von Panzerreitern zur Verfügung stehen musste. Diese Reiter erhielten leihweise Land aus Königs- oder Kirchenbesitz. Dabei musste dieses Land die Einkünfte ermöglichen, die zur Anschaffung und zum Unterhalt der sehr teuren militärischen Ausrüstung des Kriegers notwendig waren. Die Soldaten besaßen bereits einen sozialen Stand, der sie vom Volk abhob, ganz gleichgültig, woher sie ursprünglich stammten. Das Lehnsverhältnis wurde mit einem Vertrag und dem Treueeid des Lehnsträgers abgeschlossen. Auch Bischöfe und Klöster durften gepanzerte Reiter als Krieger stellen und erhielten dafür Land.

Aus den Kämpfern des Königsheeres bildete sich im Verlaufe des Mittelalters die Adelsschicht der Ritterschaft, wobei ein gelegentlicher Aufstieg in den Hochadel zumindest theoretisch möglich blieb. Aber es gibt noch einen weiteren Aspekt des Lehnswesens der Karolingerzeit. Zunehmend erkannten die Könige, dass die Landesverwaltung nicht mehr von ihnen allein oder durch die Angehörigen des Hofs geregelt werden konnte. Die Installation eines ordentlichen Verwaltungsapparats wurde immer dringender, denn die Reste der römischen Landesverwaltung waren längst verschwunden. Das Verkehrsnetz befand sich in einem erbärmlich schlechten Zustand und das Wirtschafts- und Finanzsystem des Staates erlaubte keine Gehälter für die Beamten der Landesverwaltung. Aus diesem Grund wurden sie in das Lehnssystem einbezogen, um der Vergabe eines solchen Postens genügend Attraktivität zu sichern. Auch für die Berufsbeamten, Ministeriale genannt, wurden Vasallenverträge geschlossen und Lehnseide geleistet. Natürlich hatten Ministeriale im Kriegsfall auch Kriegsdienste zu leisten. Abgesehen vom materiellen Anreiz und dem gesellschaftlichen Aufstieg, der mit dem Lehen

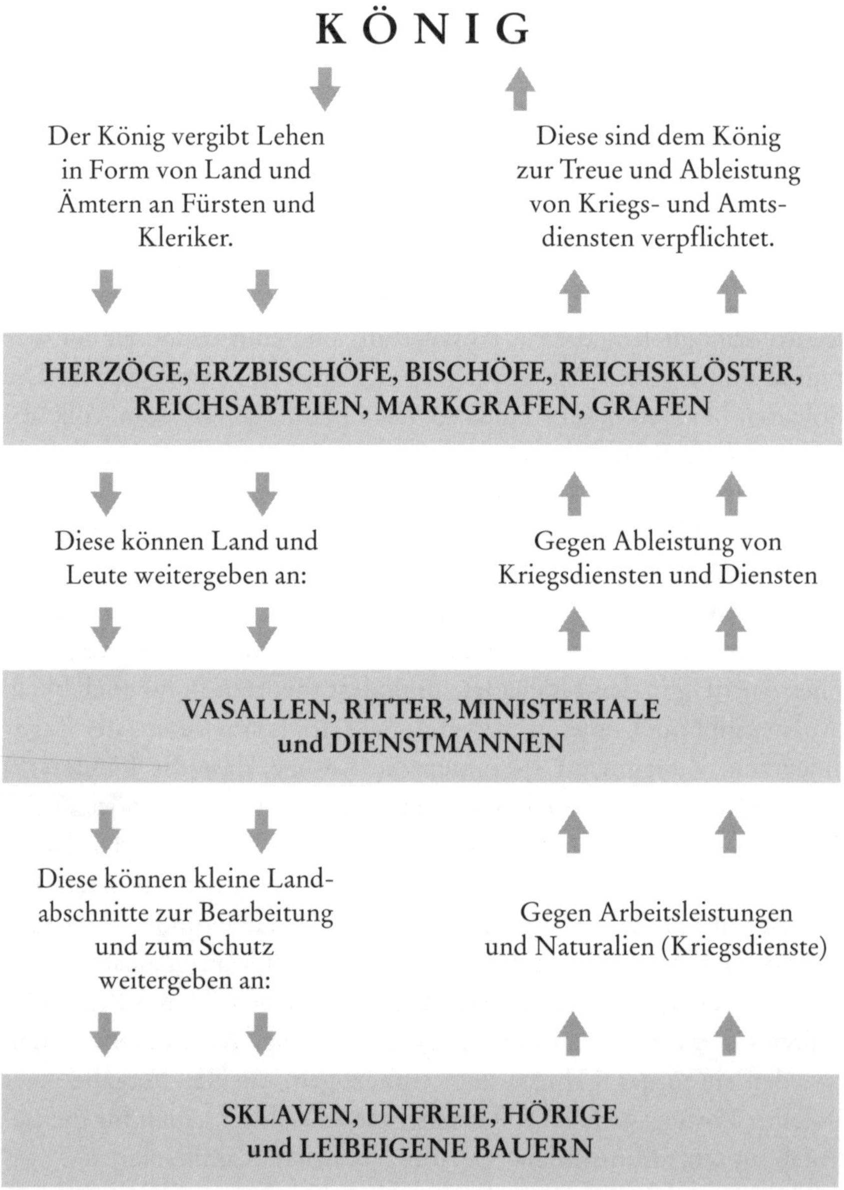

Bild 3: Das Lehnswesen in Deutschland

für den Empfänger verbunden war, veränderte das Lehnswesen das Staatssystem gegenüber dem klassischen Römischen Reich erheblich. Anstelle eines abstrakten Staatskörpers mit einem Kaiser an der Spitze, der losgelöst von allen Vorschriften über absolute Entscheidungsfreiheit verfügte, trat nun ein durch persönliche Treue zusammengefügter Gesellschaftsverbund, der auf gegenseitigem Geben und Nehmen basierte.

Die Spezialisierung der Ämter, wie sie in der Antike, aber auch später in der Neuzeit üblich war, existierte im Lehnssystem nicht. Der Lehnsträger stand in einem überaus persönlichen Vertrauensverhältnis zu seinem König und genoss beträchtliche Handlungsfreiheit. Der Herrscher gab also einen Teil seiner eigenen Souveränität an den Vasallen weiter, mit der dieser vertrauensvoll umzugehen hatte. Lehnsträger waren daher keine eigentlichen Untertanen, sondern freie im königlichen Auftrag handelnde Staatsträger, deren persönliches Verhältnis zum Auftraggeber auf Gegenseitigkeit beruhte. Das Lehnswesen ist die Organisationsform der Landesverwaltung, mit der dieses Persönlichkeitsverhältnis ausgedrückt wird. Das Prinzip des »Lehens« – des Verleihens von Land – gegen Treue und Dienstleistungen hat die mittelalterliche Gesellschaft vom Bauern bis zum Angehörigen des Hochadels völlig durchdrungen.

Allerdings wurden bald auch Schwachstellen des Systems erkennbar. Aus verständlichen Gründen strebten die Lehnsträger danach, ihren Besitz abzusichern und in erblichen Familienbesitz umzuwandeln, was ihnen bald gelang. Darüber hinaus wurde es üblich, Lehen von verschiedenen Lehnsherren zu nehmen. Im Falle eines Konflikts konnte der Lehnsträger nun wählen, auf welche Seite er sich stellte. Das führte beim Lehnsträger oft zu der Einstellung: »Je größer das Lehen, desto größer die Treue«. Das besondere Vertrauensverhältnis zwischen Lehnsherren und Vasallen wurde unter solchem Aspekt natürlich deutlich gestört.

Die Schwächung der Krone, die besonders durch den Hochadel ausging, wurde zwar erkannt, doch anders als in England und Frank-

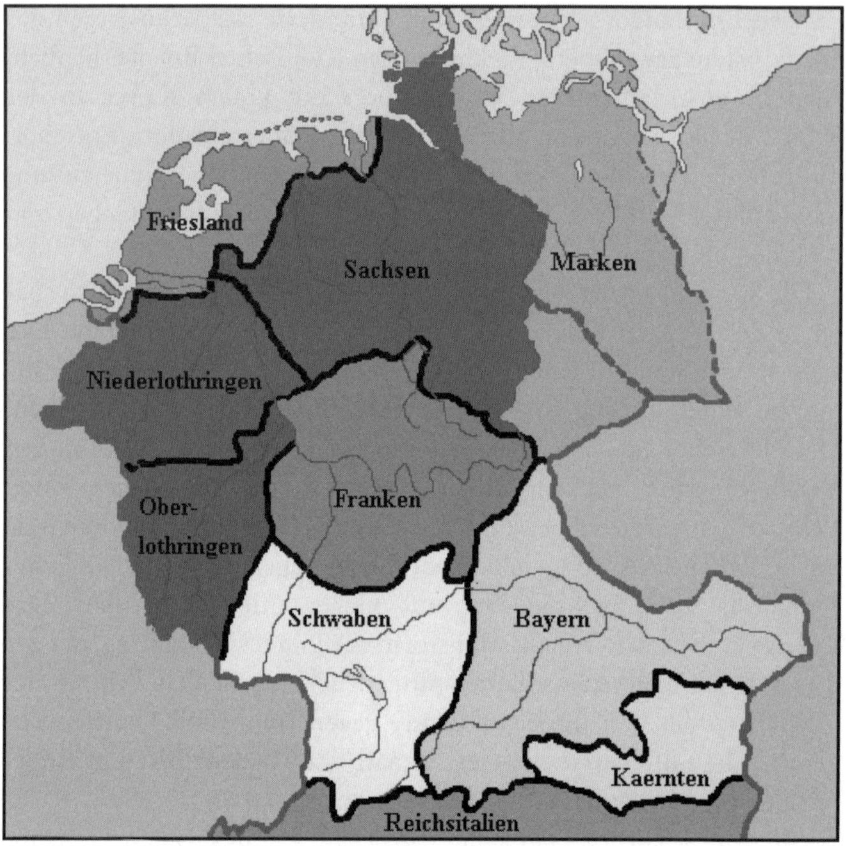

Karte 2: Die deutschen Herzogtümer um das Jahr 1000

reich gelang es in Deutschland nicht, diese negativen Auswirkungen des Lehnssystems zu beseitigen. Die Brisanz des Konflikts, der sich durch die Organisationsform der Lehen zwischen den Königen und Herzögen aufbaute, wird durch die Auseinandersetzungen zwischen Kaiser Friedrich I. und Herzog Heinrich dem Löwen im 12. Jahrhundert offenbar. Als Kaiser Franz I. am 6. August 1806 unter dem Druck Napoleons I. auf die Krone des Heiligen Römischen Reiches Deutscher Nation verzichtete und das Reich damit auslöschte, hatte sich die Fürstenmacht im Lande längst verselbstständigt.

Zur Zeit der ottonischen Herrscher besaß das Kerngebiet Deutschlands, das Gebiet zwischen Rhein, Elbe und Saale und zwischen der Nordsee und den bayerischen Alpen, vier Herzogtümer: im Süden Bayern und Schwaben, im mittleren Bereich Franken und im Norden Sachsen. Hinzu kam im Westen das Herzogtum Lothringen, das schon bald in Nieder- und Oberlothringen geteilt wurde, sowie im östlichen Alpengebiet das Herzogtum Kärnten, das zeitweise mit dem Herzogtum Bayern eine Einheit bildete. Zum Reichsgebiet zählten ferner die unabhängige Grafschaft Friesland und die Markgrafschaften zwischen Oder und Elbe. Der Besitz des Herzogtums Lothringen blieb zwischen Frankreich und Deutschland jahrhundertelang umstritten. Zuletzt fiel das Herzogtum im Frieden von Münster und Osnabrück im Jahre 1648 an Frankreich und verblieb dort endgültig, abgesehen von den kurzen Unterbrechungen von 1871 bis 1918 und von 1940 bis 1945.

Die Herzogtümer waren keineswegs ethnisch homogen. Nichtgermanische Minderheiten, wie die Westslawen, bildeten Siedlungsinseln oder größere Siedlungsgebiete innerhalb der germanischen Stammesräumen. Friesen, Sachsen, Thüringer, Hessen, Franken, Lothringer, Alemannen, Schwaben und Bayern unterschieden sich in ihren Lebensgewohnheiten, Lebensformen, in ihrem Herkommen und in der Sprache erheblich voneinander. Zum Beispiel konnte sich ein Friese mit einem Schwaben sprachlich nicht verständigen. Doch kamen die einfachen Bauern in der Regel aus ihrem Lebensraum, der bis zum Horizont reichte, kaum heraus.

Die Lebensgrundlage des Landes bildete die bäuerliche Struktur. Die Bauern stellten nahezu alle Dinge selbst her, die sie zum Leben benötigten. Die Höfe arbeiteten also weitgehend autark. Dies gilt in stärkerem Maße auch für die Königspfalzen, über die noch berichtet wird. In der Nachbarschaft der Bauern lebte ein Lehnsherr, ein Ritter, Dorfschulze oder Graf, dem sie zur Arbeitsleistung verpflichtet waren. Diese Arbeitsleistung konnte die Bauern vom Kriegsdienst befreien, den der Lehnsherr bei Bedarf übernehmen musste.

Der Adel hatte sich als Gesellschaftsschicht noch nicht endgültig etabliert. Noch konnten wenig begüterte Freie oder sogar Unfreie im Königsdienst aufsteigen und dadurch zu Besitz gelangen. Doch zunehmend erhob ein enger Kreis vornehmer Familien Ansprüche auf die hohen Reichsämter, Herzogtümer und Markgrafschaften. Auch Bistümer und Reichsabteien konnten in der Praxis nur an Adelige aus hoch gestellten Familien übertragen werden. Der Kampf um hohe kirchliche Ämter war nicht nur eine Prestigefrage, sondern er war gleichzeitig auch von großem materiellem Interesse. Der König musste bei der Vergabe von Bistümern und Reichsabteien immer wieder bestimmte Adelsfamilien berücksichtigen. Solche Familien, die ihren Herrschaftsbereich über Kirchengut ausweiten konnten, stiegen erheblich in ihrer Macht.

Der Dienst für den König bot in der ottonischen Zeit neue Möglichkeiten für einen gesellschaftlichen Aufstieg. Die kleinen Lehnsträger konnten im ministerialen Dienst sozusagen Karriere machen und oft in hohe Reichsämter gelangen. Dieser neue Dienstadel förderte die gesellschaftliche Entwicklung in Deutschland in den folgenden Jahrhunderten bis in die frühe Neuzeit maßgeblich. Die so genannten Ministerialen wurden als Berufskrieger im Rahmen der militärischen Einsätze der Ottonen im Osten und in Italien bald unentbehrlich. Ihre Ausrüstungen mit Pferden und Waffen waren so teuer, dass sie entsprechend große Lehen benötigten, um diese immensen Kosten tragen zu können. Je größer das Lehen war, desto besser konnte die Ausstattung des Kriegers sein und umso wertvoller wurde er damit für den militärischen Einsatz.

Die von den Karolingern geschaffene Einheit des Reiches konnte von den Königen nur mühsam erhalten werden. Der Zusammenhalt zwischen den Stämmen blieb eher lose, lediglich der gemeinsame christliche Glaube und die Kirche bildeten ein Bindeglied. Der Frieden innerhalb des Landes war stets gefährdet, nicht zuletzt weil sich noch kein nationales Bewusstsein entwickelt hatte. Die sehr geringe Bevölkerungsdichte variierte stark nach der Bodenbeschaffenheit, der Zugänglichkeit des Gebiets sowie nach der zivilisatorischen Tradition. Schätzungen haben ergeben, dass um das Jahr 1000 auf dem Territorium des heutigen Deutschland etwa eine Million Menschen lebten. Dies entspricht einer Bevölkerungsdichte von 2,5 Menschen pro Quadratkilometer. Noch war es für eine bäuerliche Familie möglich, einfach weiterzuziehen und an anderer Stelle neues Land zu roden, wenn ihr bisheriger Ackerboden ausgemergelt war. Der Landbesitz war also noch nicht endgültig verteilt. Auch die Lebensumstände der Bevölkerung waren keineswegs überall gleich. So lebte es sich in den Gebieten deutlich leichter, die auf römische Kolonisation aufbauten. Jenseits des Limes, des ehemaligen römischen Grenzwalls, war der Lebensstandard erheblich schlechter. Als einzige deutsche Stadt besaß Köln zur Zeit Heinrichs II. eine Einwohnerzahl, die 50 000 Seelen überstieg. Die Stadtbewohner waren im frühen 11. Jahrhundert längst noch nicht so spezialisiert wie im Spätmittelalter. Abgesehen von der Spezialisierung im Baubereich, gab es Schmiede, Müller und Fischer. Städte bildeten sich meistens im Schutze einer Burg, an Flussübergängen, wie beispielsweise Frankfurt am Main, oder an sich kreuzenden Fernverbindungen oder an Markt- und Handelsplätzen. In den meisten Fällen bewirtschafteten die Stadtbewohner noch Felder und erzeugten ihre Lebensmittel selbst. Erst allmählich hatte man damit begonnen, von den Überschüssen oder von den Dingen, die man selbst besonders gut herstellen konnte, etwas an andere zu veräußern. Dies geschah zur Zeit Heinrichs II. überwiegend noch im Tauschgeschäft. Geld war für die Bevölkerung als Zahlungsmittel noch nicht in ausreichendem Maße im Umlauf. Der existierende Fernhandel wickelte seine Geschäfte daher mit dem Adel oder der hohen Geistlichkeit ab. Erst als die Städte Reichsfreiheit erlangten und so aus der Abhängigkeit ihres Lehnsherrn herausgelöst wurden, blühten die Städte auf und die Bevölkerungszahl nahm sprunghaft zu, besonders dann, wenn sie Münz- und Marktrechte erhielten.

Herzog	Regierungszeit	Fürstengeschlecht
Arnulf	907–937	Luitpoldinger
Heinrich I.	948–955	Liudolfinger
Judith	955–965	Luitpoldingerin
Heinrich II., der Zänker	965–976 und 985–995	Liudolfinger
Otto I.	976–982	Liudolfinger
Heinrich III., der Jüngere	983–985	Luitpoldinger
Heinrich IV. (Kaiser Heinrich II.)	995–1002	Liudolfinger
Heinrich V.	1004–1009 und 1017–1026	Luxemburger

Bild 4: Die bayerischen Herzöge und ihre Regierungszeiten im 10. und frühen 11. Jahrhundert

Neben den Herzogtümern und einigen Markgrafschaften im Osten des Reiches und in Reichsitalien besaßen die sechs Erzbistümer Bremen-Hamburg, Köln, Magdeburg, Mainz, Trier und Salzburg eine Bedeutung, die der weltlichen Machtstellung der Herzogtümer glich, denn die Erzbischöfe übten auch immer das weltliche Amt eines Lehnsherrn aus.

Im August des Jahres 995 eilte Heinrich, der Sohn Herzog Heinrichs des Zänkers und spätere Kaiser des deutschen Reiches, nach Bayern, als sein Vater im Kloster Gandersheim im Sterben lag. Es galt, seinen Anspruch auf das Herzogtum Bayern durchzusetzen, beziehungsweise sich des Wohlwollens des bayerischen Adels zu vergewissern, da erst sein Großvater das Herzogtum Bayern für die Familie übernommen hatte. Zwar hatte ihn sein Vater rechtzeitig zum herzoglichen Mitregenten im Amt durch Kaiserin Theophanu bestätigen lassen, doch die Durchsetzung solcher Verfügungen oblag in erster Linie dem Empfänger der kaiserlichen Huld.

Am Ende seiner Schul-, Lehr- und Ausbildungsjahre war aus dem körperlich instabilen Herzogssohn ein weit über die Verhältnisse der Zeit hinausgehend gebildeter und auf seine zukünftigen Aufgaben sehr gut vorbereiteter junger Mann geworden, der mit besonderer Leistungsfähigkeit intellektuelle Anforderungen bewältigte und der wie alle Ottonen eine enorme Ausdauer und Zähigkeit in der Verfolgung seiner politischen Ziele besaß. Zwar strahlte er nicht als Held, wie sein Urgroßvater, König Heinrich I., oder sein Großonkel, Kaiser Otto der Große, seine militärischen Erfolge hielten sich auch später in Grenzen, aber persönlichen Mut und Tapferkeit bewies auch er. Seine Begabungen lagen vor allem auf dem Gebiet der Rhetorik und in seinem Verhandlungsgeschick. Darüber hinaus hatte sich durch seinen Aufenthalt in der Hildesheimer Domschule und durch seinen Umgang mit verehrten Regensburger Klerikern eine tiefe Frömmigkeit und eine standhafte Festigkeit im christlichen Glauben herausgebildet.

Heinrich ließ sich vom bayerischen Adel in einer formellen Wahl im Amt des Herzogs bestätigen und zeigte diese Wahl dem König an. Es ist nicht bekannt, ob Otto III. bei der Belehnung des Herzogtums Bayern anders geplant hatte. Jedenfalls gab es nach der Wahl Herzog Heinrichs für den König kaum noch eine Möglichkeit, diese zu übergehen, ohne die Bayern zu brüskieren. Allerdings trennte Otto III. das Herzogtum Kärnten von Bayern ab und übergab es samt der Mark Verona an den Sohn Konrads des Roten, Graf Otto. Gleichzeitig betraute er jedoch Heinrich mit der Oberaufsicht für Kärnten. Sollte beim König mit der Belehnung Bayerns an Herzog Heinrich eine Unsicherheit bestanden haben, so wurde diese in der Folgezeit restlos beseitigt. Herzog Heinrich IV. von Bayern entwickelte sich zum treuesten und zuverlässigsten Gefolgsmann Ottos III.

Die feierliche förmliche Belehnung mit dem Herzogtum Bayern kann im Februar 996 in Regensburg anlässlich der Heeresversammlung vor dem Aufbruch des Königs nach Italien stattgefunden haben. Solche feierlichen Auftritte vor versammeltem Volk gehörten im Mittelalter zu den Aufgaben des Königs, die nach vorgeschriebenen Ritualen inszeniert und durchgeführt wurden. Da kaum jemand im Volk lesen und schreiben konnte und es keine anderen Informationsmöglichkeiten gab als das gesprochene Wort, lieferten die Ereignisse Gesprächsstoff für Monate oder Jahre und wurden sozusagen von Mund zu Mund im Lande weitergereicht und ausgeschmückt.

Schon damals gehörte Regensburg zu den schönsten Städten des Landes. Neben zahlreichen Kirchen und Klöstern besaß Regensburg auch zwei karolingische Königspfalzen. Die erste, ältere befand sich am Kornmarkt, an deren Stelle heute der Römerturm und der Herzogshof stehen, sowie eine weitere Pfalz in der Nähe des Klosters St. Emmeram, die der ostfränkische König Arnulf von Kärnten (887–899, Kaiser 896) erbauen ließ.

Im Jahre 996 drängten König Otto III. wichtige Notwendigkeiten zum unmittelbaren Eingreifen in die italienische Politik. Gerade volljährig geworden, hatte er die vormundschaftliche Betreuung durch seine Großmutter, Kaiserin Adelheid, abgestreift und wollte nun seine Selbstständigkeit und Handlungsfähigkeit beweisen.

Der Hilferuf von Papst Johannes XV. hatte ihn aus Italien erreicht. Dieser war von dem römischen Patrizier Crescentius II. selbstherrlich aus Rom vertrieben worden. Für den König bedeutete dies Grund genug, nach Italien zu ziehen, zumal er bei der Gelegenheit gleichzeitig seine Kaiserkrönung vornehmen lassen wollte, die nach der Tradition seit Karl dem Großen nur in Rom stattfinden konnte. Sobald Crescentius jedoch hörte, dass Otto III. einen Italienzug plante, ließ er Papst Johannes XV. nach Rom zurückholen. Dort führte Crescentius den Papst feierlich in den Vatikan und bat kniefällig um Verzeihung.

Bei der Inthronisierung Ottos III. beziehungsweise bei der Übernahme seiner Amtsgeschäfte im Reich hatte es dank der guten Vorarbeit seiner Mutter, seiner Großmutter und des Erzkanzlers Willigis von Mainz keine Schwierigkeiten gegeben. Darüber hinaus konnte sich Otto III. auf treue Weggefährten aus seiner Verwandtschaft, wie Herzog Heinrich IV. von Bayern oder seinen Schwager Pfalzgraf Ezzo, absolut verlassen. Kaiserin Theophanu hatte ihrer Tochter Mathilde im Jahre 991 erlaubt, Pfalzgraf Ezzo zu heiraten.

Die Probleme mit den slawischen Lutizen in Brandenburg, die im Jahre 994 in Aufruhr gegen die Kräfte des Herzogtums Sachsen geraten waren, und die Verwicklungen mit den Wikingern, die zum gleichen Zeitpunkt einen Überfall auf Stade mit Geiselnahme verübt hatten, waren beseitigt. So war das Tor nach Italien und Rom für den jungen König geöffnet.

Der Aufbruch des Heerzugs erfolgte nach dem 18. Februar 996 in Regensburg. Unter Psalmengesang zogen die Ritter und Fußsoldaten in voller Kampfausrüstung aus der Stadt. Die »Heilige Lanze« wurde vorangetragen, von der es hieß, sie würde im Kampf Unbesiegbarkeit verleihen. Herzog Heinrich IV. von Bayern begleitete den König mit einem starken Aufgebot von Rittern aus seinem Herzogtum. Die Reise führte durch das Inntal, über den Brennerpass und durch das Eisack- und Etschtal. Erst südlich von Trient verließ der Heereszug Bayern, Herzog Heinrichs Herrschaftsgebiet, das damals weit über die Alpen nach Süden reichte.

Die Nachricht, dass sich König Otto III. näherte, eilte den Soldaten nach Italien voraus. Die erste Station nach dem beschwerlichen Gang über den noch verschneiten Brenner war Verona. Dort lagerte das Heer in Zelten auf dem zur Königspfalz gehörenden Lagerplatz vor den Toren der Stadt, während die Privilegierten in der Pfalz und im nahe gelegenen Kloster San Zeno Quartier nahmen. Die drei Königshöfe innerhalb der Stadtmauern Veronas, die dem Reich gehörten, waren durch ständige Besatzungen belegt.

Herzog Heinrich befand sich oft, aber nicht ständig in der unmittelbaren Nähe des Königs. Otto III. liebte das vertraute Einzelgespräch unter vier Augen, dazu zog er sich oft mit Freunden oder interessanten Gesprächspartnern zurück. Es ist davon auszugehen, dass sich zwischen Herzog Heinrich IV. von Bayern und König Otto III. ein besonderes Vertrauensverhältnis entwickelte, das im Verlaufe der Regierungszeit Ottos III. immer enger wurde. Die Beteiligung Herzog Heinrichs am politischen Tagesgeschäft brachte ihm Kenntnisse und Erfahrungen ein, die für ihn später eine äußerst wichtige Wissensquelle bildeten. Natürlich gehörte dazu auch das Kennenlernen der bedeutenden italienischen Persönlichkeiten aus Adel, Kunst, Wissenschaft und Kirche.

Die praktische Aufgabe des Herzogs im Heerzug kommt wohl einer königlichen Stellvertreterfunktion für die militärische Heeresführung gleich, zumal es Otto III. wegen seiner Jugend noch an ausreichender militärischer Erfahrung fehlte. Außerdem stellte Herzog Heinrich mit seiner bayerischen Streitmacht das größte Aufgebot. Diese Führungsaufgabe des Herzogs bedeutete, dass er in der Regel an das Heerlager gebunden war.

In Verona trafen italienische Militärkontingente ein, die das Heer des Königs weiter verstärkten. Es handelte sich dabei um Truppen aus Aquileja und Como sowie um das Aufgebot Herzog Ottos von Kärnten. Erstmals bekam Herzog Heinrich in Verona einen Eindruck von der Explosivität, die zwischen der Bevölkerung und den Machthabern in den italienischen Städten brodelte. Ausgelöst durch Übergriffe einiger Soldaten in der Stadt, kam es trotz des vor den Toren lagernden riesigen Heeres zu tumultartigen Zwischenfällen, denen auch Mitglieder des Heereszugs zum Opfer fielen. Nur mit Mühe konnte Otto III. von einem strengen Strafgericht mit drakonischen Maßnahmen abgehalten werden.

Bereits in Verona knüpfte Otto III. Beziehungen zu Venedig. Das Verhältnis zwischen dem König und dem Dogen entwickelte sich so gut, dass der Herrscher die Patenschaft für einen soeben geborenen Sohn des Dogen übernahm. Das Kind erhielt daraufhin den Namen des Königs. Zu diesem Zeitpunkt befand sich Otto III. noch in den traditionellen Bahnen ottonischer Italienpolitik.

Karte 3: Italien während der Regierungszeit Heinrichs II. Die Fürstentümer Capua, Neapel und Salerno hatten sich zeitweise dem Byzantinischen Reich angeschlossen.

Der Herrscher gönnte seinen Truppen vier Wochen Rast nach der anstrengenden Alpenüberquerung, dann zog er weiter nach Pavia, dem Krönungsort der italienischen Könige. Dort wohnte Otto III. in dem Palast, den der ostgotische König Theoderich der Große erbaut hatte.

Der Palast war nach den Zerstörungen durch die Ungarn im Jahre 924 durch Otto I. nach 951 wieder instand gesetzt worden. Auch eine Königspfalz hatten die Ottonen im Nordteil der Stadt in der Nähe der Kirche St. Pietro in cielo d'oro erbaut. Hier feierte der Hof das Osterfest des Jahres 996. Die Quellen verschweigen, ob Otto III. in Pavia noch einmal zum italienischen König gekrönt worden ist. Immerhin steht fest, dass er dort die Huldigung der italienischen Fürsten empfing. Eine formelle Krönung zum italienischen König war für Otto III. nicht zwingend notwendig, weil sowohl Reichskanzler Erzbischof Willigis von Mainz für das deutsche Reich als auch der italienische Erzbischof Johannes von Ravenna für das Königreich Italien Otto III. im Jahre 983 in Aachen gesalbt und gekrönt hatten. Der König trug also neben der Krone des deutschen Reichs auch die des Königreichs Italien.

Noch während des Aufenthalts des deutschen Königszugs in Pavia traf eine bedeutungsvolle Nachricht aus Rom ein: Völlig unerwartet war Papst Johannes XV. gestorben. Sofort sandte Otto III. seinen Kanzler, Erzbischof Willigis von Mainz, und den Sohn Herzog Ottos von Kärnten, Brun, ein Urenkel Kaiser Ottos des Großen, zu Verhandlungen in die ewige Stadt.

Während sich das Heer zu Pferde und zu Fuß einen Weg durch die im 10. Jahrhundert noch sumpfige und waldreiche Tiefebene nach Ravenna bahnte, nutzte der Hof die weitaus bequemste Reisemöglichkeit und fuhr per Schiff den Ticino und den Po hinab. Stationen dieser Fahrt bis Ravenna bildeten Cremona und Ferrara. In allen Orten, die Otto III. ansteuern ließ, wurde der König mit Jubel empfangen. Überall bestätigte er Rechte und spendete Privilegien. In Ravenna wohnte der Hof im ostgotischen Königspalast, von dem auch heute noch ein kleiner Teil – das Wach- und Torgebäude – erhalten ist.

Noch bevor der König in Richtung Rom aufbrach, erschien, vermutlich in Ravenna oder auf dem Weg dorthin, eine Gesandtschaft des römischen Adels. Diese huldigte Otto III. und forderte ihn auf, einen Nachfolger für Papst Johannes XV. zu bestimmen. Die Kontaktaufnahme des römischen Adels mit dem Herrscher, verbunden mit der Aufforderung, einen neuen Papst zu benennen, bedeutete für Otto III. die Einladung Roms zur Kaiserkrönung. Der Verzicht des römischen Adels auf das angestammte Recht, auch in diesem Fall den neuen Papst zu wählen, war den Römern sicherlich nicht leicht gefallen. Die Auswahl eines Papstes durch den jungen König ähnelte so der Besetzung eines Bischofsstuhls in Deutschland.

Otto III. glich zwar nicht in seinem Äußeren, jedoch sehr wohl im Wesen seinem Großvater, Otto I., der für seine Spontaneität, seine Entscheidungsfreudigkeit – auch zu völlig überraschenden Maßnahmen –, seinen Humor und seine Treue bekannt war. So wählte der König zur Verblüffung aller Beteiligten, zu denen natürlich auch die Römer gehörten, nicht etwa einen verdienten, älteren italienischen Erzbischof für das höchste kirchliche Amt aus, sondern einen seiner engsten Freunde und Vertrauten, Brun, den bereits erwähnten Sohn Herzog Ottos von Kärnten.

Brun war entfernt mit Otto III. verwandt, dessen Großvater, Kaiser Otto I., der Urgroßvater Bruns war. Bislang hatte er als einfacher Kaplan in der Hofkanzlei des Königs gedient. Als jüngerer Sohn des Herzogs von Kärnten wurde Brun früh für ein geistliches Amt bestimmt und an der Domschule zu Worms sowie im Kloster Gorze erzogen und ausgebildet. Zum Zeitpunkt seiner Ernennung zählte er erst 24 Jahre, ein unglaublich geringes Alter für einen Papst. Am 3. Mai 996 wurde er in der Peterskirche feierlich gekrönt und geweiht. Wie üblich nach der Wahl eines Papstes legte auch Brun seinen Namen ab und nannte sich Papst Gregor V. Zum ersten Mal nach rund 700 Jahren christlich römischer Kirchengeschichte stellte Deutschland mit Gregor V. einen Papst.

Nach dieser für Otto III. so günstigen Entwicklung gab es für seine Kaiserkrönung in Rom endgültig keinen Hinderungsgrund mehr. Anfang Mai brach der König auf, um die ihm gebotene Chance wahrzunehmen. Am Tage Christi Himmelfahrt, am 21. Mai 996, wurde Otto III. in der römischen Peterskirche von Papst Gregor V. im Beisein zahlreicher weltlicher und geistlicher Würdenträger gesalbt und zum Kaiser gekrönt. Brun von Querfurt, ein Angehöriger der Hofkanzlei, hat die Zeremonie beschrieben: »Während das Volk und Gefolge mit lauter Stimme kyrie eleison sang, stieg er als gesalbter Imperator Augustus mit der Krone des Reiches hinauf, mit strahlendem Angesicht und das Herz voll guten Willens.« Unter den vielen Ehrengästen befanden sich auch Sophie, die Lieblingsschwester Ottos III., und natürlich auch Herzog Heinrich IV. von Bayern. Die höchsten Ämter des christlichen Abendlandes lagen nun in den Händen der beiden jugendlichen Freunde. Der Glanz dieser Tage von Rom hat Kaiser und Papst geblendet, besonders Otto III. begann den Boden der Realität in seinem Leben und Wirken zu verlassen.

Kaiser Otto III. feierte nach seiner Kaiserkrönung das Pfingstfest noch in Rom und brach dann rasch nach Norden auf, um darauf in einem eher gemächlichen Reisetempo durch Umbrien und die Toskana zu ziehen. Der Grund für die hastige Abreise aus Rom lag in der sommerlichen Fieberhitze, für die die Stadt berüchtigt war und der sich der Kaiser mit seinem Gefolge nicht aussetzen wollte. Papst Gregor V. blieb unter dem Schutz des Markgrafen Hugo von Tuscien in Rom zurück.

Herzog Heinrich hatte den etwa zwölf Tage dauernden Aufenthalt in der Stadt genutzt, um die damals noch zahlreich vorhandenen antiken römischen Tempel und Gebäude zu besichtigen. Außerdem nahm er an der großen Synode teil, die der Kaiser vom 24. bis 26. Mai 996 in Rom abhielt und die Anlass für einige wichtige Entscheidungen wurde. Mit großer Spannung verfolgten besonders die Italiener die Beschlüsse der Synode; ihnen ging es vor allem um die Wahrung ihrer Interessen.

Unbekümmert und entscheidungsfreudig fassten Kaiser und Papst Entschlüsse, die sowohl die Kirche in Deutschland als auch in Italien betrafen. Unter anderem verfügte der Herrscher die Rückkehr Bischof Adalberts von Prag in seine Diözese, aus der er wegen der massiven Bedrohung durch Herzog Boleslaw, den Roten, von Böhmen geflohen war. Herzog Boleslaw hatte zwischenzeitlich die gesamte Familie des Bischofs ermorden lassen. Adalbert gewann in Rom durch seine christliche Lebens- und Handlungsweise, seine mönchisch-asketische Einstellung und durch die Kraft seiner persönlichen Ausstrahlung die innige Freundschaft des Kaisers. Diese Freundschaft zwischen den beiden ging so weit, dass der Chronist Adalberts, der die Lebensbeschreibung des Bischofs verfasste, sich genötigt sah, darauf hinzuweisen, dass die Liebe zwischen Kaiser und Bischof rein geistiger Natur war. Dabei muss aber beachtet werden, dass der inzwischen 16 Jahre zählende Monarch seinen Vater mit drei und seine Mutter mit elf Jahren verloren hatte. Darüber hinaus musste er seinen bevorzugten väterlichen Freund und Lehrer Bernward mit 13 Jahren, am 15. Januar 993, an das Bistum Hildesheim abgeben, als Erzbischof Willigis von Mainz Bernward dort zum Bischof ernannte.

Während der Synode in Rom sollte auch ein Streit um das Bistum Reims geregelt werden. In einer beispiellosen Folge von Intrigen, Feindseligkeiten und anderen üblen Machenschaften musste der kanonisch eingesetzte Erzbischof Arnulf von Reims seinen Stuhl räumen. An seine Stelle trat Gerbert von Aurillac, der Leiter der Reimser Domschule, allerdings weder mit der Zustimmung des französischen Episkopats noch mit der des Papstes. Gerbert galt als bedeutendster Wissenschaftler und umfassend gebildeter Gelehrter seiner Zeit. Er hatte schon den Vater des Kaisers, Kaiser Otto II., ausgebildet und sowohl Kaiserin Theophanu als auch Kaiserin Adelheid als Berater gedient. Hier in Rom trat Gerbert als blendender Rhetoriker wieder in das Gesichtsfeld der ottonischen Herrscher. Obwohl der Streit um den Reimser Bischofsstuhl für den Gelehrten in diesem Fall nur unbefriedigend ausging – die Sache wurde zur Regelung auf eine spätere Synode vertagt –, hatte Gerbert durch seinen Vortrag vor einem exquisiten europäischen Publikum die Aufmerksamkeit und die Gunst des Kaisers gewonnen.

Erst Anfang August des Jahres 996 traf der Kaiser in Pavia ein. Nach einem einwöchigen Aufenthalt kehrte er Mitte September über Verona nach Mainz an den kaiserlichen Hof zurück. Herzog Heinrich IV. von Bayern hatte im Verlaufe des Zuges durch sein bayerisches Herzogtum die dringlichsten Angelegenheiten regeln können, sodass er – wohl auf Wunsch des Kaisers – am Hofe bleiben konnte.

Inzwischen reiste die Schwester Herzog Heinrichs, Gisela, nach Ungarn, um dort den ungarischen Thronfolger Stephan zu heiraten. Die Verbindung sollte die Südostgrenze des Reiches endgültig befrieden und die Christianisierung der Ungarn und die Gründung des Bistums Gran vortreiben. Am 13. April 1001 wurde Stephan I. zusammen mit seiner Gemahlin Gisela zu König und Königin von Ungarn gekrönt. Die Idee zu dieser Verbindung reifte in der Zeit des ersten Italienzugs Ottos III. am Hofe.

Es versteht sich von selbst, dass Herzog Heinrich IV. von Bayern an dieser Entscheidung großen Anteil besaß. Bischof Adalbert reiste zur Regelung dieser Angelegenheit und zur Erkundung der Lage in Böhmen frühzeitig aus Pavia ab. Erst nach der Rückkehr des Kaisers in das deutsche Reich kehrte Adalbert in Mainz an den kaiserlichen Hof zurück und verließ diesen dann wieder zu einer Pilgerreise nach Frankreich.

Den Herbst des Jahres 996 verbrachten Kaiser und Gefolge in der oberrheinischen Tiefebene. Zunächst hielt man sich vornehmlich in Mainz und in der großen, schön angelegten Pfalz Ingelheim auf, in der bereits die Mutter Kaiser Ottos III., Kaiserin Theophanu, sehr gerne gewohnt hatte.

Kaiserin Adelheid, die Großmutter Ottos III., hatte sich nach der Übergabe der Regierung an ihren Enkel in das Kloster Selz im nördlichen Elsass zurückgezogen. Im Oktober 996 hatte sie zur Weihe der Selzer Klosterkirche und zu einer Bischofssynode eingeladen. Der Hof begab sich über Bruchsal nach Selz.

Der Kaiser nutzte die Veranstaltung bei seiner Großmutter zur Durchführung eines Reichstags. Es muss ein prächtiges Zusammentreffen des deutschen Episkopats und des Hochadels gewesen sein, gleichzeitig wurde diese Zusammenkunft der letzte große öffentliche Auftritt der Kaiserin. Odilo von Cluny, der den Nachruf auf das Leben Kaiserin Adelheids verfasste, schrieb über dieses Treffen: »Etwa zwölf Jahre vor ihrem Tod begründete sie [Kaiserin Adelheid] den Ort Selz und verlieh ihm Reichsfreiheit, eine Sache, die später auch zur Ausführung kam. Auch hier errichtete sie von Grund auf ein neues, wundervolles Kloster zu Ehren Gottes und des Apostelfürsten und ließ es, selbstverständlich im Beisein ihres Enkels, Ottos III., dem regierenden Kaiser, vierzehn Tage vor dem ›kalendas decembris‹ [19. November 996] mit königlicher Würde und Andacht vom Straßburger Bischof Wideraldo weihen. Damit dieser geweihte Ort in Zukunft ein noch größeres Ansehen erhielte, berief die viel gepriesene und genannte Kaiserin Adelheid zusammen mit Otto III., dessen Großmutter sie war, eine Bischofssynode ein.«

Der gleichzeitig durchgeführte Reichstag war hochrangig besetzt. Neben der Kaiserin und dem Kaiser erschien unter vielen anderen auch der Neffe Kaiserin Adelheids, König Rudolf III. von Hochburgund. Nach dem Fest in Selz zog der kaiserliche Hof per Schiff rheinabwärts und erreichte über Köln spätestens am 18. Dezember 996 Nimwegen, wo man das Weihnachtsfest verbrachte. Dort in einem Wald in der Nähe der Stadt war Otto III. im Jahre 980 – vermutlich zu früh – zur Welt gekommen.

In der Angelegenheit des Reimser Kirchenstreits hatte sich Papst Gregor V. inzwischen gegen Gerbert von Aurillac entschieden. König Robert II. von Frankreich entließ daraufhin Erzbischof Arnulf aus seiner Haft und gab ihm seinen Bischofsstab zurück. Damit wurde Gerbert für andere Aufgaben frei. Rechtzeitig hatte er seine Verbindung zu Kaiser Otto III. gepflegt. Umgehend erhielt er seine Berufung als Berater des Kaisers. Auch Adalbert von Prag erschien in Nimwegen wieder am kaiserlichen Hof. Doch brach er schon bald zu einer Missionsreise in das Baltikum auf, von der er nicht mehr zurückkehren sollte.

Im Frühjahr des Jahres 997 ermordeten ihn in Ostpreußen feindliche Pruzzen. Der polnische Herzog Boleslaw Chrobry ließ den Leichnam des Bischofs auslösen, nach Gnesen überführen und dort bestatten. Sofort nach dem Eintreffen der Nachricht über den Märtyrertod Bischof Adalberts von Prag veranlasste der tief betroffene Kaiser die Heiligsprechung Adalberts. Nach dem Ausscheiden Adalberts von Prag aus dem politischen Geschehen am kaiserlichen Hof öffnete sich Otto III. immer mehr der Indoktrination durch Gerbert von Aurillac. Es gehört wenig Phantasie dazu, sich vorzustellen, wie Herzog Heinrich IV. von Bayern die Vorgänge am Hof mit Intelligenz und wachen Augen verfolgte. Mit Sicherheit erkannte Heinrich den negativen Einfluss, den Gerbert von Aurillac auf die Haltung Ottos III. ausübte, der sich immer mehr in die Träume eines überhöhten römischen Kaisertums verstieg.

Die Schlüsse, die Herzog Heinrich aus seinen Beobachtungen am Hofe Kaiser Ottos III. gezogen hat, wirkten sich später deutlich erkennbar auf seine eigene Regierungsweise aus. Seine Position im Gandersheimer Kirchenstreit, seine Stellung zu Erzbischof Willigis von Mainz und seine spätere Haltung als Herrscher zeigen an, dass er mit der Amtsauffassung des jungen Kaisers keinesfalls übereinstimmte. Dies gilt vor allem für die Zeit, nachdem Adalbert von Prag den Hof verlassen hatte.

Mit der Verherrlichung des asketischen Mönchslebens nach Bischof Adalbert konnte sich Herzog Heinrich noch identifizieren, mit den Ideen Gerberts von Aurillac – der Erneuerung des Römischen Weltreichs – jedoch nicht. Umso erstaunlicher ist die hohe Zuverlässigkeit, die Herzog Heinrich dem Kaiser immer wieder bewies. Gerbert von Aurillac muss es hingegen angerechnet werden, dass sich der Herrscher zunehmend als Imperator für die Erneuerung des Römischen Weltreiches verstand und sich über diesen Ansprüchen immer mehr von der politischen Realität und den sachlich erkennbaren Möglichkeiten seiner Regierung entfernte. Die Mutter Ottos III., Kaiserin Theophanu, fehlte nun äußerst schmerzlich, sie hätte die Respektperson sein können, die in der Lage gewesen wäre, dem Hang des Kaisers, sich in nebelhafte geistige Höhenflüge emporzuschwingen, entgegenzutreten. Aber Theophanu lebte schon seit sechs Jahren nicht mehr.

Erst Anfang Februar des Jahres 997 kam wieder Bewegung in den kaiserlichen Heerzug und man begab sich nach Aachen. Wiederum weilte der Hof für einen Herrscher des Mittelalters ungewöhnlich lange – mindestens bis zum 8. April 997 – in dieser Stadt. Immerhin trafen viele Gesandtschaften ein und es herrschte rege politische Aktivität. Doch scheint es auch so zu sein, dass Otto III. sich und seinen engsten Freunden einen Kuraufenthalt gönnte. Die warmen Quellen in Aachen wurden seit der Römerzeit zu diesem Zweck genutzt. Die auffällige Bewegungslosigkeit des Hofes im Herbst des Jahres 996 und im Winter des Jahres 997, gemessen an der Reisefreudigkeit der Vorgänger Ottos III., muss Gründe haben: Wo blieben die notwendigen Besuche des Herrschers in Sachsen, Thüringen, Lothringen, Franken und Bayern? Warum verbrachte der Hof das Weihnachtsfest in Nimwegen und nicht in einer der bevorzugten »Weihnachtspfalzen« der Ottonen in Dahlum, Pöhlde oder Frankfurt? Oder zeichneten sich bereits zu diesem Zeitpunkt gesundheitliche Probleme des Kaisers ab? Fragen, die sich nicht mehr klären lassen.

Allem Anschein nach blieb Herzog Heinrich in dieser Zeit permanent in der Nähe des Kaisers. Sicher hatte er nach der Rückkehr aus Italien beim Durchzug durch sein bayerisches Herzogtum den größten Teil seiner Ritter mit Instruktionen für den Sommer des Jahres 997 nach Hause entlassen. Dies traf natürlich auch für die anderen deutschen Aufgebote zu. Der Herrscher wollte die Anweisungen, die er den Angehörigen des Reichsheeres mitgegeben hatte, nicht wieder aufheben. Aus diesem Grund konnte er auf die schlechten Nachrichten, die aus Rom eintrafen, lediglich hinhaltend reagieren. Wenn wir einem Einfluss Herzog Heinrichs IV. von Bayern auf die Regierungstätigkeit Ottos III. auf die Spur kommen wollen, dann darf an dieser Stelle zuerst danach gesucht werden.

Mitte April des Jahres 997 hielt der Kaiser einen Hoftag mit dem sächsischen Adel in Dortmund ab. Dort wurden die Einzelheiten für einen Feldzug im Sommer des gleichen Jahres gegen die Elbslawen besprochen. Zwar war mit diesen Völkern im Jahre 995 ein Waffenstillstand vereinbart worden, doch hatten die Slawen im März wieder die Reichsgrenze überschritten und Landstriche östlich der Stadt Magdeburg verwüstet. Erstmals brach der Kaiser die ottonische Tradition und feierte das Osterfest nicht in Quedlinburg. Für das entgangene große Fest im Quedlinburger Stift entschädigte Otto III. seine Tante, Äbtissin Mathilde von Quedlinburg, durch seine Teilnahme an der Weihe der Walbecker Klosterkirche. Das Kloster Walbeck hatte Kaiserin Adelheid gegründet. Als Tochter der Kaiserin förderte Äbtissin Mathilde das Projekt ihrer Mutter natürlich nach besten Kräften.

Der Sommerfeldzug begann mit schwachen Kräften von Merseburg aus. Es ist nicht bekannt, ob sich Herzog Heinrich IV. von Bayern zu diesem Zeitpunkt noch beim Kaiser befand oder ob er zum Sammelort des bayerischen Militärs geeilt war, um dessen Zug nach Sachsen zu begleiten. Jedenfalls eroberte der Kaiser die Arneburg im Havelland und ließ sie unter der Obhut Erzbischof Giselers von Magdeburg zurück. Durch List ging die Burg aber wieder an die Lutizen verloren, die sie in Brand steckten. Inzwischen ritt der Kaiser durch Sachsen, um seine Hauptmacht zu sammeln. Spätestens zu diesem Zeitpunkt fand sich auch Herzog Heinrich wieder am Hofe ein.

Im August überschritt das Reichsheer die Elbe in östliche Richtung, drang in das Havelland ein, tötete alle Slawen, deren man habhaft werden konnte, und verwüstete das Land. Selbst Thietmar von Merseburg, ein entschiedener Parteigänger der Ottonen, schildert die Vorgänge mit deutlich spürbarem Missfallen: »Der Kaiser aber verließ das Römerland, um unsere Gegenden zu besuchen; auf die Nachricht von einer slawischen Empörung zog er mit bewaffneter Macht nach dem auch ›Hevellerland‹ genannten Stoderanien, verwüstete es schwer durch Feuer und Plünderung und kehrte siegreich nach Magdeburg zurück.« (Thietmar von Merseburg: »Chronicon IV«, 29, Übersetzung von Werner Trillmich)

Die Verwüstung des Havellandes bedeutete die Abkehr von einer Friedenspolitik, die besonders durch Bischof Adalbert von Prag propagiert worden war. Er hatte die slawischen Volksstämme zwischen Elbe und Oder mit den Mitteln der christlichen Mission an das Reich binden wollen.

Während sich der Kaiser nach dem Slawenfeldzug nach Aachen zurückbegab und dort wiederum längere Zeit verbrachte, hielt sich Herzog Heinrich IV. von Bayern bis Ende November 997 in seinem Herzogtum auf, um dann von Regensburg aus zu einem neuen Zug mit Otto III. nach Italien aufzubrechen.

Kapitel 4

998–1002

KAISER OTTO III. UND SEIN HERZOG – TEIL 2

Während der Kaiser sich in Deutschland aufhielt, änderte sich die Lage in Rom für Papst Gregor V. auf dramatische Weise zum Negativen. Kaum hatte das kaiserliche Heer die Stadt verlassen, vertrieb der Senator des römischen Adels, Patricius Crescentius, Papst Gregor V. aus der Stadt. Dies bedeutete einen unerhörten Akt der Missachtung des Kaisers und des gewählten Papstes, den Rom selbst gewollt hatte. Gregor fand in Pavia Zuflucht, doch seine Bitten an den Kaiser um Unterstützung gegen Crescentius blieben zunächst aus Gründen unerfüllt, die aus dem vorhergehenden Kapitel bekannt sind.

Im Januar oder Anfang Februar 997 kehrte Johannes Philagathos als Abgesandter Ottos III. aus Konstantinopel zurück. Er besaß den heiklen Auftrag, für den Kaiser am Bosporus nach einer heiratsfähigen und standesgemäßen Prinzessin zu suchen.

Johannes Philagathos, ein gebürtiger Grieche aus Kalabrien, kam als typischer Günstling an den Hof Ottos II. Dort erreichte er im Jahre 979 seine Ernennung zum Kanzler für Italien und erwarb sich in dieser Position das Vertrauen Kaiserin Theophanus, obwohl die Herrscherin sonst Menschen sicher zu beurteilen vermochte. Doch bei Johannes Philagathos versagte ihre Menschenkenntnis. Noch zu Lebzeiten Ottos II. machte sie ihn zum Abt von Nonantola. In den Jahren 987 und 988 rief Theophanu Johannes Philagathos als Lehrer zur Unterrichtung ihres Sohnes in der griechischen Sprache zurück an den Hof und ließ ihn – vor Vollendung der pädagogischen Bemühungen – gegen den Willen Kaiserin Adelheids im Jahre 988 zum Bischof von Piacenza wählen. Die Entscheidung Theophanus und ihre offensichtliche Neigung zu dem als charakterlos bekannten Emporkömmling verstanden viele Zeitgenossen nicht. Kein Wunder, dass auch Kaiserin Adelheid Johannes Philagathos mit äußerster Skepsis begegnete, einer der wenigen Fälle in der die Schwiegermutter eine bessere Menschenkenntnis besaß.

Ausgerechnet diesen Johannes Philagathos hatte Otto III. nach Byzanz geschickt. Es war nicht die erste Bemühung dieser Art gewesen. Aber auch Philagathos schien der entscheidende Durchbruch versagt geblieben zu sein; denn der byzantinische Kaiser beauftragte nicht Johannes Philagathos mit der Übermittlung seiner Antwort, sondern gab ihm einen eigenen Botschafter mit. Zusammen mit diesem kehrte der Sendling nach Rom zurück. Doch anstatt sich sofort auf den Weg zur Berichterstattung zum Kaiser zu machen, verharrte Johannes tatenlos in Rom, weil er sich scheute, mit einer negativen Nachricht vor den Herrscher zu treten. Crescentius sah in der Anwesenheit einer byzantinischen Delegation in Rom die Chance, sich von der Bevormundung durch den deutschen Herrscher Otto III. zu befreien. Ohne Bedenken und ohne ausreichende militärische Absicherung wagte er einen Parteiwechsel und schlug sich auf die Seite des byzantinischen Kaisers.

Der Botschafter des griechischen Kaisers, Leon von Synada, ein hochintelligenter und äußerst geschickter Diplomat, beurteilte die politische Situation in Rom sachlich völlig korrekt. Es war ihm klar, dass auf Crescentius und die Römer auf die Dauer kein Verlass sein würde, zumal Byzanz keine Truppen schicken konnte. Leon von Synada beschloss daher, der ihm verhassten westlichen Christenheit auf seine besondere Weise zu schaden. Leon hatte Johannes Philagathos als Menschen in seiner ganzen charakterlichen Unzulänglichkeit durchschaut. Der Kalabrier war grenzenlos ehrgeizig, überheblich, von Grund auf verdorben, ein skrupelloser Egoist, dem nichts außer sein eigener Vorteil heilig war. Diesen Umstand nutzte Leon von Synada nun für seine Zwecke aus. Es gelang Leon, die Verantwortlichen in Rom zu einer Tat zu veranlassen, die die römische Kirche zum Gespött aller Andersdenkenden machte. Mit einer raffinierten Intrige gelang es ihm, Crescentius und den römischen Adel zu überzeugen und für seine Absichten einzuspannen. So wurde der überaus unwürdige und charakterlose Johannes Philagathos anstelle von Papst Gregor V. auf den päpstlichen Stuhl gebracht. Es handelte sich also nicht um Verhandlungen zwischen Rom und Byzanz mit offenem Ausgang, sondern um eine von vornherein gezielte Aktion mit dem alleinigen Zweck, der römischen Kirche höchstmöglichen moralischen Schaden zuzufügen.

Johannes nannte sich als Gegenpapst Johannes XVI. Die Brüskierung hätte für Kaiser Otto III. kaum größer sein können. Es ist den einfühlsamen Einwirkungen von Männern wie Erzbischof Willigis von Mainz und Herzog Heinrich IV. von Bayern zu verdanken, dass der Kaiser die Ereignisse in Rom zunächst hintanstellte, ehe er zu geeigneten Maßnahmen nach Italien aufbrach. Abt Leo von Alexius und Bonifacius aus Pavia hatten die Nachricht im März 997 übermittelt, als der Kaiser, wie berichtet, in Aachen weilte.

Ende des Jahres 997 versammelte sich das Reichsheer wieder in Regensburg. Von dort aus ging es abermals über den Brenner und Trient nach Pavia, wo der Hof das Weihnachtsfest verbrachte.

Auffällig ist, dass der Kaiser Äbtissin Mathilde von Quedlinburg mit seiner Stellvertretung im Reich beauftragte und nicht den Reichskanzler, Erzbischof Willigis von Mainz. Auch seine Schwester Sophie, die beim ersten Italienzug dabei gewesen war, befand sich nicht mehr am Hof. Die Keime, die Gerbert von Aurillac gesät hatte und die vom sachlichen Realpolitiker Willigis von Mainz nicht gebilligt wurden, begannen aufzugehen. Es zeichnete sich bereits eine Entfremdung Ottos III. von seiner Schwester und auch von Erzbischof Willigis von Mainz ab. In Pavia schlossen sich dem Kaiser der vertriebene Papst und die Militärkontingente der reichstreuen italienischen Städte, Bistümer, Herzogtümer und Markgrafschaften an. Mitte Januar brach das Heer zum Zuge über Cremona und Ravenna nach Rom auf, wo es Ende Februar des Jahres 998 eintraf.

Die römische Bevölkerung übergab die Stadt kampflos an den Kaiser. Nur Crescentius leistete Widerstand, er konnte sich aber gegen die große Übermacht des kaiserlichen Heeres nichts durchsetzen und flüchtete in die Engelsburg, die ihm zunächst Sicherheit gab. Johannes Philagathos versäumte es, rechtzeitig zu fliehen. Vermutlich hoffte er, dass der Kaiser seine bedingungslose Unterwerfung akzeptieren würde, doch diese Hoffnung blieb unerfüllt. Graf Berthold aus dem Breisgau machte den Unglücklichen in der Nähe der Stadt mit einer Militärpatrouille dingfest und brachte ihn vor Gericht. Johannes Philagathos wurde nach römischem Recht zu einer grausamen Strafe verurteilt. Die Augen wurden ihm geblendet, die Zunge herausgerissen, die Nase und die Ohren abgeschnitten. In diesem Zustand führte man ihn rücklings auf einem Esel sitzend zur Schau durch die Stadt, dabei musste er den Schwanz des Esels in den Händen halten. Nach seiner förmlichen Absetzung brachte man ihn in ein römisches Kloster, wo er noch einige Zeit lebte, bevor er zu einem unbekannten Zeitpunkt völlig vergessen starb.

Die christliche Milde, die Otto III. im Jahre 996 gegenüber Crescentius walten ließ, hatte sich als Fehlentscheidung erwiesen. Der Kaiser musste nun Härte zeigen. In der Engelsburg verfolgte Crescentius mit wachsender Furcht den Bau von Belagerungsmaschinen, mit denen die Eroberung der Festung möglich gemacht werden sollte. Bevor es dazu kam, bot er dem Kaiser seine Unterwerfung an, die der Herrscher jedoch ablehnte. Kurz darauf stürmten die kaiserlichen Truppen unter der Leitung des bewährten Haudegens, Ekkehard von Meißen, die Engelsburg. Crescentius geriet schwer verwundet in Gefangenschaft und wurde sogleich enthauptet. Sein Leichnam wurde zusammen mit weiteren zwölf seiner getöteten Gefolgsmänner auf dem Monte Mario mit den Füßen nach oben an Kreuzen zur Schau gestellt.

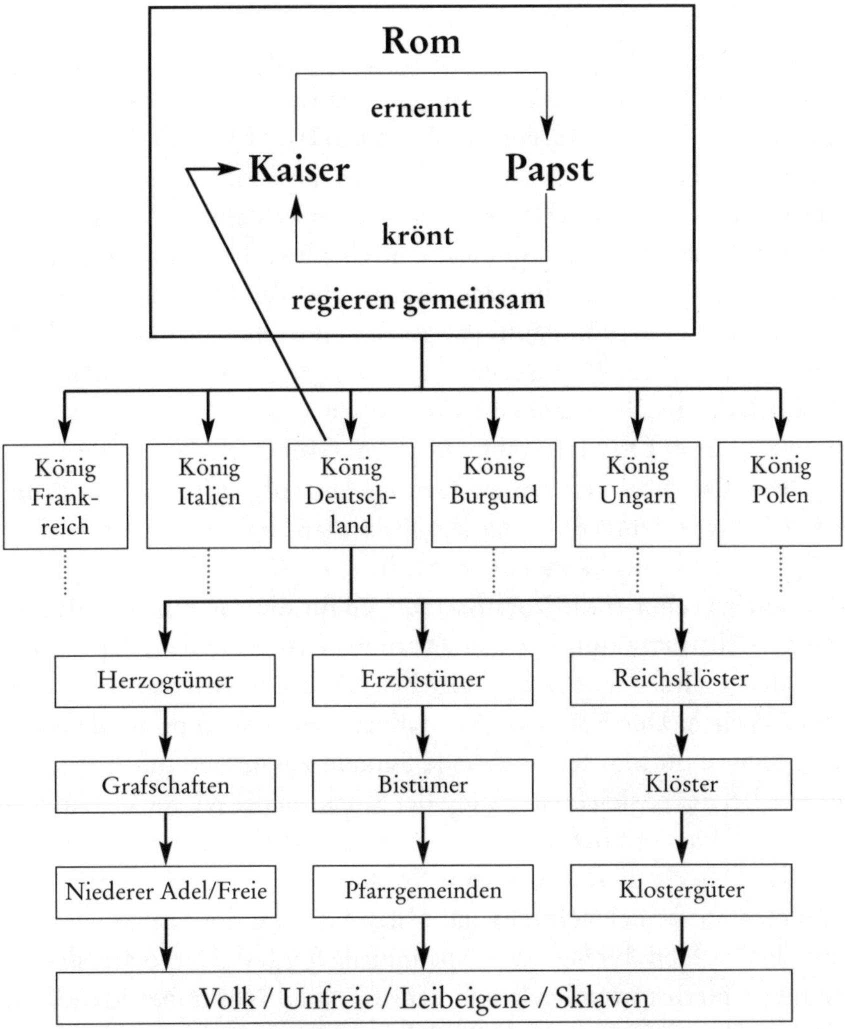

Bild 5: Vereinfachtes Modell der Regierungsvorstellung Kaiser Ottos III.

Otto III. zeigte sich nun bestrebt, seine Herrschaft in Rom endgültig zu festigen. Alle ehemaligen Anhänger des Crescentius und dessen Familie wurden aus ihren Ämtern entfernt und durch Gegner der Crescentier ersetzt. Gerbert von Aurillac, der sich zeitweise aus gesundheitlichen Gründen vom Hofe entfernt und auf einem Landgut im Elsass gelebt hatte, das ihm Otto III. geschenkt hatte, war inzwischen wieder präsent und wurde nun vom Kaiser mit der Ernennung zum Erzbischof von Ravenna geehrt. Otto III. ließ sich auf dem palatinischen Hügel einen Palast errichten oder zu seinen Zwecken wieder herstellen. Kein Zweifel: Kaiser Otto III. erwählte die Stadt Rom zu seinem Regierungssitz, und diese Entscheidung bedeutete nichts anderes als eine dramatische programmatische Veränderung seiner Regierungsauffassung. Endgültig zeigte der Herrscher an, dass er sich als der Erneuerer des Römischen Imperiums sah, über Bedenken hinsichtlich der gleich lautenden byzantinischen Ansprüche setzte er sich hinweg. Kaiser Otto III. wählte Karl den Großen zu seinem Vorbild.

Der Kaiser blieb mit seinem Gefolge bis Anfang Juni 998 in Rom. Er gab Anweisungen zu seinem Palastbau auf dem palatinischen Hügel und Kirchenbauten in der Stadt.

Zugleich schuf er die Voraussetzungen für die von ihm angestrebte neue Reichsverwaltung in enger Zusammenarbeit mit dem Papst. Entfremdetes Kirchengut ließ er den Bischöfen und Klöstern in Italien zurückgeben. Der Kaiser hoffte, dadurch seine Stellung stabilisieren zu können. Im Mai führte er eine Synode zusammen mit Gregor V. durch, bei der er sich erstmals mit der Situation der Kirche im christlichen Teil Spaniens befasste. Dazu war der Rat Gerberts von Aurillac unerlässlich, da dieser dort seine Studienjahre verbracht hatte. Den Sommer mit seiner gefürchteten Hitze verlebte die Hofgesellschaft auf den kühlen Höhen des Apenninengebirges. Herzog Heinrich reiste im Herbst nach Pavia und kehrte erst im November nach Rom zurück. Zum Jahreswechsel 998/999 kam es zu einer erneuten römischen Synode, bei der es um die Lösung westfränkischer (französischer) Fragen, aber auch um die Erneuerung des Bistums Merseburg ging. Nach der mittelalterlichen Regel, dass der Hirte seine Herde nicht verlassen darf, hatte Kaiser Otto II. die von ihm gewünschte Besetzung des Erzbistums Magdeburg durch Bischof Giseler von Merseburg im Jahre 981 nur dadurch durchsetzen können, dass er das Bistum Merseburg aufgelöst und dem auf solche Art frei gewordenen Giseler gegen den Wunsch des dortigen Klerus zum Erzbischof von Magdeburg ernannt hatte. Die Meinung, die Herzog Heinrich zu diesem Thema besaß, wird später noch deutlich werden.

Im Jahr 999 blieb der Hof überwiegend in Rom, nur zu kürzeren Reisen in die nähere Umgebung verließ man die Stadt. Doch das Jahr wurde von einigen gravierenden Todesfällen überschattet. Zunächst starb am 4. Februar 999 Papst Gregor V. Unverzüglich ließ der Kaiser Gerbert von Aurillac zum Nachfolger ernennen. Dieser übernahm als Papst Silvester II. das höchste kirchliche Amt. Die Zusammenarbeit, die zwischen Papst Gregor V. und Otto III. bereits sehr gut gewesen war, steigerte sich nun, da der Ideologe des Kaisers gleichrangig neben ihm thronte und sie ein gemeinsames Programm entwickelten. Die Wahl der römischen Residenz mit dem kaiserlichen Palast auf dem Palatin und die Einführung des römischen Hofzeremoniells zeigten die neue Haltung Ottos III. Auch die Zentralisierung der Hofkanzlei unter dem Kanzler Erzbischof Heribert von Köln stellte eine Erneuerung im imperialen Sinne dar, denn zuvor existierten eine italienische und eine deutsche Hofkanzlei voneinander getrennt.

Aus Deutschland schickte Kaiserin Adelheid die traurige Botschaft, dass ihre Tochter, die Reichsverweserin nördlich der Alpen, Äbtissin Mathilde von Quedlinburg, am 6. Februar 999 gestorben war. Mit der Nachricht bat Adelheid, ihre gleichnamige Enkeltochter, eine Schwester des Kaisers, zur Nachfolgerin zu ernennen, ein Wunsch, den der Kaiser gerne erfüllte. Mit Mathilde von Quedlinburg starb eine der wichtigsten Persönlichkeiten in der Umgebung Ottos III. Bereits seit den Tagen der Regierungszeit ihres Bruders, Kaiser Ottos II., und ihrer Schwägerin, Kaiserin Theophanus, hatte sie immer wieder hohe politische Verantwortung im Reich übernommen und sich stets als kluge, loyale und geschickt operierende Vertreterin der ottonischen Familie bewährt. Mathilde von Quedlinburg war nach dem Tod Theophanus für Otto III. möglicherweise – vielmehr jedoch für seine drei Schwestern – zum Muttersatz geworden.

Und schließlich starb auch noch Kaiserin Adelheid, die Witwe Ottos des Großen und Großmutter Kaiser Ottos III., in der Nacht vom 16. auf den 17. Dezember 999 in Selz. Als eine der wenigen Angehörigen in der Familie der Liudolfinger erreichte sie nach Otto dem Großen ein verhältnismäßig hohes Lebensalter von fast 70 Jahren. Ihr Leben verlief überaus abwechslungsreich und abenteuerlich. Sie heiratete in erster Ehe einen italienischen König. Ihre Tochter aus dieser Ehe wurde französische Königin. Sie kam nach dem Tode ihres ersten Mannes in Festungshaft auf der Burg Garda am gleichnamigen See, aus der sie unter dramatischen Bedingungen floh. Danach heiratete sie Otto den Großen, an dessen Seite sie zur Kaiserin gekrönt wurde. Noch im letzten Jahr ihres Lebens reiste sie in das Land ihrer Kindheit – nach Burgund. Dort besuchte sie die Gräber ihrer Eltern, das des Vaters im Kloster St. Maurice d'Agaune im Rhonetal, an der Straße, die zum Großen St. Bernhard führt, und das Grab ihrer Mutter im Kloster Peterlingen, das sie zusammen mit ihrem Bruder König Konrad III. von Burgund selbst gegründet hatte. Sie gehört zu den hervorragendsten Frauengestalten im 10. Jahrhundert. Ihr Tod bedeutete auch, dass Herzog Heinrich mit seinen 26 Jahren nun der älteste Verwandte aus dem engeren Familienkreis des Kaisers war.

Inzwischen reifte beim Kaiser der Plan zu einer Pilgerreise an das Grab seines Freundes Bischof Adalbert von Prag, der in Gnesen bestattet worden und inzwischen heilig gesprochen war. Kurz vor Weihnachten brach Otto III. in Rom zu dieser Reise auf. Wieder musste der Brenner im Winter bezwungen werden. Ende Januar im Jahre 1000 traf der Kaiser in Regensburg ein. Auch während des sich nun anschließenden Zuges über Zeitz und Meißen nach Gnesen befand sich Herzog Heinrich im Gefolge des Herrschers. In Eulau an der Bober empfing Herzog Boleslaw Chrobry Otto III. und begleitete den Kaiser nach Gnesen und von dort zurück bis nach Magdeburg. Auch für Herzog Heinrich ergab sich während der Reise reichlich Zeit, seinen späteren Gegner, den Herzog der Polen, persönlich kennen zu lernen.

Otto III. fällte in Polen Entscheidungen, die weitreichende Folgen besaßen und für die er zu allen Zeiten kritisiert wurde. Die polnischen Herzöge hatten sich als christliche Fürsten dem sächsischen Königshaus mit formellen Huldigungen unterstellt und dafür ihr Herrschaftsgebiet bislang als Lehen des deutschen Reiches zurückerhalten. Durch die Gründung des Erzbistums Gnesen und die Ernennung Boleslaw Chrobrys zum Patricius des Römischen Weltreichs, die mit einer Königserhebung verglichen werden kann, löste Otto III. Polen aus dem Verbund mit dem deutschen Reich. Durch eine Königserhebung hätte Polen nicht mehr dem deutschen König unterstanden, sondern dem römischen Kaiser. Polen hätte also den gleichen Status erlangt wie zum Beispiel die Königreiche Hochburgund oder Frankreich. Der gleiche Vorgang wiederholte sich wenig später mit dem Königreich Ungarn. Hier erfolgte die Kritik Herzog Heinrichs sicherlich nicht so heftig, weil seine Schwester Gisela mit Stephan I. von Ungarn verheiratet war. Die Kritik, die Otto III. wegen seiner in Gnesen gefassten Beschlüsse erhielt, wurde sowohl von seinen Zeitgenossen als auch von Historikern späterer Jahrhunderte ausgesprochen und setzte sich bis in die Neuzeit fort.

Dabei wurde meistens die neue Reichsidee übersehen, die den Entscheidungen zugrunde gelegen hatte und die der Kaiser zusammen mit Gerbert von Aurillac selbst entwickelte. Dieser Reichsvorstellung, einem neuen Römischen Weltreich mit christlicher Prägung, fühlte sich der Herrscher verpflichtet (siehe Bild 5). Die Politik, die Heinrich nach seiner Königserhebung im Osten des Reiches verfolgte, macht deutlich, dass er mit diesen Entscheidungen Ottos III. auf keinen Fall einverstanden war.

Im März kehrte Otto III. nach Deutschland zurück und hielt einen Reichstag zu Quedlinburg ab. Zum letzten Mal setzte der Kaiser die ottonische Tradition fort, das Osterfest in Quedlinburg zu feiern. Natürlich bereitete Otto III. mit dieser Entscheidung seiner Schwester Adelheid, der Äbtissin von Quedlinburg, eine besondere Freude und Ehre.

Während sich der Kaiser von Quedlinburg in die westlichen Reichsgebiete begab, reiste Herzog Heinrich von dort in sein Herzogtum. Erst im Juni trafen sich Kaiser und Herzog in Bruchsal wieder zur Heeresversammlung, an der auch König Rudolf III. von Burgund teilnahm. Vermutlich besuchten die beiden Liudolfinger Otto und Heinrich von dort aus das Grab Kaiserin Adelheids in Selz, beurkundet ist dieser Aufenthalt jedoch nicht. Am 11. Juni 1000 tagte man auf dem Hohentwiel bei Singen und trat von dort über Chur und einen der Schweizer Alpenpässe die Reise nach Italien an. Anfang Juli des Jahres 1000 traf der Heerzug in Pavia ein.

Die langen Aufenthalte des Kaisers in Italien dienten vor allem dazu, seine Stellung in Rom und in Italien zu festigen und die byzantinischen Gebiete im Süden des Landes unter seine Kontrolle zu bringen. Doch die Anstrengungen Ottos III. sind letztlich gescheitert, weil ihm zur Stabilisierung aller Ansätze nicht genügend Zeit blieb.

Im Reich kam es derweil zwischen Erzbischof Willigis von Mainz und Bischof Bernward von Hildesheim zur Auseinandersetzung um das Kloster Gandersheim. Der lange schon schwelende Streit war durch Ottos Schwester Sophie provoziert worden. Sie hatte es abgelehnt, sich von Bischof Bernward zur Nonne weihen zu lassen, sondern den im Rang höher gestuften Erzbischof Willigis darum gebeten. In diesem Jahr kam es erneut zum Streit, welcher der beiden Kontrahenten die Berechtigung besaß, die Weihe der neuen Gandersheimer Stiftskirche vornehmen zu dürfen. Äbtissin Gerberga, die Tante Herzog Heinrichs, zog Bischof Bernward vor, doch Sophie stand auf der Seite Erzbischof Willigis'. An dieser Stelle wird der Riss in der Familie des Kaisers besonders deutlich.

Die kleinliche und unchristliche Auseinandersetzung verhinderte die Kirchenweihe, weil keine der beiden Seiten Einsicht zeigte. Wie bedeutungsvoll der Streit aus mittelalterlicher Sicht war, lässt die Reise erkennen, die Bernward deshalb zusammen mit seinem Lehrer und Biografen Thangmar antrat. Im Winter reisten sie über die Alpen, um die Sache vor Kaiser und Papst zu bringen. Im Januar des Jahres 1001 sollte der Streit auf einer Synode in Rom beigelegt werden. Anlässlich dieser Synode ist ein Auftritt Herzog Heinrichs zur Meinungsäußerung in der Angelegenheit bezeugt. Heinrich besaß in dieser Frage Kompetenz, da seine Tante Gerberga in Gandersheim als Äbtissin wirkte und sein Vater in einem Grab in der dortigen Stiftskirche ruhte. Der Kaiser stand auf der Seite Bernwards, doch Herzog Heinrich brachte den Herrscher dazu, den Streit zur Regelung anlässlich einer Synode zu vertagen, die im Frühjahr in Pöhlde stattfinden sollte. Doch auch dort konnte keine Einigung erzielt werden. So blieb es letztlich Heinrich vorbehalten, den Gandersheimer Kirchenstreit endgültig zu schlichten.

Den Herbst und das Weihnachtsfest verbrachte der Hof in Rom, doch der Glanz und der jugendliche Schwung des Kaisers verloren im politischen Alltagsgeschäft immer mehr an Wirkung. Immer öfter mehrten sich die Zeichen allmählich aufkommenden Missfallens in der Bevölkerung gegenüber der Fremdherrschaft aus dem Norden. Im Januar kam es in der Stadt Tivoli bei Rom erstmals in der Regierungszeit Ottos III. zu einem offenen Aufstand gegen den Kaiser. Die Aufrührer bemächtigten sich der Stadt und ermordeten den kaiserlichen Befehlshaber Mazolinus. Doch bevor es zur Erstürmung der Stadt und zu weiteren Opfern kam, gelang es Bischof Bernward, die Bürger Tivolis zur Einkehr und Unterwerfung zu bewegen. Gleichzeitig veranlasste er den Kaiser, die Bürger Tivolis zu begnadigen. Bischof Bernward erhielt für das diplomatische Meisterstück die Pfalz Dahlum im westlichen Harzvorland geschenkt, die einst bevorzugte Pfalz, in der die ottonische Familie oft das Weihnachtsfest gefeiert hatte. Papst Silvester II. und Herzog Heinrich sind als Fürsprecher (Intervenienten) ausdrücklich in der Schenkungsurkunde erwähnt (MGH DD O III Nr. 390), dabei lässt der Kaiser den Herzog wörtlich »... unseren höchstgeschätzten Neffen Herzog Heinrich« nennen.

Kaum war der Aufruhr in Tivoli beigelegt, als es auch in Rom zum Aufstand kam. Dabei geriet der Kaiser mit seinem Hof selbst durch den Grafen Gregor von Tusculum, den Otto III. bis dahin zu seinen Freunden gezählt hatte, mit seinem Hof in große Bedrängnis. Nur mit Mühe gelang es dem Kaiser, in seine befestigte Pfalz auf dem palatinischen Hügel zu entkommen. Thangmar hat als Augenzeuge die Vorgänge in der von ihm verfassten »Vita Bernwardi« geschildert. Da das Heer mit Herzog Heinrich außerhalb der Mauern Roms lagerte und die Pfalz Ottos auf die Dauer mit schwachen Kräften nicht zu halten war, entschloss sich der Kaiser zu einem Ausfall. Doch der befürchtete Angriff der Römer blieb aus. Die Feinde legten die Waffen nieder und Otto III. wurde um Gnade gebeten. Am Tage darauf hielt der Kaiser seine berühmte Rede an die Römer, die sich in der Beschreibung Thangmars so anhört: »Hört die Worte eures Vaters, habt Acht und nehmt euch das, was ich sage, wohl zu Herzen! Seid ihr nicht meine Römer? Um euretwillen habe ich mein Vaterland und meine Verwandten verlassen; aus Liebe zu euch habe ich mich von meinen Sachsen und allen Deutschen, habe ich mich von meinem eigenen Blut abgekehrt. Euch habe ich in die entlegensten Teile unseres Reiches geführt, wohin eure Väter, als sie den Erdkreis unterwarfen, niemals den Fuß zu setzen wagten. Dies tat ich nur, um euren Namen und euren Ruhm bis an die Grenzen der Erde zu tragen. Euch habe ich wie meine Söhne angenommen ...« (Thangmarus »Hildesheimensis«: »Vita Bernwardi: das Leben des Bischofs Bernward von Hildesheim«, Hildesheim 1993) Die Rede soll die Römer zur Einkehr bewegt haben, zwei der Anführer des Aufstands wurden gefasst, misshandelt und vor den Kaiser geschleift. Wie dieser über die beiden entschied, verschweigt Thangmar. Zwar war die Ruhe wiederhergestellt, doch konnte dies auch eine trügerische Ruhe sein. Jedenfalls bemühten sich Herzog Heinrich und Markgraf Hugo von Tuscien, Otto III. zu veranlassen, umgehend aus der Stadt abzuziehen.

Im März reiste der Hof zu einem längeren Aufenthalt nach Ravenna, von wo aus die berühmte Fahrt Ottos III. – inkognito nach Venedig zum Besuch beim Dogen – stattfand. Aber der Stern des Kaisers sank stetig weiter. Sein Heer war zu schwach, um militärisch erfolgreich durchgreifen zu können. Rom verschloss seine Tore vor Otto III. und eine militärische Aktion in Benevent brachte nur kurzzeitig Erfolg. Noch einmal beschworen Papst und Kaiser die Getreuen in Pavia zu neuen Anstrengungen, aber selbst in den Reihen der deutschen Gefolgsleute begann es unruhig zu werden. Die körperlichen und finanziellen Belastungen der deutschen Teilnehmer an den Italienzügen, darunter vor allem auch die der Vertreter der Kirche, waren durch die langen Aufenthalte Ottos III. jenseits der Alpen einfach zu groß geworden. Hinzu kamen die Krankheiten, unter denen die Menschen im ungewohnten warmen Klima litten. Im Herbst des Jahres 1001 begann es im Heer zu brodeln. Die Stimmung in der Truppe sank auf den Tiefpunkt. Besonders die verheirateten Männer im Heer drängten nach Hause, dort musste gesät und geerntet werden, vielfach waren die Ehefrauen überfordert. Darüber hinaus konnte in Italien keine Beute gemacht werden, da keine Kampfhandlungen stattfanden. In dieser Stimmung hätte ein kleiner Funke genügt, um die Soldaten zum offenen Aufruhr zu bringen. Mehrere Angehörige des deutschen Adels machten sich in dieser Lage zu Sprechern der Truppe und erschienen bei Herzog Heinrich, um von diesem die Mitwirkung oder wenigstens die Zustimmung zu einem Bruch mit dem Kaiser zu erwirken. Herzog Heinrich lehnte dieses Ansinnen entrüstet ab. Wegen der Weigerung des Herzogs fand der Aufstand gar nicht erst statt und der Kaiser verfolgte die Angelegenheit nicht.

Es ist nicht bekannt, wann Herzog Heinrich IV. von Bayern und die deutschen Angehörigen des Heeres im Herbst aus der Begleitung des Kaisers nach Hause entlassen worden sind. Dort erwartete die Soldaten als Angehörige einer privilegierten Gesellschaftsschicht ein durchaus angenehmes Leben.

Hingegen sah dies in den bäuerlichen Familien, aus heutiger Sicht betrachtet, ziemlich trostlos aus. Überwiegend ernährte der Bauer sich und seine meistens vielköpfige Familie mit einem Brei aus Hafer, Gerste, Hirse, Dinkel, Buchweizen, Bucheckern, Maronen oder Hülsenfrüchten. Als Haustiere wurden Rinder, Schweine, Ziegen, Schafe, Hühner, Gänse und Tauben gehalten. Die meisten Bauern hatten im 11. Jahrhundert durchaus ihr Auskommen, doch waren Hungersnöte nach Naturkatastrophen oder schlechten Wetterbedingungen an der Tagesordnung. Die Gründe, die in der Reformationszeit zu den Bauernaufständen führten, lagen noch nicht vor. Bauern lebten in selbst errichteten Hütten aus Holz. Die Wände bestanden aus mit Lehm verstrichenem Flechtwerk. Im Giebel der Hütten befanden sich Öffnungen, aus denen der Rauch der offenen Herdstelle abziehen konnte. Der Boden des Hauses bestand aus festgestampftem Lehm. Mensch und Tier lebten gemeinsam unter einem Dach.

Die Felder wurden in der so genannten Dreifelderwirtschaft bestellt. Das bedeutete, im ersten Feld wurde Wintersaat gesät, im zweiten Feld Sommersaat, das dritte Feld blieb zur Erholung des Bodens unbewirtschaftet. Im nächsten Jahr wurde die Reihenfolge des Anbaus der Felder geändert. Die Feldarbeit war Männersache, nur zur Aussaat und Ernte mussten die Frauen und Mädchen auf den Feldern aushelfen. Den Frauen oblag die Hausarbeit, dort wurde gekocht, gesponnen, genäht, gewaschen und geflickt. Sie mussten die Schafe, Ziegen und Kühe melken und aus der Milch Käse und Butter herstellen. Auch das Füttern der Tiere war Frauenarbeit. Der Tagesablauf des Bauern wurde vom Sonnenstand, vom Wetter und von der Jahreszeit bestimmt. Bei Sonnenaufgang begann der Arbeitstag und endete mit dem Sonnenuntergang.

In der Regel war der Bauer einem Grundherrn zur Abgabe eines Teils seiner landwirtschaftlichen Produktion und zur Ableistung von Arbeitsdiensten verpflichtet. Das konnten Arbeitseinsätze auf dem Feld, zum Beispiel bei der Ernte oder der Aussaat, aber auch Transportdienste und Hilfe beim Bau von Wehr- und Verteidigungsanlagen sein, in seltenen Ausnahmefällen wurden Bauern auch zu Kriegsdiensten herangezogen. Die Kleidung der Bauern war einfach und zweckmäßig. Sie bestand aus Woll- oder Leinenstoffen und aus Fellen. Meistens trug der Bauer eine kurze Leinenhose und ein Hemd aus dem gleichen Stoff. Darüber kam eine Jacke aus Schaffell. Die Unterschenkel wurden mit Fellstreifen umwickelt und an den Füßen trugen die Bauern Ledersandalen.

Wahrscheinlich kehrte Heinrich im Oktober von Pavia aus in sein Herzogtum zurück. Sicherlich beauftragte ihn der Kaiser, sich im Frühjahr des Jahres 1002 mit frischen militärischen Truppen wieder in Italien einzufinden, doch dazu kam es nicht mehr. Durch die nahezu ständige Nähe Heinrichs am Hofe Kaiser Ottos III. und die zahlreichen Bekanntschaften, Erlebnisse, Erfahrungen und den erworbenen Wissensschatz, den der Herzog gewinnen konnte, hätte er sich im Vorfeld auf eine eigene Regentschaft kaum besser vorbereiten können.

Kaiser Otto III. hatte die beste Ausbildung genossen, die einem jungen Mann im ausklingenden 10. Jahrhundert ermöglicht werden konnte. Die hervorragendsten Lehrer hatten ihm zur Verfügung gestanden. Gleichzeitig war erheblicher Wert auf die äußere Erscheinung des Königs gelegt worden, Otto III. war – wie man es heute ausdrücken würde – ein sportlich geübter Mann, für diesen Teil seiner Ausbildung war ein eigens angestellter hochrangiger Ausbilder, Graf Hoiko, verantwortlich. Zur Zeit der Regierungsübernahme Ottos III., die sich über die Jahre der Schwertleite, 994 bis 995, erstreckte, und als sich Kaiserin Adelheid allmählich aus dem politischen Tagesgeschäft zurückzog, befand sich Otto III. auf einem Stand seiner Bildung und Ausbildung, mit dem er die meisten Zeitgenossen in seiner Umgebung weit überflügelte. Aus diesem Grund und auch wegen seiner jugendlichen Schönheit nannten ihn seine Zeitgenossen »Miraculi Mundi«, das Weltwunder, und er war es wirklich: Ein junger Mann, hoch begabt, umfassend gebildet, mit natürlicher äußerlicher Schönheit verwöhnt, voll gutem Willen, mit edlen charakterlichen Eigenschaften gesegnet und im besten Sinne zur Erfüllung der ihm auferlegten Verantwortung und Pflicht vorbereitet, ein Mann, der grenzenlos lieben und strafen konnte, mit einem weit geöffneten Herz – das war Kaiser Otto III. Nur eines besaß er nicht: Erfahrung.

Was hätte ihm alles gelingen können, wenn ihm seine Mutter beiseite stehen hätte können oder – und das ist noch bedeutender – wäre ihm ein längeres Leben geschenkt worden. Dieser hoffnungsvolle Mann starb im Alter von nur 21 Jahren am 24. Januar 1002 unerwartet an einem Fieberanfall in der Burg Paterno bei Cività Castellana nördlich von Rom, zu einem Zeitpunkt, als soeben die für ihn bestimmte, lang ersehnte griechische Prinzessin in Süditalien eintraf.

Kapitel 5

Erstes Intermezzo

DIE GESCHICHTE EINER GROSSEN LIEBE

Zu Lebzeiten Heinrichs II. wurden Ehen fast immer aus anderen Gründen geschlossen als aus Zuneigung zueinander. Für den Adel gilt dies im besonderen Maße: Friedenssicherung, Fortbestand von Dynastien, Versorgung der Töchter eines Hauses, Vergrößerung des Herrschaftsbereichs, Hoffnung auf gesellschaftlichen Aufstieg oder eine berufliche Karriere in Kirche oder im Königsdienst und die Bildung von familiären Allianzen kamen als Heiratsgrund viel häufiger in Betracht, als dies heute vorstellbar erscheint. Die Planung einer Eheschließung oblag daher in den meisten Fällen nicht den Betroffenen selbst, sondern wurde in der Regel von den Eltern, Verwandten oder anderen Vermittlern vereinbart.

Aus der Familie der Ottonen ist nur eine einzige Heirat ohne Zweifel eine reine Liebesheirat gewesen. Diese Ehe ermöglichte Kaiserin Theophanu kurz vor ihrem Tod im Jahre 991 ihrer Tochter Mathilde. Sie durfte den gesellschaftlich weit unter ihrer Stellung stehenden späteren rheinischen Pfalzgrafen Ezzo heiraten. Es blieb der einzige Zweig der ottonischen Familie, aus dem Nachkommen bis in die Gegenwart hervorgegangen sind. Für den Pfalzgrafen schuf diese Eheschließung die Voraussetzung für einen enormen gesellschaftlichen Aufstieg (siehe Anhang: Stammtafel der Ottonen auf Seite 260/261).

Aber auch die Heirat Herzog Heinrichs stellt unter vorsichtiger Bewertung einen Sonderfall dar; denn allem Anschein nach wählte auch Heinrich seine Gemahlin selbst aus. Weder seine in Bayern lebende Mutter, Gisela, die als Königstochter über weit reichende Beziehungen verfügte, noch Kaiser Otto III. und auch nicht Kaiserin Adelheid, die sehr gerne Verbindungen in der Familie stiftete, können mit der Heirat Heinrichs in Verbindung gebracht werden.

Betrachtet man aber das offensichtlich enge Verhältnis, welches Kunigundes Bruder Heinrich mit Kaiser Otto III. verband, so können wir davon ausgehen, dass der Kaiser die Wahl Herzog Heinrichs zumindest billigte, wenn nicht sogar wünschte. Zwar stammten Vorfahren Kunigundes mit hoher Wahrscheinlichkeit aus der Familie der Karolinger, also aus einem königlichen Geschlecht, doch trug ihr Vater nur den Titel eines Grafen von Lützelburg (Luxemburg). Allerdings war die Familie in Lothringen reich begütert.

Es fällt auf, dass mittelalterliche Darsteller von Familienstammbäumen sich besonders bestrebt zeigten, bei der Herkunft Kunigundes ihre Gleichrangigkeit mit dem Gemahl hervorzuheben, während der Stammbaum Heinrichs II. eher bescheiden ausfällt. Aufgrund seiner Position als mächtigster Stammesherzog im Reich hätte Heinrich jedenfalls eine deutlich höher gestellte Gemahlin für sich beanspruchen können. Also, doch eine Liebesheirat?

Kunigunde war das sechste von elf Kindern des Grafen Siegfried von Lützelburg – der insgesamt fünf Söhne und sechs Töchter zu seiner Familie zählte. Eine besonders große Mitgift konnte unter diesen Umständen kaum erwartet werden, obwohl der Graf als vermögend galt.

Zu welchem Zeitpunkt Kunigunde und Heinrich sich das Jawort gegeben haben, bleibt ungeklärt. Doch kann das Datum durch einige Überlegungen stark eingegrenzt werden. Fest steht, Heinrich heiratete Kunigunde in seiner Amtszeit als Herzog von Bayern. Erschwert wird die Feststellung des Hochzeitstags des Paares dadurch, dass das Geburtsdatum Kunigundes nicht bekannt ist. Vermutlich lag es im oder um das Jahr 975. Heinrich und Kunigunde waren also ungefähr gleichaltrig.

Bild 6: Stammbaum der Kaiserin Kunigunde, Hartmann Schedel, Weltchronik, Nürnberg; Anton Koberger, 1493 (Staatsbibliothek Bamberg, Inc. Typ. E I 2 a, fol. 187 r)

Als Heinrich das Herzogtum Bayern übernahm, war er noch ledig, und es wird unterstellt, dass er zu diesem Zeitpunkt seine spätere Gemahlin noch nicht kannte. Vom Herbst des Jahres 995 bis Mitte April 996 befand er sich in Bayern. Von dort brach er zu diesem Zeitpunkt mit Otto III. nach Italien auf. Während dieser ersten Italienreise lernte Heinrich seinen späteren Schwager Heinrich von Lützelburg kennen.

Bei der Rückkehr des Kaisers nach Deutschland blieb der Herzog am Hof, der Anfang des Jahres 997 fast drei Monate in Aachen weilte. Herzog Heinrich hatte also ausreichend Zeit, um auf Einladung seines zukünftigen Schwagers von Aachen aus zu einem Besuch auf die nahe gelegenen Besitzungen der Familie von Lützelburg nach Lothringen zu reisen. Von der zweiten Aprilhälfte des Jahres 997 bis Mitte Juli weilte Heinrich dann wieder in seinem Herzogtum. Vermutlich nutzte er die Zeit unter anderem, um seine Mutter über seine Absichten zu informieren und um seine Hochzeit vorzubereiten. Von Anfang September des gleichen Jahres bis Ende November 997 hielt er sich wiederum in Bayern auf. Eventuell muss der angegebene Zeitraum noch um vier bis fünf Monate gedehnt werden, wie später zu sehen sein wird. Von November 997 bis Mitte April des Jahres 1000 befand sich das deutsche Heer mit Kaiser Otto III. in Italien. Daran schließt sich der zweite mögliche Zeitraum für eine Eheschließung Herzog Heinrichs an. Dieser reicht vom April des Jahres 1000 bis zur Mitte des gleichen Jahres. In diesem Zeitabschnitt kehrten Kaiser und Heer für kurze Zeit nach Deutschland zurück. Doch das Heiratsdatum des Herzogpaares in diesem Zeitraum zu suchen, erscheint aus unten angegebenen Gründen unnötig. Ein Vorfall im März 1001 beendet jeden Zweifel darüber, ob Heinrich zu diesem Zeitpunkt verheiratet war oder nicht. Diesen ersten Hinweis auf die bereits erfolgte Vermählung liefert die Äußerung der Mönche aus der Tegernseer Abtei, die ihrem Herzog nach der Rückkehr aus Italien Kindersegen wünschten. Diesen gut gemeinten Wunsch hätten die frommen Herren sicherlich unterlassen, wenn der Fürst unverheiratet gewesen wäre. Mithin kann die Vermählung nur in den beiden oben genannten Zeiträumen gelegen haben.

Aber es existiert noch ein weiteres Indiz, das in der angesprochenen Frage nach dem Heiratsdatum weiterhelfen kann. Kaiser Otto III. schenkte Heinrich am 29. April 998 das Gut Nöchling, etwa 60 Kilometer östlich von Linz am linken Ufer der Donau gelegen (MGH DD O III Nr. 286). Bedauerlicherweise verrät die darüber abgefasste und erhalten gebliebene Urkunde nicht den Anlass, zu dem sie ausgestellt

Heinrich der ander   Sant Kúnegund

Bild 7: Kaiser Heinrich II. und Kaiserin Kunigunde als Stifter, Weltchronik des Arztes Dr. Hartmann Schedel, 1493

wurde. Doch da keine anderen konkreten Vorkommnisse bekannt sind, die dieses großzügige Geschenk hinreichend begründen könnten, handelte es sich wohl um ein Hochzeitsgeschenk des Kaisers an seinen Herzog. Unter Berücksichtigung der Verdienste, die sich Heinrich im Heer und durch seine Unterstützung des Kaisers in Italien erwarb, und wegen seiner verwandtschaftlichen Verbindung zu Otto III. ist ein solches Geschenk zu diesem Anlass nicht außergewöhnlich. Außerdem wäre es nicht das erste Mal gewesen, dass der Kaiser Verständnis in familiären Angelegenheiten zeigte und seinem Gefolgsmann anlässlich seiner Eheschließung einen längeren Urlaub gönnte. Deshalb auch die verspätete Rückkehr Herzog Heinrichs zum Heer in Italien.

Zusammengefasst ergeben die oben angestrengten Überlegungen, dass Heinrich vermutlich erst kurz vor oder nach dem Ausstellungsdatum der oben genannten Urkunde in Rom eintraf und sich von seinem Heiratsurlaub zurückmeldete. Er eilte also dem Kaiser und dem Heer im Jahre 998 mit etwa vier bis fünf Monaten Verspätung nach. Rechnet man für den Ritt von Bayern nach Rom etwa vier Wochen, dann müsste Heinrich Anfang April in Regensburg aufgebrochen sein. Das bedeutet, dass der Tag der Eheschließung zwischen Kunigunde und Heinrich im Zeitraum von Anfang September 997 bis Ende März 998 gelegen haben muss.

Sieht man einmal davon ab, dass die Ehe Heinrichs II. kinderlos blieb und dass er im Verlaufe der Jahre mit seiner Lützelburger Verwandtschaft allerlei Schwierigkeiten bekam, so steht außer Zweifel, dass er mit seiner Partnerin eine sehr gute Wahl getroffen hatte. Heinrich besaß genug Klugheit, um seine Verärgerung über die Probleme, die ihm die Brüder Kunigundes bereiteten, nicht auf das eheliche Verhältnis zu übertragen, das ihn und seine ihm treu ergebene Ehefrau verband. Kunigunde war ihrem Mann eine liebevolle Ehefrau und dem Herrscher eine kluge Ratgeberin. Wiederholt übernahm sie als ausdrücklich zur Mitregentin (»consors regni«) ernannte Herrscherin die Regierung, wenn sich ihr Mann in Italien oder an der Ostgrenze des Reiches befand. Doch selbst dorthin begleitete sie ihn mehrfach. Aber sie zeigte sich auch durchaus fähig, in Zeiten von Gefahr tatkräftig zu handeln, Entscheidungen zu fällen, Anweisungen zu erteilen und Verteidigungsmaßnahmen zu veranlassen. Zeitweise übernahm Kunigunde eigenständig die Leitung des Herzogtums Bayern. Thietmar von Merseburg erwähnte in seiner Chronik zwei Fälle, in denen Heinrich II. der Empfehlung seiner Frau folgte. Es handelt sich dabei um die Vergabe einer Grafschaft an den sächsischen Grafen Dedi sowie um die Belehnung von Meißen an Markgraf Hermann im Jahre 1009. Wenn es irgend möglich war, blieb sie an der Seite ihres Mannes. Auch in den Entscheidungen Heinrichs kann man häufig den Wunsch ablesen, seine Gemahlin bei sich zu haben. Heinrich schenkte Kunigunde als Morgengabe unter anderem Grundbesitz in Bamberg. Als er später diesen Besitz zur Gründung des Bistums dringend benötigte, verzichtete sie »freudig«. Heinrich entschädigte seine Frau mit umfangreichem Landbesitz in der Gegend von Kassel, wozu auch das Gebiet gehörte, auf dem Kunigunde das Stift Kaufungen gründete. Jüngste wissenschaftliche Erkenntnisse lassen keinen Zweifel daran, dass Heinrich und Kunigunde eine gute Ehe führten, deren Basis ihre gegenseitig tief empfundene Liebe bildete. Trotz mancherlei Prüfungen – die vielen Trennungen, die die Regierungsgeschäfte mit sich brachten, die Probleme mit der Lützelburger Verwandtschaft sowie die häufigen Erkrankungen Heinrichs – blieb die Ehe stabil.

Das dem Paar später angedichtete »Pflugscharwunder« – Kunigunde sollte wegen angeblicher Untreue ihre Unschuld durch einen Gang mit bloßen Füßen über glühende Pflugscharen beweisen – gehört in den Bereich der Legenden. Dies gilt auch für die im Nachhinein verbreitete Unterstellung, Heinrich und Kunigunde hätten eine so genannte »Josephsehe« geführt. Beide Geschichten dürfen ausschließlich mit den Bemühungen um die Heiligsprechung des Paares in Verbindung gebracht werden; denn zu einer Heiligsprechung gehören unverzichtbar im Leben oder am Grabe der Anwärter nachgewiesene Wunder. Eine Ausnahme bilden in diesem Zusammenhang nur die Märtyrer.

In mehreren Urkunden, die Heinrich II. ganz sicher selbst diktierte – niemand in der königlichen Kanzlei hätte es gewagt, über das intime Eheleben des Paares zu schreiben –, äußerte er sich unter Zuhilfenahme eines biblischen Textes eindeutig über das Sexualverhalten in seiner ehelichen Gemeinschaft. Kein Zweifel, die Ehe Heinrichs und Kunigundes war in jeder Beziehung normal, ausgenommen die Kinderlosigkeit des Paares. Sie schmerzte tief und haftete wie ein Makel an Heinrich und Kunigunde. Obwohl Heinrich II. zusammen mit seiner Frau Gott zu seinem Erben einsetzte, hoffte er noch sehr lange darauf, dass ihm eines Tages Kindersegen beschert werden würde, aber alle Hoffnung blieb vergebens. Für ein Ehepaar im Mittelalter bedeutete die versagt gebliebene Nachkommenschaft ein sehr großes Unglück. In einer bäuerlichen oder Handwerkerfamilie stellten die Kinder das Kapital dar, das die Zukunft und das Alter sicherte. Doch in der ottonischen Familie bedeutete die Kinderlosigkeit Heinrichs II. den Untergang der Dynastie. Mit Kaiser Otto III. starb der letzte Nachkomme König Heinrichs I. in der direkten Nachfolge des ottonischen Herrscherhauses und mit Kaiser Heinrich II. verschwand auch die so genannte Sekundogenitur der Ottonen. Es handelte sich um den Zweig der Familie, der bislang zwar nicht die Reichskrone getragen hatte, der aber dennoch in direkter Linie auf Heinrich I. zurückging (siehe Kapitel 1, Bild 1).

Unklar ist, ob die Unfruchtbarkeit in der Ehe des Paares auf Heinrich II. oder seine Frau zurückgeht. Wenn Kunigunde keine Kinder bekommen konnte, wäre es für Heinrich II. mit Sicherheit sehr leicht gewesen, Mittel und Wege zu finden, um zu einer Annullierung der Ehe zu gelangen. Es zeugt von der Stabilität ihrer Verbindung, dass Heinrich II. offenbar niemals in Erwägung gezogen hat, sich von Kunigunde zu trennen. Die in Quellen angesprochene »Lendenlahmheit« Heinrichs II. ist möglicherweise nicht im Sinne einer Gehbehinderung zu verstehen, sondern eine vorsichtige Umschreibung einer durch Krankheit bedingten Unfruchtbarkeit. Offensichtliche körperliche Behinderungen schlossen eine Bewerbung um die Königskrone

Bild 8: Die Pflugscharprobe, Holzschnitt, vermutlich Bamberger Künstler, 1511

im Mittelalter eigentlich aus, wie zum Beispiel im Falle des Stauferherzogs Friedrich II., »Einauge«, im Jahre 1125, dem eine sehr sicher geglaubte Königskandidatur durch die überraschende Wahl Herzog Lothars von Supplinburg zunichte gemacht wurde. Sowohl von Kunigunde als auch von ihrem Ehemann sind Erkrankungen bekannt. Bei Heinrich II. lag sogar ein chronisches Leiden vor, das ihn bereits bei seiner Königserhebung befallen hatte.

Die zeitgenössischen Quellen liefern nur ungenaue Beschreibungen des Krankheitsbildes, die nach heutigen medizinischen Gesichtspunkten verschiedene Schlüsse zulassen. Da es sich ohne Zweifel um sporadisch auftretende kolikartige Krankheitszustände handelte, dürfte die Ursache des Leidens vornehmlich in einer unausgewogenen und ungesunden Ernährungsweise gelegen haben. Regelmäßig zu fettes und cholesterinreiches Essen, möglicherweise im Zusammenhang mit Alkohol, führt zur Beeinträchtigung der Gallen- und Nierenfunktionen. Die falsche Ernährungsweise des Herrschers kann zunächst zu einer Gichterkrankung geführt haben, die dann allmählich eine deutliche Einschränkung der Nierenfunktion bedingte. Gicht führt häufig zu Nierensteinen, die unter Umständen solche Koliken bei Heinrich II. auslösten. Sollte der Herrscher hingegen unter Gallensteinen gelitten haben, dann muss es sich um ein so genanntes symptomatisches Gallensteinleiden gehandelt haben, da in bis zu 80 Prozent aller Fälle Gallensteine keine Beschwerden verursachen und auf natürlichem Wege ausgeschieden werden. Sowohl bei symptomatischen Gallen- als auch bei Nierensteinen leidet der unbehandelte Patient immer wieder unter äußerst heftigen Schmerzen, die über längere Zeiträume anhalten können. Besonders beim Mann können Nierensteine mit enormen Schmerzzuständen einhergehen. Beide geschilderten Erkrankungsarten konnten im 11. Jahrhundert nicht oder nur unvollkommen behandelt werden. Symptomatische Gallensteine stellten für den Patienten eine sehr große Gefahr dar und schränkten seine Lebenserwartungen ohne Behandlung deutlich ein. Daher ist eher anzunehmen, dass Heinrich II. ein Nierenleiden quälte. Möglicherweise liegt hier sogar der Grund für die Unfruchtbarkeit des Paares. Heute wird geschätzt, dass in einer kinderlosen Ehe die ursächliche Störung in einem Drittel der Fälle beim Mann liegt. Eine chronische Nierenerkrankung kann durchaus eine Ursache für männliche Unfruchtbarkeit sein. Im Alter von etwa 25 Jahren dürfte die Erkrankung jedoch noch nicht diese Auswirkung gehabt haben, weil dann der Tod bei Heinrich II. vermutlich wesentlich früher eingetreten wäre. Letztlich bleibt die Unfruchtbarkeit des Paares ein Geheimnis, das nicht mehr aufgeklärt werden kann.

In jedem Fall bedeutete die Erkrankung des Herrschers eine zusätzliche schwere Belastung. Sein verhältnismäßig früher Tod mit 51 Jahren dürfte auf seine Krankheit zurückzuführen sein. Trotz seiner chronischen Erkrankung, die den Herrscher immer wieder ans Bett fesselte, schonte er sich nicht und übte sein Amt bis zu seinem Tod kraftvoll aus. Die schmerzhaften Koliken zeichneten Heinrich II. frühzeitig und führten im fortgeschrittenen Stadium zu negativen seelischen und geistigen Veränderungen. Auffällig ist, dass er oft demütig um Verzeihung bittende Untertanen grimmig und unnachgiebig zurückwies, obwohl das mittelalterliche Gesetz dem Herrscher die huldvolle Gnade im Falle der bedingungslosen Unterwerfung des Schuldigen vorschrieb.

Das tägliche Leben des Paares verlief keineswegs ohne Schwierigkeiten. Zwar verfügte man über umfangreiches Hilfs- und Bedienungspersonal, sodass sich Herrscher und Herrscherin nicht um die alltäglichen Dinge des Lebens kümmern mussten, doch die vielen Reisen und das Nichtvorhandensein einer eigenen festen Residenz schufen ständige Probleme, die das Leben für beide Partner schwer machten. Den Mangel an einer festen Residenz glichen Heinrich und Kunigunde ein wenig durch Aufenthalte in deutlich bevorzugten Orten aus. Es ist sogar eine gewisse Rangordnung in der Beliebtheit der besuchten Orte während der Regierungszeit Heinrichs II. erkennbar. Dabei ergibt sich folgende Ordnung (die in Klammern stehende Zahl hinter dem Ortsnamen gibt die Anzahl der bekannten Besuche an): Merseburg (26), Magdeburg (18), Bamberg (16), Frankfurt (12), Allstedt (12), Aachen (11), Regensburg (11), und Mainz (11). Weniger häufig, aber doch gegenüber anderen Orten deutlich bevorzugt wurden auch die Orte Pöhlde (10), Paderborn (9), Goslar (7), Köln (7), Mühlhausen (7), Ingelheim (6), Grone (6), Straßburg (6) und Nimwegen (6). Unter Anrechnung von Kindheit und Herzogszeit ist jedoch Regensburg der Ort, an dem sich Heinrich II. am häufigsten aufgehalten hat. In der Mehrzahl besaßen die genannten Orte, die dem Herrscher uneingeschränkt zur Verfügung standen, Königspfalzen oder waren ausschließlich solche. Gebiete, in denen keine Königspfalzen existierten oder in denen die Pfalzen weniger zahlreich vorhanden waren, wurden von allen Ottonen deutlich erkennbar gemieden. Mussten dennoch Amtsgeschäfte in solchen Landstrichen durchgeführt werden, so beschränkten sich die Herrscher meistens damit, an den Rand dieser Gebiete zu reisen und alle für die Amtshandlungen erforderlichen Persönlichkeiten dorthin zu beordern.

Die Räumlichkeiten, die dem Königspaar innerhalb der Pfalzen vorbehalten waren, wiesen eine eher spärliche Möblierung auf, allerdings konnten sie mit einer Fußbodenheizung beheizt werden (nachgewiesen zum Beispiel in Werla und in Tilleda). An die Königsräume in einer Pfalz grenzte auch immer eine Pfalzkapelle, diese war ausschließlich dem Herrscherpaar vorbehalten. Gottesdienste und Gebet gehörten unverzichtbar zum täglichen Leben.

Obwohl das Paar im Verlaufe ihres Lebens im überreichlichen Maße Stiftungen verteilte und damit den größten Teil ihrer finanziellen Mittel verbrauchte, gehörte auch soziales Engagement zu den Herrscherpflichten. Aus dem Nachruf für Kaiserin Adelheid, den Odilo von Cluny kurz nach ihrem Tod im Jahre 1000 schrieb, geht hervor, dass die Verteilung von Sach- und Geldspenden an Notleidende zum Programm eines Herrscheraufenthalts in einem Ort zählte. Soziales Engagement geht bezogen auf Kaiserin Kunigunde auch aus einer Darstellung in »Dye legend und leben des heyligen sandt keyser Heinrich …« von Nonnosus Stettfelder aus dem Jahr 1511 hervor.

Im Bild wird die Legende vom »gerechten Lohn« dargestellt. Die Geschichte wurde als soziale Legende in Anlehnung an das Gleichnis von den Arbeitern im Weinberg (Matthäus 20,1–16) verfasst. Sie erzählt von den Bauarbeitern beim Bau des Stifts St. Stephan in Bamberg, die nach getaner Arbeit jeder nur so viel Lohn aus Kunigundes Schale entnehmen konnten, wie ihnen nach geleisteter Arbeit und Arbeitszeit zustand. In diesem Zusammenhang ist interessant, dass eine Kunigunden-Schüssel bereits im Bamberger Domschatzverzeichnis von 1127 aufgeführt ist.

Das Leben, das das Herrscherpaar geführt hat, übersteigt die Normen mittelalterlicher Lebensform, auch gemessen an anderen zeitgenössischen Familien des Hochadels. Dies gilt sowohl für die Anlage ihrer Lebensweise innerhalb der ehelichen Gemeinschaft als auch für ihre Erziehung und für die Möglichkeiten zur persönlichen Entfaltung. Die verhältnismäßig lange Ehedauer und die Regierungszeit von 22 Jahren brachte neben manchen gemeinsam empfundenen glücklichen Stunden auch zahlreiche Herausforderungen, Prüfungen und Konflikte. Um alles gemeinsam überstehen zu können, waren Durchhaltevermögen, Verständnis füreinander und das Geschick, Konflikte lösen zu können, erforderlich. Ihr Leben in der Öffentlichkeit mit einer angestrebten Vollkommenheit nach christlichem Vorbild charakterisiert das Herausragende im Leben des Ehepaares. Das Vorbild, welches das Paar für die damalige wie auch für heutige Zeiten geboten hat, wird durch ihren Willen zur kirchlichen Reform, ihren tief verankerten christlichen Glauben, ihre eheliche Liebe und Treue, ihren Stiftungseifer und ihren Umgang mit Krankheit und Tod herausfordernd dargestellt. Die Quedlinburger Annalen vermerken im Jahr 1024, dass mit Kaiser Heinrich II. »... der große Tröster der heiligen Kirche dahingegangen« ist.

Kunigunde blieb ihrem Mann bis über den Tod hinaus treu und trat nach seinem Ableben als Nonne in das klösterliche Stift Kaufungen ein, das sie einst selbst gegründet hatte. Noch heute verspürt man in den erhaltenen Resten dieser Anlage weltenferne Ruhe und die Nähe himmlischen Friedens, den sie für sich selbst wünschte.

Kapitel 6

1002–1004

DER KAMPF UM DIE REICHSKRONE

Die Nachricht vom Tode Kaiser Ottos III. eilte dem Überführungszug voraus, der den Leichnam des Verstorbenen gemäß dessen Wunsch nach Aachen bringen sollte. Dort wollte der Kaiser in der Nähe seines erwählten Vorbilds, Kaiser Karl dem Großen, bestattet werden. Der Tod des Kaisers gefährdete unmittelbar das Reich und den Landesfrieden. Die Botschaft ergriff die Menschen im Lande ebenso sehr, wie sie sie gleichzeitig in Angst und Schrecken versetzte. Das gesamte öffentliche Leben bezog sich ausschließlich auf den Herrscher, nun, da kein Nachfolger ernannt und kein Erbe geboren war, drohten Bürgerkrieg, Zerfall, Recht- und Gesetzlosigkeit. Thietmar von Merseburg berichtete, dass der Tod Ottos III. so lange geheim gehalten wurde, bis die Reste der noch in Italien befindlichen, weit verstreut lagernden deutschen Truppen zusammengezogen waren und ein Heerzug sich formieren konnte.

Wie unsicher die Stellung des Herrschers in Italien bereits geworden war, stellte sich sofort heraus, als der Tod des Kaisers bekannt wurde. Unverzüglich regten sich alle oppositionellen Kräfte gegen die deutsche Herrschaft und gingen in den Aufstand. Alle Anstrengungen des Reiches in Italien seit Otto dem Großen schienen verloren. Mit dem Schwert in der Hand kämpften sich die Begleiter des kaiserlichen Leichenzugs den Weg nach Norden frei und nur unter großen Schwierigkeiten gelangte der Trupp, den Erzbischof Heribert von Köln anführte, schließlich in die Stadt Verona in Sicherheit.

Herzog Heinrich IV. von Bayern muss frühzeitig vom Tode des Kaisers vernommen haben und konnte sich daher rasch auf die neue Situation einstellen, die der Tod des Kaisers auslöste. Neben zwei weiteren potenziellen Bewerbern aus der ottonischen Familie hofften auch andere Vertreter des Adels, ihre Chancen bei einer regulären Königswahl durchsetzen zu können. Außer Herzog Heinrich kamen in der Familie der Ottonen als nächster Angehöriger Ottos III. Herzog Otto von Kärnten, ein Sohn Herzog Konrads des Roten und Liutgards, der Tochter Kaiser Ottos des Großen, und Pfalzgraf Ezzo, der mit Mathilde, der Schwester Kaiser Ottos III. verheiratet war, für die Nachfolge auf dem deutschen Thron infrage. Heinrich verständigte sich über seine Pläne mit Herzog Otto von Kärnten, der auf seine eigene mögliche Königskandidatur aus Altersgründen verzichtete. Otto von Kärnten starb bereits im Jahre 1004. Pfalzgraf Ezzo hingegen blieb lange ein Feind Heinrichs und bildete im Westen des Reiches zusammen mit den Bischöfen von Köln und Lüttich eine starke Allianz gegen die Königskandidatur des Bayernherzogs. Aus den anderen deutschen Fürstenhäusern bewarben sich Markgraf Ekkehard von Meißen und Herzog Hermann von Schwaben um die Krone.

Der Großvater und der Vater Herzog Heinrichs IV. von Bayern hatten sich im festen Glauben auf ihr gutes Recht gegen die eigene Verwandtschaft um die Krone des Reiches bemüht. Jetzt war die Zeit gekommen, wo sich für den Nachkommen eine Chance eröffnete, die sich so aussichtsreich keinem in diesem Zweig der Familie aufgetan hatte. Zum ersten Male stand ein Vertreter der so genannten Sekundogenitur im Kampf um die Reichskrone gegen Bewerber aus Fürstenhäusern, die nicht auf königliche Tradition zurückblicken konnten.

Herzog Heinrich erkannte diese Chance sogleich und handelte entschlossen und rasch. In Polling südlich von Weilheim im Allgäu fing er im Februar des Jahres 1002 den Zug ab, der die Leiche Kaiser Ottos III. begleitete, und bemächtigte sich der Reichsinsignien. Erzbischof Heribert von Köln hatte als Gegner Herzog Heinrichs allerdings die »Heilige Lanze«, die König Heinrich I. einst erworben hatte und der Sage

ie Reichskrone [1]

Heinrich II., Merseburger Dom [2]

aiserin Kunigunde, Merseburger Dom [3]

Vier Provinzen huldigen dem thronenden Heinich II., Regensburg [4]

ie Krönung Heinrichs II., aus dem Regensburger Sakramentar [5]

Heinrich II. und Kunigunde werden von Christus gekrönt, Perikopenbuch [6]

)ie *Kinderkrone Ottos III.* [7]

)ie *„Eiserne Krone der Langobarden“, die italienische Königskrone* [8]

Heinrich und Kunigunde am Grab des heiligen Bischofs Otto von Bamberg [9]

nach im Kampf den Sieg verleihen sollte, bereits nach Köln vorausgeschickt. Erbost nahm Herzog Heinrich den Erzbischof kurzzeitig in Haft, entließ ihn aber sogleich wieder, nachdem dieser seinen Bruder, Bischof Heinrich von Würzburg, als Geisel stellte und die Übersendung der »Heiligen Lanze« zusicherte. In Augsburg ließ der Bayernherzog die entnommenen Eingeweide des verstorbenen Kaisers in einer Kapelle des St. Afra Klosters bestatten und begleitete anschließend den Zug noch bis nach Neuburg an der Donau, die Grenze seines Herzogtums. Die sterbliche Hülle Kaiser Ottos III. wurde von dort aus ohne weitere Schwierigkeiten über Köln nach Aachen gebracht, wo sie am Ostersonntag, dem 5. April 1002, im Ostchor des dortigen Doms von Erzbischof Heribert von Köln beigesetzt wurde. Ähnlich wie das Grab Herzog Heinrichs des Zänkers in der Gandersheimer Stiftskirche ging auch das Wissen um die genaue Bestattungsstelle Kaiser Ottos III. im Aachener Dom im Verlaufe der Jahrhunderte verloren.

Die Königskandidatur Herzog Heinrichs IV. von Bayern kam nicht überraschend. Durch die Aneignung der Reichsinsignien verschaffte er sich bereits einen erheblichen Vorteil gegenüber seinen Mitbewerbern, doch konnten sich, wie bereits erwähnt, weitere Kandidaten Hoffnungen auf den Thron machen. Nach germanischem Recht hätte nun eine formelle Königswahl unter den Bewerbern stattfinden müssen. Doch Herzog Heinrich IV. sah seine Kandidatur ausreichend durch das Erbrecht begründet. Wir wissen leider nicht, was auf dem Reichstag zu Rohr zwischen Heinrich dem Zänker und den beiden Kaiserinnen Adelheid und Theophanu verabredet worden war, da ein Protokoll fehlt. Es ist kaum vorstellbar, dass das Thema einer möglichen Nachfolge in der Herrschaft des Landes angesichts des damaligen Alters Ottos III. völlig unbesprochen blieb. Sehr viel wahrscheinlicher ist es, dass mündliche Absprachen getroffen wurden. Es besteht also durchaus die Möglichkeit, dass Herzog Heinrich IV. von Bayern nach berechtigten oder vermeintlich berechtigten erbrechtlichen Grundsätzen handelte. Zunächst aber vergewisserte er sich in seinem Herzogtum der Unterstützung seiner bayerischen Untertanen.

Als im April Äbtissin Adelheid von Quedlinburg mit ihrer Schwester Sophie zur Zusammenkunft des sächsischen Adels und der Kirchenvertreter in der Königspfalz Werla eintraf, erstarrten beide vor Zorn und Empörung. Markgraf Ekkehard von Meißen und Herzog Bernhard von Sachsen hatten sich das Recht genommen, den Palas der Pfalz, dessen Benutzung nur dem König zustand, für sich zu einem gemeinsamen Festessen in Anspruch zu nehmen. Adelheid und Sophie beabsichtigten, während der Beratungen eine Königskandidatur Herzog Heinrichs IV. von Bayern zu unterstützen. Markgraf Ekkehard von Meißen zeigte durch sein Verhalten nicht nur, dass er selbst das höchste Amt im Lande anstrebte, sondern dass er sich darüber hinaus auch sehr sicher fühlte, seine Absicht in die Tat umsetzen zu können. Doch dazu war eine formelle Königswahl erforderlich. Das anmaßende Benehmen des Markgrafen fand während der folgenden Besprechungen nicht nur in den beiden Vertreterinnen des ottonischen Herrscherhauses seine Kritiker. Der sächsische Adel konnte sich so nicht zu einer einmütigen Entscheidung über einen Anwärter aus Sachsen für die Königskrone entschließen. Die Versammlung ging unentschlossen auseinander.

Ekkehard von Meißen verließ Werla zusammen mit Bischof Bernward von Hildesheim und ritt gemeinsam mit ihm am Tage darauf nach Hildesheim, wo der Markgraf von der Bevölkerung voreilig mit königlichen Ehren empfangen wurde. In seiner nächsten Station Paderborn erfuhr er von Bischof Rather, dass der Hoftag in Duisburg, von dem er seine Königserhebung erhoffte, auf keinen Fall stattfinden würde. Aus diesem Grunde änderte der Markgraf seine Reiseroute, vermutlich um nach Thüringen zurückzukehren. In der Nacht vom 29. zum 30. April 1002 weilte Ekkehard von Meißen in der Königspfalz Pöhlde. Mitten in der Nacht weckte ihn plötzlich lauter Lärm in der Pfalzanlage. Noch arglos erhob sich der Markgraf von seinem Lager, fachte das Kaminfeuer neu an, um besser sehen zu können, und öffnete die Holzläden der Fensteröffnung. Sofort drangen Männer in den Raum ein, während vor der Tür bereits zwei Männer, die Ekkehard zu Hilfe eilen wollten, erschlagen wurden. Ekkehard von Meißen, ein Mann, der zu kämpfen gewohnt war, wehrte sich nach Kräften. Doch bald wurde er von einer Lanze tödlich im Genick getroffen. Die Mörder enthaupteten ihn und plünderten den Raum. Zwar hatte Gräfin Adelhind, die Ehefrau Graf Siegfrieds von Northeim, den Markgrafen eindringlich gewarnt. Sie wusste, dass ihr Sohn, der nach dem Vater ebenfalls Siegfried hieß, einen Anschlag auf Ekkehard plante, aber dieser hatte mit einem Hinterhalt am Tage gerechnet und einen Überfall auf die Königspfalz Pöhlde ausgeschlossen. Die Ermordung des Markgrafen Ekkehard von Meißen lässt viele Fragen offen und bietet Anlass zu mancherlei Spekulation. Selbst Thietmar von Merseburg kannte als gut informierter Zeitgenosse die tatsächlichen Hintergründe der Mordtat nicht – oder wollte sie nicht nennen. Jedenfalls gibt er nur zwei mögliche Gründe für die Ausübung der Tat an: Heinrich von Katlenburg, der an der Bluttat beteiligte Freund Siegfrieds von Northeim, war auf Befehl Kaiser Ottos III. von Ekkehard von Meißen gezüchtigt worden. Außerdem erwägt Thietmar auch die Möglichkeit, dass Siegfried von Northeim die Schmach der beiden Äbtissinnen beim Treffen von Werla tilgen wollte.

Gerade die zweite Begründung könnte bedeuten, dass Siegfried von Northeim der Familie der Ottonen einen Gefallen erweisen wollte, von dem er sich spätere Anerkennung und Lohn erhoffte. Brisant wird der Mord auch dadurch, dass der Vater Siegfrieds von Northeim möglicherweise ein Bruder der Gemahlin Herzog Heinrichs IV. war, der Täter somit zur Familie Herzog Heinrichs zählte. Setzt man voraus, dass die Nachfolge für den Fall, dass Kaiser Otto III. kinderlos sterben würde, auf dem Reichstag von Frankfurt im Jahre 985 oder in Rohr im Jahre 984 zugunsten Heinrichs vereinbart worden und diese Vereinbarung öffentlich bekannt war, lässt der Mord an Ekkehard von Meißen Herzog Heinrich, gleichgültig ob der Herzog von der Planung wusste oder nicht, in einem sehr schlechten Licht erscheinen. Doch wie es auch immer gewesen sein mag, in jedem Fall profitierte Herzog Heinrich IV. von Bayern durch die ungesühnte Ermordung Markgraf Ekkehards von Meißen am meisten.

Kaum hatte sich der Tod des Markgrafen herumgesprochen, nutzte Herzog Boleslaw I. Chrobry von Polen die Gunst der Stunde und drang unverzüglich in die Lausitz ein. Er eroberte das Gebiet bis zur Elbe und besetzte die Burgen Bautzen, Strehla und Meißen. Für einen Vasallen des verstorbenen Kaisers handelte es sich dabei um einen unerhörten Akt, den er mit einer angeblichen Absprache mit Herzog Heinrich IV. von Bayern zu rechtfertigen suchte. Doch dafür gibt es keine Beweise.

Anfang Juni kam Herzog Heinrich IV. mit seinen bayerischen und fränkischen Anhängern nach Worms, um dort über den Rhein zu setzen. Doch Herzog Hermann von Schwaben versperrte ihm den Übergang. Daraufhin tat Heinrich so, als ob er sein Vorhaben aufgeben wollte, zog aber über Lorsch in Richtung Mainz und konnte dort unbehelligt den Rhein überqueren.

Am 7. Juni 1002 empfing Heinrich durch Erzbischof Willigis von Mainz im Mainzer Dom die Salbung und Krönung zum König des deutschen Reiches. Bereits durch diese Krönung wird die Abkehr von der Politik seines Vorgängers deutlich, denn Erzbischof Willigis von Mainz hatte als Reichskanzler die Gunst Ottos III. verloren. Ganz sicher hatte Willigis gegen die kaiserlichen Pläne zur Erneuerung des Römischen Weltreichs gestanden, wenn auch oberflächlich gesehen der kleinliche Streit um das Stift Gandersheim zwischen Willigis und Bernward von Hildesheim zu der Entfremdung mit dem Kaiser führte. Mit der Erhebung Herzog Heinrichs IV. von Bayern zum König des deutschen Reichs kehrte auch Erzbischof Willigis von Mainz in die aktive Landespolitik zurück. Die Krönung in Mainz stellte allerdings eine Neuerung dar, denn der traditionelle Krönungsort der deutschen Könige war der Dom zu Aachen, doch der gehörte zum Erzbistum Köln.

Nach den Feierlichkeiten in Mainz überquerte der neue König, der sich nunmehr König Heinrich II. nannte, den Hochwasser führenden Rhein und drang in Schwaben ein, während Herzog Hermann das königstreue Straßburg eroberte und plünderte. Auf der Insel Reichenau im Bodensee erfuhr Heinrich II. von der angeblichen Annäherung des Schwabenherzogs. Am 29 Juni 1002 sollte die Entscheidungsschlacht zwischen den königlichen Truppen und denen des Herzogs Hermann von Schwaben stattfinden. Doch der Herzog zog es vor, nicht auf dem Schlachtfeld zu erscheinen. Daraufhin zerstörte der König die Privatbesitzungen Herzog Hermanns in Schwaben und ritt über Franken und Thüringen, wo er vermutlich am 20. Juli 1002 in der Pfalz Kirchberg bei Jena die Zustimmung des thüringischen Adels erhielt, nach Merseburg. Hier traf er am 24. Juli 1002 ein. Einen Tag später empfing er die Huldigung durch den sächsischen Adel und den sächsischen Klerus, auch Boleslaw Chrobry war anwesend. König Heinrich II. bestätigte allen sächsischen Lehnsinhabern und Kirchenvertretern ihre durch Kaiser Otto III. verliehenen Rechte. Meißen erhielt zum Ärger Boleslaws dessen Schwager, Gunzelin, doch sollte Boleslaw die Lausitz und das Milzener Land als Lehen behalten.

Die Spannung, die durch die Anwesenheit des Polen Boleslaw Chrobry über der Versammlung in Merseburg lag, lässt sich im Bericht Thietmars von Merseburg deutlich nachempfinden. Beim Aufbruch Boleslaws kam es zu einem Eklat. Ein Trupp Bewaffneter wollte sich auf die Polen stürzen. Nur mit heftiger Gegenwehr und der Unterstützung Herzog Bernhards von Sachsen konnte der Überfall abgewehrt werden. Obwohl der König mit dieser Verschwörung offenbar nicht in Verbindung gebracht werden kann, fühlte sich Boleslaw verraten und beleidigt. Das Vertrauen, das er eigentlich zunächst dem König wegen der selbstherrlichen Besetzung der Lausitz hätte beweisen sollen, verlor der Pole nun gegenüber dem Reich. Zwar verabschiedete er sich noch als Vasall vom König, doch sobald er die Lausitz erreichte, ließ er die Burg Strehla in Flammen aufgehen und zog sich nach Polen zurück. Die durch die politischen Maßnahmen Kaiser Ottos III. erzielte Ruhe an der deutschen Ostgrenze war dahin, anstelle eines Vasallen erwarb der König einen heftigen Feind.

Nach der Übernahme der Königsherrschaft in Sachsen zog Heinrich II. über Grone und Corvey, wo seine Gemahlin Kunigunde ihn erwartete, nach Paderborn. Dort ließ er Kunigunde am 10. August 1002 von Erzbischof Willigis von Mainz zur Königin krönen. Gleichzeitig weihte der Erzbischof die Schwester Kaiser Ottos III., Sophie, zur Äbtissin von Gandersheim. In Paderborn vollendete sich die Allianz zwischen Sophie, Erzbischof Willigis von Mainz und dem König. Auf die Bedeutung des Mitkönigtums Kunigundes an der Herrschaft ihres Mannes wurde bereits im fünften Kapitel eingegangen.

Aber auch der Aufenthalt in Paderborn blieb nicht ohne einen unangenehmen Zwischenfall. Anscheinend erhielt das Militäraufgebot des Königs keine ausreichende Verpflegung, denn einige Bayern aus dem königlichen Aufgebot bedienten sich unerlaubt an den Feldfrüchten außerhalb der Stadt. Dabei wurden sie gestellt und sogleich von den erbosten Bauern angegriffen. Zunächst erschlugen die Bayern einige der Bauern, doch kamen immer mehr Anwohner zusammen und der König sah sich gezwungen, mit seinen Haustruppen in den Kampf einzugreifen. Schließlich flüchteten die Bayern in die Königspfalz, aber selbst hier setzte sich die Auseinandersetzung noch fort und Herzog Bernhard musste mit seinen sächsischen Rittern den Kampf beenden.

König Heinrich II. ging bei seinem Krönungsumritt nach dem Prinzip des geringsten zu erwartenden Widerstands vor. Zunächst überzeugte er nicht ohne Probleme die Vertreter aus Adel und Kirche in seinem eigenen Herzogtum, dann, nach dem Tode Ekkehards von Meißen, versuchte er Hermann von Schwaben zu unterwerfen. Als dieses Vorhaben zunächst scheiterte, brachte er die Thüringer und Sachsen auf seine Seite, und nun wandte er sich in den Westen des Reiches. Die ersten Urkunden des Königs spiegeln seine Bemühungen wider, durch die Vergabe von Geschenken und Privilegien Freundschaften zu sichern und zu erwerben. In Duisburg sollte die Huldigung durch die Vertreter der westlichen Bistümer erfolgen, Heinrich II. wollte dort den im April des Jahres ausgefallenen Reichstag nachholen. Allerdings ließ Erzbischof Heribert von Köln den König ungebührlich lange auf sein Erscheinen warten. Doch endlich fand die Unterwerfung der westlichen Kirchenfürsten doch noch statt.

Nachdem die Kirche im westlichen Reichsteil dem Könige gehuldigt hatte, konnte sich Heinrich II. noch einmal, jetzt am richtigen Krönungsort in Aachen und mit der Zustimmung der niederlothringischen Fürsten, am 8. September 1002 zum König erheben lassen.

Der Mönch Widukind von Corvey hat die Zeremonie in Aachen bei der Krönung Ottos I. beschrieben. Da Heinrich II. bewusst an die Politik Ottos I. anknüpfte, liefen die Feierlichkeiten bei seiner Krönung in Aachen sicherlich ähnlich ab: »... versammelten sich die Herzöge und obersten Grafen mit der übrigen Schar vornehmster Ritter in dem Säulenhof, der mit der Basilika Karls des Großen verbunden ist, setzten den neuen Herrscher auf einen dort aufgestellten Thron, huldigten ihm, gelobten Treue, versprachen ihm Unterstützung gegen alle seine Feinde und machten ihn nach ihrem Brauch zum König. Während dies die Herzöge und die übrige Beamtenschaft vollführten, erwartete der Erzbischof mit der gesamten Priesterschaft und dem ganzen Volk im Innern der Basilika den Auftritt des neuen Königs. Als dieser erschien, ging ihm der Erzbischof entgegen, berührte mit seiner Linken die Rechte des Königs, während er selbst in der Rechten den Krummstab trug, bekleidet mit der Albe, geschmückt mit Stola und Messgewand, schritt vor bis in die Mitte des Heiligtums und blieb stehen. Er wandte sich zum Volk um, das ringsumher stand – es waren nämlich in jener Basilika unten und oben umlaufende Säulengänge –, sodass er vom ganzen Volk gesehen werden konnte, und sagte: ›Seht, ich bringe euch den von Gott erwählten und von dem mächtigen Herrn Heinrich einst designierten, jetzt aber von allen Fürsten zum König gemachten Otto; wenn euch diese Wahl gefällt, zeigt dies an, indem ihr die rechte Hand zum Himmel emporhebt.‹ Da streckte das ganze Volk die Rechte in die Höhe und wünschte unter lautem Rufen dem neuen Herrscher viel Glück. Dann schritt der Erzbischof mit dem König, der nach fränkischer Sitte mit einem eng anliegenden Gewand gekleidet war, hinter den Altar, auf dem die königlichen Insignien lagen: das Schwert mit dem Wehrgehänge, der Mantel mit den Spangen, der Stab mit dem Zepter und das Diadem.«

Und an anderer Stelle weiter: »Derselbe [der Erzbischof] aber ging zum Altar, nahm von dort das Schwert mit dem Wehrgehänge auf, wandte sich an den König und sprach: ›Nimm dieses Schwert, auf dass du alle Feinde Christi verjagst, die Heiden und schlechten Christen, da durch Gottes Willen dir alle Macht im Frankenreich übertragen ist, zum unerschütterlichen Frieden für alle Christen.‹ Dann nahm er die Spangen, legte ihm den Mantel um und sagte: ›Durch die bis auf den Boden herabreichenden Zipfel [des Mantels] seist du daran erinnert, mit welchem Eifer du im Glauben entbrennen und bis zum Tod für die Sicherung des Friedens eintreten sollst.‹ Darauf nahm er Zepter und Stab und sprach: ›Durch diese Abzeichen bist du aufgefordert, mit väterlicher Zucht deine Untertanen zu leiten und in erster Linie den Dienern Gottes, den Witwen und Waisen die Hand des Erbarmens zu reichen; und niemals möge dein Haupt ohne das Öl der Barmherzigkeit sein, auf dass du jetzt und in Zukunft mit ewigem Lohn gekrönt werdest.‹ Auf der Stelle wurde er mit dem heiligen Öl gesalbt und mit dem goldenen Diadem gekrönt von ebenden Bischöfen Hildebert und Wigfried, und nachdem die rechtmäßige Weihe vollzogen war, wurde er von denselben Bischöfen zum Thron geführt, zu dem man über eine Wendeltreppe hinaufstieg, und er war zwischen zwei Marmorsäulen von wunderbarer Schönheit so aufgestellt, dass er von da aus alle sehen und selbst von allen gesehen werden konnte.« (Widukind von Corvey: »Res gestae Saxonicae«, übersetzt und herausgegeben von Ekkehart Rotter und Bernd Schneidmüller)

Um die Herrschaft im Reich komplett zu machen, fehlten nur noch die Herzogtümer Schwaben und Oberlothringen. Die zahlreiche Anhängerschaft, die der König inzwischen im Lande erworben hatte, überzeugte schließlich auch Herzog Hermann von Schwaben, dass sein weiterer Widerstand gegen den König zwecklos sei. Der Herzog unterwarf sich am 1. Oktober 1002 in Bruchsal dem König, der ihn in seinem Amt als Herzog bestätigte. Allerdings musste der Herzog für die Zerstörungen und Plünderungen in der Stadt Straßburg Ersatz leisten. Durch die erwiesene Gnade und großzügige Milde schuf sich der König einen weiteren treuen Vasallen. Als Herzog Hermann von Schwaben im Jahre 1003 starb, ernannte er den unmündigen Sohn Herzog Hermanns zu dessen Nachfolger und übernahm selbst die Vormundschaft für das Kind.

Mit der Unterwerfung Herzog Hermanns war die Herrschaftsübernahme König Heinrichs II. im Reich nach sieben Monaten nahezu abgeschlossen. Zufrieden kehrte der König in sein Stammherzogtum nach Regensburg zurück. Während seines Aufenthalts suchte ihn dort Herzog Vladivoj von Böhmen auf. Dieser hatte die Macht in Böhmen übernommen, indem er den grausamen und unfähigen Herzog Boleslaw, den Roten, gestürzt hatte. Nun huldigte er Heinrich II. und stellte Böhmen unter den Schutz des Königs. Boleslaw, der Rote, floh zu seinem Namensvetter, Boleslaw Chrobry, nach Polen.

Das Weihnachtsfest, den Abschluss des ersten Königsjahres Heinrichs II., erlebte der Hof in der Königspfalz Frankfurt am Main zusammen mit vielen Abgesandten und Reichsgrößen.

Von Frankfurt aus ritt der König nach Oberlothringen und hielt dort in Diedenhofen am 15. Januar 1003 einen Hoftag ab. Hier huldigten ihm die letzten Reichsfürsten, die den König zuvor noch nicht offiziell anerkannt hatten. In Diedenhofen verzögerte sich die Weiterreise des Königs. Zum ersten Male während seiner Regierungszeit wurde eine Erkrankung des Herrschers bekannt. Dennoch erreichte er am 24. Januar 1003, dem Todestag Kaiser Ottos III., die Stadt Aachen, die er zu Ehren seines Vorgängers besuchte. Den gesamten Winter des Jahres 1003 blieb der König nun im Westen des Reiches. Erst im Frühjahr reiste er von Nimwegen aus über Minden nach Hildesheim.

Das Verhältnis des Königs mit Bischof Bernward von Hildesheim war durch die Parteinahme des Bischofs für die Königskandidatur Ekkehards von Meißen empfindlich gestört. Der Bischof hatte seine Sympathien beim König verspielt und mit der Rückkehr Erzbischof Willigis' von Mainz in die Huld des Königs kam ein kompetenter Gegner Bernwards an den königlichen Hof zurück. Die Aussichten

Bernwards, einen für ihn positiven Ausgang des Gandersheimer Kirchenstreits, der noch immer zwischen ihm und Willigis schwelte, erreichen zu können, schienen mehr als gering. Vermutlich wollte der König mit seiner Visite in Hildesheim beruhigend auf Bischof Bernward einwirken und den Streit möglichst beenden, wie er es bereits einst in Rom als Herzog versucht hatte, doch auch hier gelang ihm dieses Vorhaben noch nicht. In der »Vita Bernwardi« des Leiters der Hildesheimer Domschule hört sich die Stellungnahme zum Besuch des Königs ganz anders an: »Im Jahre 1003 nach der Geburt des Herrn besuchte der König in frommer Absicht Bischofsstädte und Abteien, heilige Orte, an denen fromme Diener und Dienerinnen Gottes ihren göttlichen Dienst verrichten. Durch ihr Gebet wollte er Schutz für sich selbst und das Reich, das Gott ihm übertragen hatte, erlangen. Sein größter Wunsch war, auch nach Hildesheim zu kommen. Dies hatte jedoch aus Ehrfurcht vor dem Ort noch kein König vor ihm angestrebt. Daher wandte er sich an Bischof Bernward und fragte ihn, ob er diese heilige Stätte wohl besuchen könne. Bernward erteilte ihm die Erlaubnis (!). So kam der König vor dem heiligen Palmsonntag (21. März 1003) zu unserer Kirche und wurde feierlich empfangen. Er spendete auch einen ansehnlichen Geldbetrag für den Altardienst und den Unterhalt der Brüder. Außerdem versprach er, den Ort zu bereichern und zu ehren, und führte dies in seiner Güte auch in großem Maße aus.« (Thangmarus »Hildesheimensis«: »Vita Bernwardi: das Leben des Bischofs Bernward von Hildesheim«, Hildesheim 1993)

Das Osterfest feierte der Hof im Stift und in der Pfalz Quedlinburg. Hier knöpfte Heinrich II. ganz bewusst an die sächsische Tradition an. Alle ottonischen Herrscher vor ihm hatten nach Möglichkeit stets den Ort Quedlinburg für diese Feier in der Nachbarschaft der Königsgräber Heinrichs I. und seiner Gemahlin, der Königin Mathilde, gewählt. Außerdem musste auch noch der Dank an Äbtissin Adelheid von Quedlinburg abgestattet werden, die die Königsbewerbung Heinrichs II. unterstützt hatte.

Noch einmal kehrte Herzog Otto von Kärnten in Quedlinburg an den Hof zurück, trotz seiner in Italien erlittenen militärischen Niederlage wurde er vom König in Gnaden aufgenommen. Nachdem Herzog Otto von Kärnten im Jahre 1004 gestorben war, folgte ihm sein Sohn Konrad in der Führung des Herzogtums nach.

Auch das Pfingstfest feierte der König in Sachsen. Für das Fest war die alte Bischofsstadt Halberstadt ausgewählt worden. Erst danach kehrte er nach Bayern zurück, um den Aufstand niederzuwerfen, den Markgraf Heinrich von Schweinfurt zusammen mit seinem Bruder, Ernst von Babenberg, und mit Brun, dem Bruder König Heinrichs II., angezettelt hatte. Die drei hatten sich mit Boleslaw Chrobry gegen den König verbündet. Heinrich von Schweinfurt hatte die Königskandidatur Heinrichs II. in der Hoffnung unterstützt, dafür mit der Ernennung zum bayerischen Herzog belohnt zu werden. Doch der König verwies auf das Wahlrecht der Bayern und hegte insgeheim ganz andere Absichten mit seinem ehemals eigenen Herzogtum.

Als Herzog Vladivoj im Jahre 1003 völlig unerwartet starb, kehrte Boleslaw, der Rote, unter dem Schutze Boleslaw Chrobrys nach Böhmen zurück. Doch das Verhalten Boleslaw Chrobrys wurde nun völlig unverständlich. Den von ihm selbst in sein Amt zurückgeführten Herzog Boleslaw, den Roten, nahm er wenig später überraschend gefangen. Doch damit nicht genug, er ließ ihn blenden und behielt den Unglücklichen danach bis an sein Lebensende in Haft. Die Herrschaft Boleslaw Chrobrys reichte nun von der Ostsee bis an die ungarische Grenze. Er fühlte sich so selbstbewusst und stark, dass er König Heinrich II. die Huldigung für das Herzogtum Böhmen verweigerte. Während der König die deutschen Verbündeten Boleslaws in Franken überwältigen musste und erneut an die Krone zu binden versuchte, kam er gegen Boleslaw Chrobry nicht voran. Im Sommer des Jahres 1003 verwüstete der Pole die östlichen Randgebiete des Reiches und drang über die Elbe nach Westen vor.

Heinrich II. konnte auf den überraschenden Einfall nicht reagieren, und so blieb der Angriff zunächst ungesühnt. Auch ein Gegenangriff im Frühjahr des Jahres 1004 brachte keinen Erfolg. In der Not an der Ostgrenze entschloss sich der König zu einer Maßnahme, die ihm vielerorts Kritik im Lande einbrachte. Er verbündete sich gegen Boleslaw Chrobry mit den slawischen, heidnischen Redariern und Lutizen, die noch im Jahre 983 und auch noch danach immer wieder das Land durch Aufstände erschüttert hatten. König Heinrich II. verfolgte mit dem Militärbündnis auch die Absicht, die beiden Volksstämme auf friedliche Weise bekehren und schließlich in den Reichsverband aufnehmen und integrieren zu können, doch dies konnten und wollten viele der Sachsen und Polen nicht einsehen.

Nach dem erfolgreichen Kampf gegen Heinrich von Schweinfurt gönnte sich der Herrscher einen erholsamen Jagdaufenthalt im Spessart. Er traf sich am 21. Oktober 1003 in St. Bilt im Elsass zum ersten Male mit dem berühmten Abt Odilo von Cluny, der ein Freund der Kaiserin Adelheid gewesen war, und kehrte sodann über Franken nach Sachsen zurück, wo er in der alten Königspfalz Pöhlde traditionell nach dem Vorbild seiner ottonischen Vorgänger das Weihnachtsfest feierte.

Von Pöhlde aus reiste König Heinrich II. über Dornburg nach Trebra bei Apolda an der Ilm, wo Erzbischof Giseler von Magdeburg einen Hof besaß. Der König traf Giseler krank im Bette liegend an. Zwar konnte er noch mit dem Bischof über die Erneuerung des Bistums Merseburg sprechen und Giseler erbat sich in der Frage Bedenkzeit. Doch bevor diese abgelaufen war, starb der Erzbischof am 25. Januar 1004. Mit dem Tode Erzbischof Giselers von Magdeburg schied einer der wichtigsten und mächtigsten Kirchenvertreter im Reich aus. Gegen den Widerstand des Klerus ernannte König Heinrich II. seinen Freund und Berater in Verwaltungsangelegenheiten Tagino zum Nachfolger. Bereits Heinrich der Zänker hatte, vermutlich in der Anerkennung der Verdienste Taginos und in der Erkenntnis der Fähigkeiten des Mönchs, ihn im Jahre 994 zum Nachfolger Bischof Wolfgangs in Regensburg einsetzen wollen. Doch entschieden sich König Otto III. und Kaiserin Adelheid für Gebhard, da sie den Parteigänger des Zänkers nicht auf einem so wichtigen Bischofsstuhl wissen wollten.

Durch den Tod Giselers war nun auch eine Erneuerung des Bistums Merseburg möglich geworden, denn Giseler hatte das Erzbistum Magdeburg nur durch Auflösung des Bistums Merseburg übernehmen können, das er zuvor besaß, weil ein Bischof nach mittelalterlichen Vorstellungen seinen Amtssitz nicht wechseln durfte. (Johannes 10,1–30: »… Der aber zur Tür hineingeht, der ist der Hirte der Schafe. Dem tut der Türhüter auf, und die Schafe hören seine Stimme; und er ruft seine Schafe mit Namen und führt sie aus.« Und an anderer Stelle: »Ich bin der gute Hirte. Der gute Hirte lässt sein Leben für die Schafe …« usw.)

Am 2. Februar 1004 weihte Erzbischof Willigis von Mainz in Merseburg Tagino zum Erzbischof von Magdeburg. Vier Tage später anlässlich des für den 6. Februar 1004 einberufenen Reichstags gründete König Heinrich II. das Bistum Merseburg neu, berief den Kapellan Wigbert aus seiner Hofkanzlei zum Merseburger Bischof und ließ ihn durch Erzbischof Tagino von Magdeburg weihen (MGH DD H II Nrn. 62–64).

Einen Einfall im Winter in das Milzener Land musste der König wegen schlechter Witterung erfolglos abbrechen. Immerhin hatten inzwischen die Aufrührer in Bayern ihre Absichten aufgegeben. Als Heinrich nach Merseburg zurückkehrte, erfuhr er, dass sein Bruder Brun zu ihrer beider Schwester Gisela nach Ungarn geflohen war. Markgraf Heinrich von Schweinfurt hatte den Mut, sich im Büßergewand dem König zu unterwerfen, dieser ließ sich in diesem Fall nicht erweichen und inhaftierte den Aufrührer in der Burg Giebichenstein. Sodann zog der Hof über Franken nach Bayern.

Am 21. März 1004 anlässlich eines Reichstags in Regensburg ernannte der König seinen Schwager Heinrich von Lützelburg zum neuen Herzog von Bayern. Knapp zwei Jahre hatte König Heinrich II. mit der Ernennung eines Nachfolgers in seinem eigenen Herzogtum gewartet. Für Markgraf Heinrich von Schweinfurt bedeutete die Belehnung des Herzogtums, auf das er sich selbst große Hoffnungen gemacht hatte, den letzten vernichtenden Schlag. Mit der Belehnung seines Schwagers wollte der König zweifellos die persönlichen Verdienste bei der Vermittlung der Ehe zwischen seiner Gemahlin Kunigunde und ihm belohnen. Allerdings blieb die Ernennung Herzog Heinrichs V. von Bayern, trotz der verwandtschaftlich engen Verbundenheit zum Königshaus, nicht problemlos. Heinrich II. beabsichtigte durch die Auswahl seines Schwagers zum Herzog von Bayern, einen starken Mann gegen Heinrich von Schweinfurt im Lande aufzustellen, der der Krone eng verbunden sein sollte. Doch der Luxemburger konnte sich in Bayern nie endgültig durchsetzen.

Der Herrscher rief zum Heerbann nach Regensburg auf. Der Ruf gebot allen zum Kriegsdienst verpflichteten Lehnsmännern, zu den Fahnen zu eilen. Der König brach zu seinem ersten Italienzug während seiner Regierungszeit als Herrscher des deutschen Reiches auf. Liebevoll nahm er von seiner Frau in Augsburg Abschied, wie uns Thietmar von Merseberg berichtete. Kunigunde sollte während der Abwesenheit ihres Mannes bei Erzbischof Tagino in Sachsen weilen. Auf dem Wege in die Alpen traf des Königs Bruder Brun beim Heer ein und ließ durch ungarische Vermittler um Gnade für seine Teilnahme am Aufstand gegen den König an der Seite des Markgrafen Heinrich von Schweinfurt bitten, die der König in großzügiger ottonischer Tradition gewährte.

Kapitel 7

1004–1007

DIE ERSTE ITALIENREISE UND KRIEGE IM OSTEN UND WESTEN DES LANDES

Bereits im Herbst des Jahres 1002 hatte sich Heinrich II. in Regensburg Gedanken über die Fortsetzung der deutschen Herrschaft in Italien gemacht. Konkreten Anlass dazu gab der Besuch Bischof Leos von Vercelli, eines treuen Anhängers der deutschen Herrschaft in Italien, der schon unter Otto III. ein einträchtiges Zusammenwirken von Kaiser und Papst angestrebt hatte, um das Römische Reich auf christlicher Grundlage zu erneuern. Dieser informierte den König über die Entwicklung südlich der Alpen und bat darum, gegen den durch König Arduin I. angeführten Aufstand vorzugehen und die dadurch zusammengebrochene deutsche Herrschaft in Italien wiederherzustellen. Die Sympathie für die deutsche Oberhoheit in Italien war keineswegs völlig erloschen. In Rom hatte bis in das Jahr 1003 der von Kaiser Otto III. eingesetzte Papst Silvester II. (Gerbert von Aurillac) sein Pontifikat ausgeübt. Dieser war als erster Franzose auf den päpstlichen Stuhl gelangt und am 12. Mai 1003 gestorben. Es folgten rasch hintereinander durch römische Adelsfamilien ausgewählte Nachfolger, die sich dem Reich nicht mehr verpflichtet fühlten. Doch in der Toskana und in Oberitalien sowie in einigen Orten des italienischen Episkopats hielten sich immer noch Anhänger der deutschen Krone, vor allem deshalb, weil die deutschen Herrscher im Unruheherd Italien erstmals nach dem Untergang des Römischen Weltreichs für eine gewisse Stabilität im Lande gesorgt hatten.

Von Beginn seiner Herrschaft an verfolgte Heinrich II. in seiner Italienpolitik andere Ziele als sein Vorgänger. Er konzentrierte sich auf Norditalien und unterstützte den Papst in seinem Bestreben, den Kirchenstaat abzusichern und den Einfluss des stadtrömischen Adels zurückzudrängen. Seine Rückbesinnung auf das (ost-)fränkische Königreich und die Abkehr von einer Erneuerung des Römischen Imperiums wurden bald nach dem Regierungsantritt des Königs spürbar. Die Rebellion der Reichsfürsten im Jahre 1001 gegen Kaiser Otto III., die an der Ablehnung Heinrichs gescheitert war, mag dem König noch in lebhafter Erinnerung gewesen sein. Sehr viel wichtiger erschien es ihm, die königlichen Kräfte nördlich der Alpen zu stärken, anstatt sie durch ein kräftiges Engagement in Italien zusätzlich zu schwächen. Die politischen Anstrengungen des Königs lassen erkennen, dass ihm die oben genannten Zusammenhänge bewusst waren, trotzdem wollte er auf die Ansprüche des Reiches in Italien nicht völlig verzichten; schon deshalb nicht, weil er für eine eventuelle Kaiserkrönung den freien Zugang nach Rom benötigte.

Die Haltung Heinrichs II. in italienischen Angelegenheiten zeigt deutlich, dass er sich, nicht zuletzt aufgrund seiner persönlichen Erfahrungen, die er als Begleiter Kaiser Ottos III. in Italien hatte sammeln können, nur ungern in Italien aufhielt und sich seine Interessen auf seine Aufgaben nördlich der Alpen konzentrierten. Von den knapp acht Jahren, die Kaiser Otto III. regierte, entfallen vier Jahre auf seine Präsenz in Italien, während Heinrich II. von seinen insgesamt 22 Regierungsjahren nur etwa zwei Jahre in Italien verbrachte. Aber auch bei der Regierungsausübung im Lande zeigen sich zwischen den beiden Herrschern Unterschiede.

Sowohl Otto III. als auch Heinrich II. standen in der ottonischen Tradition und fühlten sich aus familiären Gründen dieser Tradition verpflichtet. Aber Otto III. wollte mit seinen übergreifenden kaiserlichen Ansprüchen, die auf eine Erneuerung des Römischen Weltreiches abzielten, das christliche westeuropäische Kaisertum stärken und als neues politisches Programm durchsetzen. Zwar hat Heinrich II. sich stets bemüht, die Kontinuität in seiner Politik, bezogen auf seinen Vorgänger, zu betonen, doch ist es ihm nicht gelungen, die Unterschiede zu verbergen. Schon die Wahl der Grablege Ottos III. in Aachen, also der betonte Versuch, an die kaiserliche Tradition Karls des Großen anzuknüpfen, zeigt den Unterschied zu Heinrich II. auf. Denn Heinrich II. schuf sich mit Bamberg ein ähnliches Denkmal, wie sein Vorbild Kaiser Otto der Große es in Magdeburg getan hatte. Otto III. benötigte nach seiner Vorstellung neben seinem starken Kaisertum auch einen kräftigen Papst. Deshalb ließ er Reichskanzler Erzbischof Willigis von Mainz fallen und drängte ihn aus seiner mächtigen Position heraus, die er als »Papst nördlich der Alpen« eingenommen hatte. Der Herrscher schwächte also bewusst sein Herkunftsland zugunsten seiner Kaiseridee. Dies zeigt besonders die Förderung von Polen und Ungarn, den Ländern, denen er durch seine Politik weitgehende Selbstständigkeit verlieh.

Heinrich II. hingegen kehrte in seiner Regierungsweise zu einer Politik zurück, die sich auf die Stabilität des deutschen Reiches bezog. Unverzüglich setzte er Erzbischof Willigis von Mainz wieder in seine frühere Stellung ein, die er im Reich besessen hatte. Wäre Heinrich II. nicht so sehr aus Italien bedrängt worden, dann hätte er möglicherweise sogar auf seine Kaiserkrönung verzichtet.

Heinrich II. verteilte seine Anwesenheit im Lande wesentlich gleichmäßiger als Otto III., wie ein Vergleich der Aufenthaltsorte (Itinerare) zeigt: Die meisten Aufenthalte Kaiser Ottos III. liegen zwischen Mainz, Ingelheim und Frankfurt – die Heinrichs II. in Bayern, Franken, Schwaben und Sachsen.

Nur 24 Tage nachdem Kaiser Otto III. gestorben war, hatte sich am 15. Februar 1002 Markgraf Arduin von Ivrea in der Kirche St. Michele zu Pavia zum italienischen König wählen und krönen lassen. Es war nicht eine ausgesprochen deutschfeindliche Allianz, die ihn auf den Thron brachte, sondern es waren Fürsten, die nach Unabhängigkeit und Selbstständigkeit strebten. Arduin war ein Sohn des Grafen Dado (vermutlich von Pombia). Um das Jahr 990 übernahm Arduin als Markgraf die Markgrafschaft Ivrea. Ob er sich dabei auf verwandtschaftliche Rechte stützen konnte oder sich gewaltsam durchsetzte, bleibt ungewiss. Trotz seiner unrechtmäßigen Aneignungen von Kirchenbesitz gelang es ihm, den von Kaiser Otto III. ernannten Reichskanzler für Italien, Bischof Peter von Como, für sich zu gewinnen. Doch bald wandte sich gegen Arduin offener Widerstand, den er durch sein eigenes grausames und rohes Verhalten noch schürte. Die Kritik an der Person Arduins kam allerdings vornehmlich von den zeitgenössischen Chronisten, die sich der Sache des deutschen Reiches verpflichtet fühlten. König Heinrich II. wurde immer dringlicher aufgefordert, in Italien einzugreifen und die Herrschaft Arduins zu beenden. Im Herbst schickte der deutsche König Herzog Otto von Kärnten zur Unterstützung seiner Anhänger nach Italien, doch erlitt der Herzog im Januar des Jahres 1003 in einer Schlacht in der Valsugna im Tal der Brenta eine empfindliche militärische Niederlage gegen die Anhänger Arduins.

Der König brach in der zweiten Märzhälfte des Jahres 1004 in Regensburg auf, um erstmals selbst in Italien einzugreifen. In Augsburg stießen zum königlichen Heer auch die fränkischen, schwäbischen und lothringischen Militäraufgebote. Bereits am 9. April 1004 traf er in Trient ein. Zur Sicherung des Zugangs zum Brennerpass von Süden her schenkte der Herrscher dem Bistum Trient bei dieser Gelegenheit umfangreichen Landbesitz. Da König Arduin die Veroneser Klausen, Engstellen im Tal der Etsch, blockierte und damit den Zugang nach Verona versperrte, ließ Heinrich II. gänzlich überraschend im kühnen Handstreich die Brenta-Klausen, die Engpässe im Tal des Flusses Brenta, erobern. Dazu wählte er die bergerfahrenen Kärntner aus, die zu einer List griffen: Sie teilten sich in zwei Scharen auf. Während der erste Trupp in der Nacht unbemerkt die Bergrücken an den Brenta-Klausen besetzte, fiel der zweite bei Tagesanbruch frontal in die Klausen ein. In dem sich nun entwickelnden Kampf griffen von der Flanke her die Soldaten der ersten Abteilung ein, töteten viele Feinde und gemeinsam schlugen sie den Rest der Gegner in die Flucht. So gelangte das Heer des Königs unbehindert in die Ebene vor Verona.

Angesichts des deutschen Heeres brach am 18. April 1004 im Lager Arduins ein Aufstand aus. Viele der italienischen Fürsten verließen mit ihrem Gefolge das italienische Heer und wechselten zu Heinrich II. Dem Rest der Truppen Arduins sank daraufhin der Mut, und der König floh mit den ihm verbliebenen Getreuen. Ohne Widerstand vorzufinden konnte König Heinrich II. in die Stadt Verona einziehen. Arduin vermied eine Entscheidungsschlacht mit dem deutschen König, indem er sich zunächst auf seine eigenen Besitzungen zurückzog.

Heinrich II. ritt über Brescia und Bergamo nach Pavia, dem traditionellen italienischen Krönungsort. Dort ließ er sich in der Kirche St. Michele am 14. Mai 1004 formell zum italienischen König wählen und am 15. Mai 1004 von Erzbischof Arnulf von Mailand mit der so genannten »Eisernen Krone der Langobarden«, deren innerer Ring einer Sage nach aus einem Nagel vom Kreuz Christi geschmiedet sein soll, zum italienischen König krönen. Die Kontinuität der deutschen Herrschaft in Italien schien sich fortzusetzen, aber noch war Arduin nicht endgültig geschlagen. Nach der Rückkehr Heinrichs II. in das deutsche Reich bewegte sich Arduin weiterhin frei als König in Oberitalien, bis in das Jahr 1005 hat er Königsurkunden ausstellen lassen und erst kurz nach der Kaiserkrönung Heinrichs II. gab er seinen Widerstand gegen die deutsche Herrschaft in Italien auf.

Bereits am Abend des Krönungstages kam es in Pavia zu einem schweren Tumult der Paveser Bürger gegen den König. Vermutlich durch betrunkene Soldaten aus dem Heer des Königs provoziert, griffen die Bürger zu den Waffen. Heinrich II. geriet im Paveser Königspalast so sehr in Bedrängnis, dass er in der Not ein Feuer in der Stadt legen ließ, um die Feinde abzulenken. Das Feuer verbreitete sich rasch durch die Stadt. Inzwischen versuchte das vor der Stadt lagernde

Hauptheer, dem König zu Hilfe zu eilen, dabei musste allerdings die Stadtmauer überwunden werden, ein ebenso schwieriger, wie zeitraubender Umstand. Beim Übersteigen der Stadtmauer wurde Giselbert, ein Schwager des Königs, im Kampf tödlich verwundet. Trotz heftiger Gegenwehr der Paveser schlug das Heer den Aufstand letztlich nieder und in der aufgeheizten Stimmung plünderten die siegreichen Soldaten die Stadt. Der König zog sich in diesem Drama in das Kloster St. Pietro in cielo d'oro zurück. Hier flehten schließlich die bedrängten Bürger Pavias um Gnade und Vergebung und gelobten Treue und Unterwerfung. Neben den durch das Feuer und die Plünderung entstandenen Schäden mussten die Paveser auch den Königspalast aus eigenen Mitteln instand setzen.

Danach hielt der König etwa zwölf Kilometer nördlich von Pavia in Pontelungo einen Hoftag ab. Hier nahm er die Huldigung der weltlichen Fürsten der Lombardei entgegen. Nach einem kurzen Besuch in Mailand kehrte er noch einmal in die Ebene von Pontelungo zurück. Doch bald verabschiedete er sich von seinen italienischen Untertanen. Das Pfingstfest feierte er am 24. Juni 1004 in Grumo bei Lugano, danach kehrte er rasch nach Deutschland zurück. Sein Aufenthalt in Italien dauerte etwas länger als zwei Monate.

Wird der Italienaufenthalt Heinrichs II. an den langen Zeiträumen gemessen, in denen sich die Vorgänger des Herrschers in Italien aufgehalten haben, so ist der erste Italienzug Heinrichs II. auffällig kurz. Dort blieben die Anhänger Heinrichs II. in tiefer Bestürzung über die frühe Abreise des Königs zurück. Es sollte fast zehn Jahre dauern, bis er erneut italienischen Boden betrat. Immerhin hatte sich Heinrich II. eine treue Anhängerschaft gesichert, vor allem Bischof Leo von Vercelli wurde zum standhaften Vertreter der deutschen Interessen in Italien und damit natürlich zum heftigen Gegner Arduins.

Die Krönung Heinrichs II. zum italienischen König erfolgte auch aus traditionellen Gründen nicht ohne Probleme. Nicht einmal König Otto I. hatte sich zu Beginn des deutschen Engagements im Jahre 951 mit der eisernen Krone der Langobarden krönen lassen, denn er erwarb diese Krone durch seine Heirat mit der rechtmäßigen Erbin, Königin Adelheid. Auf eine pompös gefeierte Königskrönung verzichtete Otto I. sehr wahrscheinlich, um die Gefühle seiner italienischen Untertanen nicht unnötig zu strapazieren. Jedenfalls ist in den Chroniken seiner Zeit von einer solchen Krönungsfeier nichts überliefert.

Für Otto II. und seinen Sohn Otto III. wurde die Möglichkeit der Königskrönung in Italien erst gar nicht in Erwägung gezogen, weil sie aus ihrer Sicht durch ihr Kaisertum und ihre Ansprüche auf das Römische Imperium ohnehin die Herrschaft im Lande besaßen.

Um diese Tradition fortzuführen, hätte sich Heinrich II. alsbald zum Kaiser krönen lassen müssen. Doch dazu unternahm er im Jahre 1004 keinerlei Anstrengungen. Der Zustand, dass neben ihm ein weiterer italienischer König existierte, müsste für Heinrich II. eigentlich peinlich gewesen sein, aber Maßnahmen, um diesen Zustand zu beenden, erschienen ihm zu diesem Zeitpunkt entweder unnötig oder er schätzte seine dazu erforderlichen Mittel als zu gering ein. Erst allmählich scheint Heinrich II. zur Aufrechterhaltung der deutschen Herrschaft in Italien die Notwendigkeit seiner Kaiserkrönung eingesehen zu haben.

In Schwaben ordnete der König für sein Mündel, den unmündigen Herzog Hermann III. von Schwaben, die dringlichsten Angelegenheiten und kam dann nach Straßburg, wo er am 24. Juni 1004 nur durch großes Glück einen Unfall unbeschadet überstand. Das Haus, in dem der König eine Gerichtssitzung abhielt, stürzte plötzlich ein, ohne dass es dafür vorher erkennbare Anzeichen gegeben hatte. Obwohl sich das Gebäude voller Menschen befand, erlitt nur ein – nach Thietmar von Merseburg – unwürdiger Priester den Tod, alle anderen kamen mit dem Schrecken davon.

Für Mitte August befahl Heinrich II. sein Heer nach Merseburg, um erneut gegen Boleslaw Chrobry vorzugehen. Doch der Erfolg seiner militärischen Operation wurde durch besonders schlechte Witterung verhindert, die Flüsse schwollen wegen anhaltenden Regens unerwartet an und machten die Passage schwierig. Aber der König hatte den Zug nach Osten ohnehin nur vorgetäuscht. Plötzlich wandte er sich nach Süden und drang in einem vorsichtigen Vormarsch in Böhmen ein. Gleichzeitig sollte ein bayerisches Aufgebot von Westen her in Böhmen einfallen. Allerdings verzögerte sich dessen Einmarsch. Während der König im eroberten Saaz auf das Erscheinen der Bayern wartete, brach in Prag ein Aufstand gegen Boleslaw Chrobry aus. Nur mit Mühe konnte sich Boleslaw nach Polen retten. Kampflos zog der König in Prag ein und ernannte Jaromir, den Bruder Herzog Boleslaws des Roten, zum neuen Herzog von Böhmen. Boleslaw Chrobry verlor damit endgültig das Herzogtum Böhmen.

Mitte September wandte sich Heinrich II., unterstützt durch Herzog Jaromir, in das Milzener Land. Unter großen Verlusten gelang es, die Burg Bautzen zu erobern. Mit der Verteidigung Bautzens und damit des gesamten Milzener Landes betraute der König Herimann, den Sohn Ekkehards von Meißen. Er setzte also den Nachkommen des Markgrafen in das Amt des Vaters ein. Anschließend kehrte der König nach Merseburg zurück. Hier entschloss er sich endlich, Markgraf Heinrich von Schweinfurt aus der Haft zu entlassen und ihm seinen Familienbesitz in Franken zurückzugeben.

Den Herbst und Winter verbrachte der König in Sachsen. Das Weihnachtsfest des Jahres 1004 feierte der Hof in der Pfalz Dornburg an der Saale. Zwei schwerwiegende Todesfälle überschatteten diese Zeit, am 4. November 1004 starb Herzog Otto von Kärnten. Sein Sohn Konrad wurde Nachfolger in diesem Herzogtum. Ende des Jahres 1004 oder Anfang des Jahres 1005 starb Bischof Adalbero von Metz. Als Nachfolger in seinem Amt hatte der Bischof seinen eigenen Neffen vorgesehen, der ebenfalls Adalbero hieß, der aber zu diesem Zeitpunkt erst fünf Jahre zählte. Heinrich II. bestellte seinen Schwager, Dietrich von Luxemburg, zum Vormund. Doch anstatt sich um das Wohl des ihm anvertrauten Mündels zu sorgen, ließ sich Dietrich vom Metzer Klerus selbst zum Bischof wählen, ohne vorher die Zustimmung des Königs einzuholen. Vermutlich aus Rücksichtnahme auf seine Gemahlin Kunigunde, die eine Schwester des besagten Dietrichs war, griff Heinrich II. nicht ein. Mit der offiziellen Bestätigung Bischof Dietrichs von Metz in seinem Amt ließ sich der König allerdings bis in das Jahr 1006 Zeit. Die Ernennungen in der Luxemburger Verwandtschaft des Königs, die ohne Prüfung der Personen auf Befähigung und charakterliche Eignung erfolgten, sollten schon bald unangenehme Folgen zeigen.

Im Frühjahr des Jahres 1005 wandte sich der König in die Niederlande. Thietmar von Merseburg berichtete als einziger Chronist, dass sich der König in den Niederlanden einer Flotte bediente, um Liutgard, einer Schwester Kunigundes und Witwe des Grafen Arnulf von Holland, gegen die Westfriesen beizustehen. Anschließend hielt sich der Hof in Aachen und Utrecht auf. Im Mai 1005 ernannte Heinrich II. seinen Bruder Brun zum Leiter seiner Hofkanzlei, welcher dieser jedoch nur für ein Jahr vorstand. Bereits ein Jahr später, im Mai 1006, wurde Brun Bischof von Augsburg.

Aus den westlichen Landesteilen wandte sich der König im Sommer nach Dortmund, um dort eine Synode abzuhalten, an der nicht weniger als 15 Bischöfe des Landes teilnahmen. Die Synode fand am 6. und 7. Juli 1005 statt. Während der Synode wurden umfangreiche Vorschriften erlassen, also ein unmittelbarer Eingriff in das tägliche Leben der Bevölkerung vorgenommen. Dazu gehörten Einzelheiten, die für jeden Einzelnen verbindlich festlegten, was beim Tode eines der Synodalen vorzunehmen war. Zum Beipiel mussten König und Königin nach dieser Vorschrift 1500 Pfennige für die Lösung der Seele des Verstorbenen verteilen und ebenso viele arme Menschen speisen. Außerdem wurden einschneidende Fastenvorschriften erlassen. Ein neuer Polenfeldzug für den Spätsommer des gleichen Jahres wurde ebenfalls bei dieser Synode beschlossen.

In ottonischer Zeit gehörte das Tragen von Waffen zum täglichen Leben. Der Kampf, die Bereitschaft dazu und der Mut im Kampf galten besonders für den Adel als Lebenszweck und wurden höher angesehen als der Schutz des eigenen Lebens. Die Schwelle zur Anwendung von Gewalt lag sehr niedrig, meistens reichte bereits ein geringfügiger Anlass, um tätlichen Streit auszulösen. Der Begriff, der solche Aktionen rechtlich deckte, hieß Fehde. Damit wurden Auseinandersetzungen zwischen verschiedenen Familien oder auch einzelnen Personen bezeichnet. Die erfolgreiche Ausfechtung einer Fehde galt als ehrenvoll. Fehden konnten sich über lange Zeiträume, manchmal über mehrere Generationen hinziehen, oft wurden dabei immer wieder männliche Mitglieder der beteiligten Familien getötet.

Spiel und Sport waren auf die Waffenführung ausgerichtet und dienten der Schulung für den Ernstfall. Am deutlichsten wird durch die häufig ausgetragenen ritterlichen Turniere klar, wie sehr Gewalt zum öffentlichen Leben gehörte, denn auch Turniere endeten nicht selten tödlich. Selbst Angehörige der Kirche, Bischöfe, Priester und Mönche, zogen in den Krieg, was auch damals schon immer wieder, besonders in religiösen Literaturüberlieferungen kritisiert wurde. Erst allmählich übernahmen Gerichte die Aufgabe von Konfliktlösungen, doch selbst in deren Entscheidungen kam die tätliche Auseinandersetzung zwischen den streitenden Parteien als Gottesurteil vor, womit dann gleichzeitig ein Urteil vollzogen wurde. In allen anderen Fällen lag die Urteilsvollstreckung allerdings in weltlicher Hand.

Der Kampf Heinrichs II. gegen Polen trug ganz wesentlich die Züge eines solchen Konflikts, allerdings auf einem übergeordnetem Niveau. An solchen Kämpfen waren dann alle zum Kriegsdienst verpflichteten Männer des Landes beteiligt. Die Bewaffnung der Krieger eines solchen Heeres war außerordentlich vielfältig. Der wichtigste Unterschied bestand in der Truppe zwischen den Kriegern zu Pferd und dem Fußvolk.

Die Pferde, die zu Beginn des 11. Jahrhunderts in Deutschland geritten wurden, besaßen noch nicht die Größe der heute gezüchteten Pferderassen. Ein Streitross der damaligen Zeit ist am ehesten in Größe, Aussehen und Leistungsvermögen mit einem starken Islandpony zu vergleichen. Es handelte sich also um kleine, relativ genügsame, ausdauerstarke und robuste Tiere. Die militärischen Erfolge der Ungarn, die mit ihren Reiterscharen in Europa lange Zeit nach Belieben geraubt und geplündert hatten, führten auch im ostfränkischen Reich zum Umdenken in der militärischen Taktik und damit zu einem verstärkten Einsatz von Pferden zu kriegerischen Zwecken. Pferde verliehen sowohl dem einzelnen Reiter als auch dem Heer erhöhte Beweglichkeit und Wendigkeit. Der Reiter besaß gegenüber dem Fußkämpfer wegen seines erhöhten Sitzes einen besseren Überblick und die Bewegung des Pferdes verstärkte die Wucht des berittenen Kriegers im Kampf. Durch die Einführung des Steigbügels verbesserten sich der Sitz und Halt des Reiters, wodurch sich die Einsatzmöglichkeiten der Reiterei erheblich steigerten. Ein Kämpfer zu Fuß war dem Ritter deutlich unterlegen. Eine militärische Karriere im mittelalterlichen Heer und damit ein gesellschaftlicher Aufstieg setzten den Besitz eines oder mehrerer Kampfpferde voraus, die sehr teuer waren.

Obwohl die Kavallerie eine große Bedeutung besaß, bestand das Heer dennoch zum größten Teil aus Fußtruppen. Die Taktik der berittenen Truppe, die auf König Heinrich I. zurückgeht, war ebenso einfach wie wirkungsvoll. Der geschlossene Pulk der Reiter versuchte den Gegner möglichst zu überrennen. Gelang es, den Feind zu überraschen, ohne dass sich dieser ebenfalls in Bewegung befand, dann konnte er der Energie des Aufpralls kaum etwas entgegensetzen und der Kampf war entschieden. Prallten jedoch zwei Reitergruppen im vollen Galopp aufeinander, kam es zu einem furchtbaren Gemetzel. Der Erfolg lag dann in der Regel auf der Seite derjenigen Gruppe, die die größere Anzahl an Pferden und Reitern in den Kampf bringen konnte. Die Motivation der Kämpfer, ihr Mut und die körperliche Kraft und das Geschick spielten dabei eher eine geringe Rolle. Gelang es dem Gegner, seine Formation vor einer Reitergruppe rechtzeitig aufzulockern, dann verpuffte die Wucht des Angriffs sozusagen im Leeren. Die Reiter konnten in einer solchen Situation selbst durch Bogenschützen, Lanzen, Spieße und geschleuderte Steine in akute Gefahr geraten.

Den Reitern und Fußkämpfern stand ein großes Arsenal an Waffen zur Verfügung. Grundsätzlich war eine komplette gute Ausrüstung eines Kriegers sehr kostspielig. Der Wert einer solchen Rüstung eines Ritters entsprach dem Wert eines Bauernhofes der damaligen Zeit. Die Hauptwaffe des Reiters war das zweischneidige Schwert. Es wurde kunstvoll geschmiedet und besaß neben seiner Funktion im Kampf symbolische Bedeutung. So wurde zum Beispiel die Erhebung eines Kriegers zum Ritter mittels des so genannten Ritterschlags durch das Schwert vorgenommen. Darüber hinaus trugen vermögende, das heißt adelige Reiter im 11. Jahrhundert zum eigenen Schutz eine Lederhaube und erst darüber wurde der eiserne Topfhelm gestülpt, der meistens mit einem Nasenschutz versehen war, sowie ein geschmiedetes Kettenhemd. Auch Panzer aus Leder mit Metallapplikationen waren im Gebrauch. Unter dem Kettenhemd trug der Ritter Unterwäsche aus Leinen, darüber kam ein Hemd und eine Hose aus Leder. Diese Kleidungsstücke sorgten dafür, dass sich die Haut des Trägers nicht am harten Eisen des Kettenhemdes aufscheuerte. Hinzu kam ein Schild aus Holz mit Lederbespannung, und auch der war mit Metallteilen besetzt. Den Schild schmückte das farbige Wappen des Trägers. Ein Herold hatte die Aufgabe, anhand der Wappen die Angehörigen seiner Partei zu unterrichten, wer Freund und wer Feind war. In der rechten Hand führte der Ritter eine Stoßlanze, die aus Eschen- oder Buchenholz hergestellt wurde und so schwer war, dass der Arm des Reiters schnell ermüdete. Die Lanze wurde daher später mit Haken an Ösen des Harnisches eingehängt. Die Bewaffnung der Ritter konnte durch Waffen, wie sie bei den Fußkämpfern üblich waren, ergänzt werden. Die Vollrüstung mit geschlossenem Helm, Kettenhemd und einem Panzer, der den gesamten Körper des Ritters schützte, kam erst in der Zeit der Stauferkönige in Gebrauch. Fernwaffen der Fußtruppen waren vor allem Pfeil und Bogen, hinzu kamen Steinschleudern und Wurfspeere. Zur Zeit Heinrichs II. wurden die ersten Armbrüste entwickelt, die später in verbesserter Form Reichweiten von mehreren hundert Metern erzielten und deren Bolzen eine sehr gute Treffsicherheit besaßen. Mit dem Bogen wurden auch Brandpfeile verschossen. Die Bolzen der Armbrüste und die Pfeile der Langbögen erreichten eine enorme

Durchschlagskraft, weder das Kettenhemd noch die späteren Eisenpanzer konnten den Ritter vor diesen Geschossen schützen.

Es ist ganz eigenartig, dass sich im Spätmittelalter die Feuerwaffen gegen Bogen und Armbrust durchsetzten, obwohl sich sowohl mit dem Bogen als auch mit der Armbrust wesentlich höhere Treffsicherheit und sehr große Reichweiten erzielen ließen. Vielleicht hat der charakteristische Knall, der mit dem Schuss der Feuerwaffe verbunden war, und die daraus resultierende psychologische Wirkung auf den Gegner zur Veränderung in der Waffenanwendung geführt. In der Anfangszeit der Feuerwaffen waren Armbrust und Bogen in ihrer Wirkung ihnen haushoch überlegen. Gute Bogenschützen konnten in einer Minute fünf Pfeile mit sehr hoher Zielsicherheit abschießen. Man kann sich leicht vorstellen, welche Auswirkungen der Einsatz einer größeren Anzahl von Bogenschützen in einer Schlacht besaß; in der Regel war eine solche Schlacht nach wenigen Minuten entschieden. Der Vorteil der Armbrust gegenüber dem Bogen lag darin, dass der Armbrustschütze beim Zielen den Bogen nicht gespannt halten musste und dadurch der Zugarm des Bogenschützen nicht so rasch erlahmte. Die Armbrust eignete sich daher viel besser als der Bogen zur Jagd oder zum Kampf aus dem Hinterhalt, bei dem ein Bogen lange schussbereit im Anschlag gehalten werden musste. Die Fernwaffen erfreuten sich jedoch nicht besonderer Wertschätzung, die mittelalterlichen Kämpfer liebten vielmehr den Kampf Mann gegen Mann.

Das Fußvolk trug zum Schutz höchstens einen leichten Helm, die Bewaffnung bestand aus einer primitiven Lanze, aus einer mit Eisenspitzen versehenen Holzkeule, aus einer Streitaxt, einem Kurzschwert oder einem einfachen Dolch. Neben den Waffen für den einzelnen Kämpfer führten Heere für den Fall einer Belagerung so genannte Belagerungsmaschinen mit sich oder sie wurden an Ort und Stelle gebaut. Das waren vor allem große Wurfgeschosse, Steinschleudern und Rammböcke, entweder um die belagerte Festung zu stürmen oder sie zu verteidigen. Meist wurden Belagerungstürme gebaut, von denen aus die Angreifer mit Leitern versuchten, die Mauern der belagerten

Festung zu überwinden. Die einfachste Methode jedoch war das Aushungern der Bewohner. Solche Belagerungen dauerten daher oft sehr lange und konnten nur dann erfolgreich sein, wenn der Belagerungsring keine Versorgungsmöglichkeit der hungernden Bevölkerung zuließ.

Beim offenen Kampf gab es kein Pardon. Das Kampfgeschehen lief mit hoher Brutalität ab, wobei selten Gefangene gemacht wurden. Ausnahmen waren höchstens Adelige, deren Auslösung ein hohes Lösegeld versprach. Getötete Gegner wurden nach der Schlacht ausgeraubt und blieben unbekleidet und unbestattet auf dem Schlachtfeld zurück. Die eigenen Toten hingegen wurden nach dem Kampf gesucht und beigesetzt. Eroberte Orte oder Burgen wurden zunächst geplündert und dann in Brand gesteckt. Die Frauen wurden vergewaltigt und wie die restlichen Bewohner ermordet. Die Kinder wurden oft mitgenommen und als Sklaven verkauft. Das Ziel solch rigoroser Aktionen war, dem Feind so sehr zu schaden, dass er dauerhaft geschwächt blieb.

Die Ritterheere überlebten sich allmählich, da die Ausrüstung der Kämpfer in der Spätzeit zu schwer wurden. Die Reiter konnten nicht mehr aus eigener Kraft auf die Pferde steigen, sondern mussten hinaufgehoben werden. Fiel ein Ritter in der Schlacht aus dem Sattel, konnte er sich nicht mehr erheben und wurde ein leichtes Opfer des gegnerischen Fußvolks. Ein einfacher Dolch reichte unter diesen Umständen aus, um dem Leben des Ritters ein Ende zu setzen. Deshalb rüsteten sich im 13. Jahrhundert die Fußkämpfer mit Eisenhaken aus, um die Reiter von ihren Pferden zu reißen. Die Taktik der von König Heinrich I. entwickelten Panzerreiter wurde von den Söldnerheeren abgelöst.

Am 16. August 1005 traf sich das Heer Heinrichs II. in Leitzkau zirka 20 Kilometer südöstlich von Magdeburg. Kunigunde begleitete ihren Mann bis Leitzkau und kehrte erst von dort nach Sachsen zurück. In der Lausitz vereinigte sich dann das königliche Heer mit den Aufgeboten aus Bayern und Böhmen. An der Oder kam auch noch eine Abordnung der heidnischen Lutizen hinzu. Bei Krossen an der Bober musste Boleslaw sein Lager zurücklassen, um vor der heranziehenden Übermacht zu fliehen. Das deutsche Heer verwüstete das Land zwischen Oder und Posen, bis Boleslaw Verhandlungen anbot. In der Burg Posen handelte Erzbischof Tagino von Magdeburg einen Frieden mit Boleslaw aus. Wenn auch die Quedlinburger Annalen diesen Frieden als einen »bösen« Frieden bezeichnen, so kehrte doch der König erfolgreich nach Merseburg zurück, wo ihn Kunigunde erwartete. Vermutlich bezog sich die Bemerkung in den Quedlinburger Annalen auf die Mitwirkung der heidnischen Lutizen an dem Erfolg des Königs.

Den Rest des Jahres 1005 verbrachte der König ausschließlich in Norddeutschland, vorwiegend in Sachsen. Nach den Hildesheimer Annalen feierte der Hof in diesem Jahr das Weihnachtsfest in Pöhlde.

Im Jahre 1006 hatte Heinrich II. die Anfangsschwierigkeiten seiner Regierungstätigkeit überwunden. Mit harter und strenger Hand ging er gegen seine Gegner im Lande vor, wobei er sich vor allem die Mitarbeit der Landesbischöfe sicherte. Mit ihnen organisierte er das Land neu und unterstützte gleichzeitig mit der Reformbewegung aus dem Kloster Cluny einen Geist in der Kirche, der die Grundsätze der christlichen Lehre und die Abkehr vom weltlichen Zerfall vor allem in den Klöstern und im Klerus ganz allgemein in den Vordergrund stellte. Der einschneidendste Aspekt dieser Erneuerungen war die Einführung des Zölibats. Bis zu diesem Zeitpunkt hatte die Ehelosigkeit für Priester keinen obligatorischen Zwang bedeutet. Das Zölibat galt für Klostergemeinschaften ab Anfang des 9. Jahrhunderts, bei den regulären Kanonikern ab dem 11. Jahrhundert. Der asketische Mönchsgeist aus dem Kloster Cluny wurde so gleichsam zum Regierungsprogramm Heinrichs II., mit dessen Hilfe er einen stabilen Staat schuf, der sich auf die gestärkte Macht der Reichsbischöfe stützte. Doch dass die streng hierarchische Ordnung der cluniazensischen Reformbewegung in letzter Konsequenz auch die Stellung der Päpste stärkte und diese programmatisch über weltliche Herrscher erhöhte, übersah Heinrich II.

Auch in seiner Außenpolitik konnte der König Erfolge aufweisen: Gegenüber Boleslaw Chrobry hatte er sich behauptet, Böhmen als Herzogtum erneut an die Krone gebunden und das Land bis zur Oder zurückgewonnen. In Italien zeigte er mit seinem ersten Zug über die Alpen und seiner Königskrönung in Pavia Präsenz und machte Ansprüche auf die Herrschaft über Reichsitalien geltend. Allerdings gelang es noch nicht, die Herrschaft Arduins von Ivrea gänzlich zu beseitigen.

Im Winter des Jahres 1006 blieb der Hof in Sachsen und erst im April reiste der König über Mühlhausen nach Ingelheim in die oberrheinische Tiefebene. Wichtigster Akt im Sommer des Jahres 1006 wurde während seines Aufenthalts am Oberrhein ein Treffen des Königs mit seinem Onkel, König Rudolf III. von Burgund, ein Bruder der Mutter Heinrichs II. Die Verhandlungen, die die beiden Könige führten, dürften angesichts der Kinderlosigkeit König Rudolfs III. bereits die Erbrechte Heinrichs II. für den Fall des Ablebens Rudolfs III. beinhaltet haben.

Des Weiteren war wohl auch das Bistum Basel Gegenstand der Gespräche. Aus den nachfolgenden Königsurkunden, welche die Stadt Basel betreffen, geht zweifelsfrei hervor, dass das Bistum Basel damals aus dem Königreich Burgund herausgelöst und dem deutschen Reich angegliedert wurde. Bereits zu diesem Zeitpunkt befasste sich Heinrich II. mit der Planung zum Bau des Baseler Münsters oder veranlasste die Ausführung des Projekts.

Inzwischen hatte sich in Niederlothringen Graf Balduin von Flandern gegen den König erhoben, indem er die Stadt Valenciennes widerrechtlich besetzte. Im September des Jahres 1006 versuchte Heinrich II. mehrmals, Valenciennes einzunehmen, doch offenbar hatte er nicht genügend militärische Kräfte zusammengezogen, und die Eroberung misslang. Der König musste die Aktion gegen Graf Balduin um ein Jahr verschieben. Offensichtlich hatte der König die Lage in Flandern falsch eingeschätzt. Vor allem nach dem Tod Herzog Ottos von Niederlothringen Ende des Jahres entstand im äußersten Nordwesten des Landes eine gefährliche Situation. Die Interessen von Lehnsträgern der französischen Krone kollidierten mit denen des Reiches in Flandern. Es drohte die Gefahr einer Auseinandersetzung Heinrichs II. mit Frankreich. Die flandrischen Grafen hatten sich im Kampf gegen die Wikinger militärische Erfahrung erworben und verfügten über die Mittel, starke Aufgebote zu stellen.

Heinrich II. hatte sich während seines Zuges in Richtung Flandern im Jahre 1006 an der Maas mit König Robert von Frankreich getroffen und mit ihm die gegenseitigen Interessen besprochen. Doch die Spannungen zwischen König Robert und König Heinrich II. verstärkten sich zunehmend, weil die schwierige politische Lage in Lothringen und den westlichen Randgebieten Lothringens den beiderseitigen Interessen entgegengerichtet war. Die Situation neigte sich zugunsten Heinrichs II., als er im Jahre 1007 einen ersten Erfolg in Flandern verbuchen konnte. An der Schelde wollte Graf Balduin verhindern, dass das königliche Heer den Fluss überquerte. Doch Heinrich II. griff zu einer List: Er ließ einen großen Teil seiner Truppe heimlich an anderer Stelle übersetzen. Als dieser dann Balduin angriff, gelang auch dem König der Übergang. Balduin musste fliehen. Als sich kurz darauf die Stadt Gent unterwarf, stellte sich Graf Balduin »Schönbart« von Flandern dem König freiwillig in Aachen. Es gehörte zu den besonderen Eigenschaften Heinrichs II., aus Feinden Vasallen zu machen. So überließ er Graf Balduin Valenciennes, stärkte aber gleichzeitig das Bistum Cambrai. Die Position des Herzogs von Niederlothringen blieb sieben Jahre lang vakant.

Wie im Vorjahr kehrte der Hof im Herbst 1006 nach Sachsen zurück und verlebte das Weihnachtsfest traditionell in Pöhlde. Zur Feier dieses Fests hatte der König in diesem Jahr unter anderem Erzbischof Willigis von Mainz und Bischof Bernward von Hildesheim geladen. Heinrich II. wollte den seit langer Zeit zwischen den beiden Bischöfen schwelenden Streit um den Besitz des Klosters Gandersheim endlich schlichten. Schon mehrmals hatte sich Heinrich in die Auseinandersetzung eingemischt, allerdings ohne den gewünschten

Erfolg. In Pöhlde gelang es ihm, Erzbischof Willigis endlich zum Einlenken zu bewegen und den Streit zugunsten Bernwards von Hildesheim zu beenden.

Doch schlechte Nachrichten aus Bayern veranlassten den König, noch im Winter nach Bayern zu reisen. Dort feierte er Ostern in Regensburg. Es war das letzte Mal, dass der König seine Mutter Gisela besuchen konnte. Sie starb am 21. Juli 1007 und wurde in der Stiftskirche Niedermünster zu Regensburg bestattet, während sich der König auf seinem zweiten Feldzug in Flandern befand. Über das Verhältnis Heinrichs II. zu seiner Mutter ist nichts bekannt. Es ist anzunehmen, dass Gisela von Burgund über den ausgeprägten Familiensinn ihrer Großmutter, Bertha von Burgund, verfügte, den auch Kaiserin Adelheid, ihre Tante, besaß. Aber leider verlor sie durch das von ihrem Ehemann verschuldete Schicksal sehr früh ihren Einfluss auf den Sohn. Wie sich dies auf die spätere Beziehung zwischen Mutter und Sohn ausgewirkt hat, bleibt ungewiss.

Die Eroberungen, die Heinrich II. im Jahre 1005 an der Ostgrenze des Landes gemacht hatte, gingen während seines Aufenthalts in Flandern wieder verloren. Boleslaw Chrobry gewann alle Gebiete im raschen Angriff bis an die Elbe wieder zurück.

Kapitel 8

1007

DIE GRÜNDUNG DES BISTUMS BAMBERG

Heinrich II. setzte sich so sehr für den Auf- und Ausbau der Stadt Bamberg ein, dass die Auswirkungen seiner Bemühungen noch heute in der Stadt erkennbar sind. Kaiser Otto I. gründete das Erzbistum Magdeburg und spendete viel für den Aufbau Magdeburgs, Kaiser Otto III. besaß eine besondere Vorliebe für die Städte Rom und Aachen. Heinrich II. wollte sich mit der Gründung des Bistums Bamberg sein eigenes Denkmal setzen.

Gleichzeitig beabsichtigte er mit seiner Bistumsgründung auch, an der südöstlichen Grenze des Reiches ein kirchliches Zentrum zu schaffen. Dieses sollte an strategisch wichtiger Stelle ein christliches Bollwerk darstellen und der Krone besonders verbunden sein. Mit großer Kraft und Ausstrahlung sollte das Bistum auf das heidnische slawische Umland wirken. Vielleicht veranlasste auch die landschaftliche Schönheit den Monarchen, gerade diesen Ort für sein Vorhaben zu wählen. Heinrich II. war ein tiefgläubiger Mensch. Wird diese Frömmigkeit des Herrschers in den Vordergrund gestellt, kann auch angenommen werden, dass er sich mit der Gründung des Bistums einen persönlichen Wunsch erfüllen wollte. Durch die Realisierung eines so gottgefälligen Werkes, wie es nur die Gründung eines Bistums sein konnte, erhoffte sich der Herrscher ewiges Leben. Selbstverständlich wollte er auch aus einem ihm ganz persönlich verpflichteten Bistum heraus in seinem Sinne auf die Kirche Einfluss nehmen. Es kann nicht übersehen werden, dass Heinrich II. die Kirche auf Kosten der Fürstengewalt zu stärken beabsichtigte, da er überzeugt war, damit gleichzeitig seine Königsherrschaft zu festigen. Er glaubte, dass von den Bischöfen wegen der Ehelosigkeit der Priester keine Partikularbestrebungen ausgingen, wie dies in den weltlichen Fürstenhäusern des Landes der Fall war, in denen die Fürsten sich stets um die Erhaltung und Erweiterung von Rechten und Privilegien zugunsten ihrer Familien bemühten. Es handelte sich um die Praktiken, die im weiteren Verlaufe des Mittelalters zum Niedergang der königlichen Macht führten und die in der Kleinstaaterei endeten.

Allerdings leistete Heinrich II. mit der Förderung der Kirche im Allgemeinen und mit der Klosterreform im Besonderen nach der benediktinischen (cluniazensischen) Ausprägung der Verweltlichung der Kirche im Hochmittelalter erheblich Vorschub. Bereits unter den salischen Herrschern führte dies zu ernsten Problemen im Reich. Diese Gefahr erkannte Heinrich II. nicht.

Spätjungsteinzeitliche Funde auf dem Bamberger Domberg beweisen eine sehr frühe Besiedlung des Berges. Die Höhe bot natürlichen Schutz und weiten Ausblick und stellte daher für die Menschen in prähistorischer Zeit ein sicheres Siedlungsgebiet dar. Der Berg fiel nach drei Seiten hin schroff und steil ab, nur im Westen waren zur Sicherung Wall- oder andere künstliche Schutzanlagen erforderlich. Mindestens drei Siedlungsperioden vor Christi Geburt konnten auf dem Domberg archäologisch nachgewiesen werden. Wegen des Fischreichtums der Regnitz gegenüber dem Domberg am rechten Ufer des Flusses entstand sehr früh eine Fischersiedlung. In fränkischer Zeit, um das Jahr 650 n. Chr., wurde auch der Michelsberg nördlich des Domberges besiedelt. Wenig später entstand auf dem Domberg die erste mittelalterliche Burg. Sie diente zur Sicherung der Ostgrenze des fränkischen Reiches. Zum ersten Male wurde diese Burg als »Castrum Babenberch« im Jahre 902 in einer Urkunde erwähnt. Im Verlaufe der weiteren Geschichte des Ortes gelangte Bamberg über König Konrad I. in den Besitz der Krone. Kaiser Otto II. schenkte am 27. Juni 973, wenige Wochen nach seinem Regierungsantritt, die Burg Bamberg seinem Vetter, Herzog Heinrich II. von Bayern, genannt der »Zänker«, dem Vater König Heinrichs II. Kaiserin Adelheid, die Mutter Kaiser Ottos II., veranlasste diese Schenkung, wodurch Bamberg in den Familienbesitz des bayerischen Zweiges der ottonischen Herrscherfamilie kam. Heinrich II. erbte die Burg Bamberg im Jahre 995 von seinem Vater. Als er, zum König erhoben, die Regierung des Reiches übernahm, existierte Bamberg also schon als ein kleiner Ort. Doch erst unter Heinrich II. erhielt Bamberg den entscheidenden Entwicklungsantrieb, der die Stadt zu der Größe und zu der Bedeutung brachte, wie sie sich heute darstellt: Bamberg ist eine ureigene Schöpfung Heinrichs II., die sich schon bald zu einem Kulturmittelpunkt im Süden des Landes entwickelte.

Anlässlich seiner Vermählung mit Kunigunde (siehe Kapitel 5) übertrug Heinrich II., noch als Herzog von Bayern, Bamberg als Morgengabe an seine Gemahlin. Eine solche Morgengabe war in den Fürstenhäusern der damaligen Zeit üblich, sie diente der wirtschaftlichen Absicherung der Ehefrau für den Fall, dass der Ehemann vor der Frau starb. Die Morgengabe, die Kunigunde als Besitz in Bamberg erhielt, benötigte Heinrich II. dringend zur Gründung des dortigen Bistums. Dafür entschädigte er seine Gemahlin im Jahre 1008 mit seinem Besitz Kassel (Kaufungen).

Bereits nach dem Sieg Heinrichs II. über seinen Feind, Markgraf Heinrich von Schweinfurt, im Jahre 1003 muss er mit der Planung zum Aufbau des Bistums Bamberg begonnen haben. Zunächst bestand diese Planung nur aus den Gebieten der oben erwähnten Morgengabe sowie aus Ländereien, die aus der Enteignung Markgraf Heinrichs von Schweinfurt stammten. Ein weiterer Baustein zur Verwirklichung des Bamberger Bistums bildete der Verzicht von Heinrichs Bruder Brun auf seine Erbansprüche anlässlich seiner Ernennung zum Bischof von Augsburg im Jahre 1006. Für ein Bistum war das dadurch gewonnene Gebiet jedoch noch zu klein. Allerdings gab Heinrich II. bereits 1003 den Auftrag, auf dem Bamberger Domberg eine vorhandene kleine Kirche durch einen Dom zu ersetzen. Der noch unvollendete erste Dombau wurde am Geburtstag des Königs, am 6. Mai 1007, geweiht.

Im Jahre 1007 hatte Heinrich II. die Hoffnung auf Kindersegen so gut wie aufgegeben, deshalb übertrug er vordergründig seine Bamberger Besitzungen wie eine Erbschaft an die dortige Kirche, tatsächlich handelte es sich um einen ersten konkreten Schritt zur Bistumsgründung. Im Mai fand in Mainz eine Synode statt, bei der die Modalitäten für die Gründung des neuen Bistums besprochen und verabredet wurden. Die Gründung war nur unter der Bedingung möglich, dass die Bischöfe von Würzburg und Eichstätt zugunsten Bambergs auf einen Teil ihres Sprengels verzichteten. Dies war nach den Regeln der Kirche eigentlich nicht erlaubt, doch hatte es bereits unter Kaiser Otto I. bei der Gründung des Erzbistums Magdeburg zu einem guten Teil auf Kosten des Bistums Halberstadt und auch bei Kaiser Otto II. mit der Aufhebung des Bistums Merseburg Vorgänge gegeben, mit denen diese Regeln hinsichtlich des Bestands eines Bistums verletzt worden waren. Auf der Mainzer Synode erreichte Heinrich II. vor allem die Zustimmung Erzbischof Willigis' von Mainz. Am 25. Mai 1007 wurde die Gründung des Bistums beschlossen. Schon zuvor hatte der König mit Bischof Heinrich von Würzburg über die Bedingungen verhandelt, die diesen zur Abtretung einiger Gebiete seines Kirchensprengels veranlassen könnten. In zwei Urkunden ausgestellt am 7. Mai 1007 in Würzburg (MGH DD H II Nrn. 174, 174 a und 175) wurden wie bei einem Tauschgeschäft die Grundlagen für die Errichtung des Bistums verabredet. Der König überließ dem Würzburger Bischof die Orte Meiningen mit der Meininger Mark, Walldorf und den Hof Altechendorf. Dafür erhielt die Diözese Bamberg den Rednitzgau, das heißt das Gebiet um den unteren Lauf der Regnitz mit Ausnahme von drei Pfarrkirchen, und einen Teil des Volkfeldgaus, der bei Bamberg lag. Zusammen mit den Gebieten, die der König selbst beigesteuert hatte, erreichte das zukünftige Bistum nun eine angemessene Größe. Vergleicht man die Flächen des Tauschgeschäfts, so fällt auf, dass Bischof Heinrich von Würzburg ein offensichtlich schlechtes Geschäft machte. Doch Thietmar von Merseburg berichtet, dass der König während der Verhandlungen versprochen hatte, sich für die Errichtung eines Erzbistums Würzburg einzusetzen, zu dem dann auch Bamberg gehören sollte. Unter einer solchen Bedingung wird die Zustimmung des Würzburger Bischofs natürlich verständlich. Als Zeichen für seine Zustimmung übergab der Bischof dem König seinen Bischofsstab.

Doch bei einiger Überlegung hätte Heinrich von Würzburg bedenken müssen, dass die Einrichtung eines Erzbistums Würzburg nur auf Kosten des Erzbistums Mainz erfolgen und dass Erzbischof Willigis von Mainz, der als Reichskanzler zudem noch eine einzigartige Stellung im Reich nördlich der Alpen besaß, solchen Plänen niemals zustimmen konnte. Heinrich II. hat Bischof Heinrich von Würzburg die Einrichtung des Erzbistums Würzburg nicht verbindlich zugesagt, sondern versprochen, sich dafür einzusetzen. Inwieweit er diesem Versprechen nachgekommen ist, bleibt unklar. Es darf bei dem guten Verhältnis, das der König zu Willigis von Mainz pflegte, durchaus damit gerechnet werden, dass das Thema angesprochen worden ist. Doch Erzbischof Willigis war schon durch den Gandersheimer Kirchenstreit sensibilisiert. Für ihn stellte sich ein Erzbistum Würzburg nicht zur Diskussion.

Als Heinrich II. im Anschluss an die Mainzer Synode Verbindung zu Papst Johannes XVIII. suchte, dürfte er es vermieden haben, den Papst mit den Gedanken zur Gründung eines Erzbistums in Würzburg zu verunsichern. Der König schickte seine Kapläne Alberich und Ludwig mit einem Schreiben nach Rom. Papst Johannes XVIII. übersandte Heinrich II. in einer sehr freundlichen Antwort auf seine Gesandtschaft die Zustimmung zur Gründung des Bistums Bamberg und stellte dieses Bistum gleichzeitig unter seinen persönlichen Schutz. Damit schuf Johannes XVIII. in Bamberg ein Novum. Einerseits unterstand Bamberg als Suffraganbistum dem Mainzer Erzbischof, andererseits aber genoss Bamberg den ausdrücklichen Schutz des Papstes. Der Vorgang ist mit der Reichsunabhängigkeit einiger Klöster vergleichbar. Über die Einrichtung eines Erzbistums in Würzburg wurde zwischen Papst Johannes XVIII. und König Heinrich II. jedoch nicht gesprochen.

Für den 1. November 1007 ließ der König zu einer Reichssynode nach Frankfurt rufen, auf der die Einrichtung des Bistums Bamberg proklamiert werden sollte. Nahezu alle Bischöfe des Landes versammelten sich dort. Brüskiert über seine vermeintliche Täuschung erschien Bischof Heinrich von Würzburg jedoch nicht in Frankfurt und ließ durch seinen Boten, Kaplan Berengar, sein Veto zur Gründung des Bistums Bamberg aussprechen. Heinrich II. musste nun befürchten, dass sein Werk in buchstäblich letzter Minute scheitern könnte. Totenstille und ungläubiges Staunen entstand unter den Herren im großen Saal des Palasts der Frankfurter Königspfalz: Soeben hatte Kaplan Berengar das Veto seines Bischofs, Heinrichs von Würzburg, gegen die Gründung des Bistums Bamberg verlesen, da warf sich der König vor der Versammlung auf den Saalboden. Erzbischof Willigis von Mainz erholte sich als Erster von dem Schrecken, den die Tagungsteilnehmer erlitten; er beugte sich zum König nieder und hob ihn wieder auf, worauf der Herrscher auf seinem erhöhten Sitz Platz nahm. Der Vorgang wiederholte sich mehrere Male im Verlaufe der Verhandlungen immer dann, wenn der Gang der Gespräche eine ungünstige Situation für die Absicht des Königs heraufbeschwor, in Bamberg ein Bistum zu gründen. Endlich stand der König auf und hielt folgende Ansprache:

»Um der künftigen Wiedervergeltung willen habe ich Christus zu meinem Erben erwählt, denn auf Nachkommen kann ich nicht mehr hoffen. Längst habe ich insgeheim meinen vorzüglichsten Besitz, mich selbst samt den von mir erworbenen oder noch zu erwerbenden Gütern, dem ungeborenen Vater als Opfer dargebracht. Schon immer trage ich mich mit dem Plane, zu Bamberg im Einverständnis mit meinem Bischof *(Heinrich von Würzburg)* ein Bistum zu errichten, und heute will ich diesen berechtigten Wunsch verwirklichen. Deshalb erbitte ich jetzt von eurer aufrichtigen Ergebenheit Zustimmung dafür, dass die Abwesenheit eines Mannes, der von mir etwas verlangt, was ich ihm nicht zugestehen darf, meinen Plan nicht behindern soll; zeigt doch sein Stab als Zeichen gegenseitiger Übereinkunft, dass er nicht um Gottes willen ausgeblieben ist, sondern aus Ärger über die Verweigerung einer Würde, die er niemals erlangen kann. Alle Anwesenden sollten bedenken, dass er aus reinem Ehrgeiz durch die Vorwände seiner Botschaft eine Mehrung unserer heiligen Mutter Kirche zu hindern sucht. Zur sicheren Begründung dieses Bistums tragen in gütiger Freigebigkeit bei meine hier anwesende Gemahlin und mein einziger Bruder und Miterbe *(Bischof Brun von Augsburg)*, und beide dürfen gewiss sein, dass ich sie zufrieden stellend dafür entschädigen werde. Auch der Bischof *(Heinrich von Würzburg)* wird mich bestimmt zu allem bereit finden, was euch richtig erscheint, falls er sich einfindet und in die Erfüllung seines Versprechens einwilligt.« (Thietmar von Merseburg: »Chronik VI«, 31, in der Übersetzung von Werner Trillmich)

Die Gegenrede hielt der Würzburger Kaplan Berengar, der die Vorstellungen seines Dienstherrn anschaulich darlegte. Dabei ging er vor allem noch einmal auf das angebliche Versprechen des Königs ein, sich für die Errichtung eines Erzbistums Würzburg einzusetzen. Das Verhalten des Königs und seine Worte verfehlten jedoch letztlich nicht ihre Wirkung und die Gründung des Bistums wurde ohne die Zustimmung Bischof Heinrichs von Würzburg durch den besonderen Einsatz der Erzbischöfe Willigis von Mainz und Taginos von Magdeburg beschlossen. 31 Bischöfe haben die Gründungsurkunde unterschrieben, darunter neben Erzbischof Willigis von Mainz so berühmte Kleriker wie Bernward von Hildesheim, Heribert von Köln und Tagino von Magdeburg; auch Heinrichs Bruder, Bischof Brun von Augsburg, unterzeichnete. Neben Bischof Heinrich von Würzburg fehlte unter anderem auch der Bruder der Königin, Bischof Dietrich von Metz, worauf im folgenden Kapitel noch eingegangen wird.

Da das Bistum Würzburg keine Missionsarbeit in den östlich angrenzenden slawischen Gebieten betrieben hatte, wurde das Bistum

Bamberg nach dem Willen des Königs zum Missionsbistum bestimmt und damit von steuerlichen und anderen Staatspflichten befreit.

Während des gemeinsamen abendlichen Essens wandte sich Berengar vertrauensvoll an Erzbischof Willigis und sagte: »Unter uns gesagt, lieber Vater, ich fand es sehr erniedrigend, wie sich unser Herr König heute während der Sitzung benommen hat.« Willigis wurde ernst und antwortete: »Lieber Bruder in Christi, ich fürchte du hast unseren Herrn König gründlich missverstanden. Diese vor dem Episkopat unseres Landes demonstrierte Unterwerfung des Königs darf nicht mit einer Erniedrigung der Person gleichgesetzt werden. Vielmehr zeigt unser Herr hier seine Einordnung in das System der benediktinischen Klosterregel nach der Reform aus dem Kloster Cluny. Unser König will uns damit sagen, dass er, der König, nur ein Teil unserer Mutter Kirche ist und als solcher in diesem Sinne für sie handelt. Damit will er von vornherein alle weltlichen Unterstellungen ausschließen. Unter dieser Bedingung konnten wir als Vertreter unserer Kirche die Gründung des Bistums Bamberg nicht mehr ablehnen.«

Nachdem alle Anwesenden die Gründungsurkunde unterschrieben hatten (MGH DD H II Nr. 143), ließ der König den damaligen Leiter seiner Reichskanzlei, Eberhard, einen engen Vertrauten des Königs, durch Erzbischof Willigis von Mainz unverzüglich zum ersten Bischof von Bamberg weihen. Der neue Bischof erhielt gleichzeitig das Privileg der gräflichen Gerichtsbarkeit. Zusammen mit der päpstlichen Schutzbulle bedeutete dies die Reichsunmittelbarkeit. Da Heinrich II. nicht ganz auf Eberhard von Bamberg in seiner Hofkanzlei verzichten wollte, übernahm der Bischof die italienische Abteilung der Kanzlei, damit er für sein Bischofsamt entlastet wurde. Es spricht für Heinrich II., dass er damals Gunther, einen Sohn seines verstorbenen großen Gegners im Kampf um die Krone, Ekkehards von Meißen, zum Nachfolger auf dem Posten des Hofkanzlers für Deutschland bestellte. Gunther wurde später zum Erzbischof von Salzburg ernannt. Nach dem Tod Erzbischof Willigis' von Mainz am 23. Februar 1011 beförderte der König Eberhard von Bamberg zum

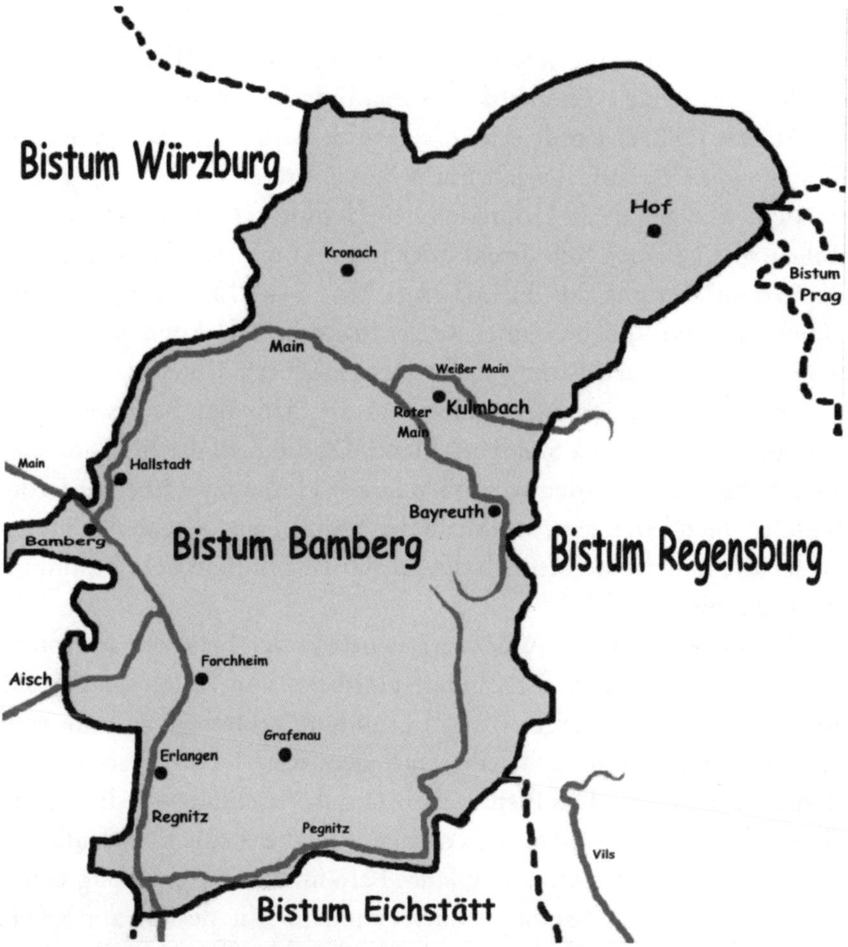

Karte 4: Das Kerngebiet des Bistums Bamberg; weiterer Besitz verteilte sich verstreut über ganz Süddeutschland.

Erzkanzler der italienischen Abteilung seiner Hofkanzlei. Da der König gleichzeitig einen neuen Kanzler einsetzte, hat Eberhard von Bamberg das Amt des Erzkanzlers, wie auch Erzbischof Willigis von Mainz, nicht wirklich ausgeübt, sondern den Titel nur als eine besondere Ehrung getragen. Eberhard von Bamberg gründete bereits im Jahre 1007 das erste Bamberger Stift, St. Stephan. Im Jahre 1015 ließ

Eberhard von Bamberg das Kloster St. Michael auf dem Michelsberg erbauen, es ist das älteste Kloster Bambergs. Seinen Bischofssitz an der Regnitz behielt Eberhard von Bamberg bis zu seinem Tod am 13. August 1040, er wurde etwa 67 Jahre alt. Sein Grab im Bamberger Dom ging im Verlaufe der Jahrhunderte verloren.

Nicht weniger als 29 Urkunden ließ Heinrich II. in Frankfurt ausstellen; alle befassen sich direkt oder indirekt mit der Gründung des Bamberger Bistums (MGH DD H II Nrn. 143–171). Insgesamt ließ Heinrich II. im Verlaufe seiner Regierungszeit 75 Urkunden zugunsten des Bamberger Bistums ausfertigen. Dadurch erhielt das Bistum neben dem fest umrissenen Gebiet um die Stadt Bamberg weit verstreuten Besitz in ganz Süddeutschland. Da die Zahl der für Bamberg ausgefertigten Urkunden so groß war, sah Hofkanzler Eberhard von Bamberg sich veranlasst, innerhalb der Kanzlei eine eigene Abteilung zu schaffen, die ausschließlich die für das Bistum Bamberg bestimmten Urkunden schrieb.

Bischof Heinrich von Würzburg wurde in der Folgezeit auf Intervention seines Bruders, Erzbischof Heriberts von Köln, weitgehend für die bei der Bamberger Bistumsgründung erlittenen Verluste entschädigt und konnte sich daher mit den vom König geschaffenen Tatsachen abfinden. Das Bistum Eichstätt, das ebenfalls von der Gründung des Bamberger Bistums betroffen war, aber keine Entschädigungen erhielt, erklärte sich erst im Jahre 1016 mit der Eingrenzung seines Gebiets zugunsten Bambergs einverstanden. Mit der Bistumsgründung in Bamberg gelang Heinrich II. sein erster großer Erfolg hinsichtlich der von ihm geplanten programmatischen Erneuerung des Reiches nach Kaiser Otto III.

Schon bald nach der Gründung des Bamberger Bistums förderte Heinrich II. mit zahlreichen Schenkungen den Aufbau einer Domschule in Bamberg. Der Ort sollte also nicht nur ein militärisches und kirchliches Zentrum in Franken werden, sondern es sollte auch zu einem Ort der wissenschaftlichen Forschung und der Bildungsvermittlung werden. Die Bamberger Domschule entwickelte sich dank der hervorragenden Unterstützung durch den Herrscher sehr schnell zu einer blühenden Bildungsstätte. Aus allen Teilen des Reiches ließ Heinrich II. Schriften, Bücher und andere Kulturgüter nach Bamberg senden und berühmte Lehrer an die Domschule rufen. Sehr rasch erreichte die Domschule ein hohes Ausbildungsniveau, das dem der berühmten Domschulen in Hildesheim, Magdeburg und Lüttich gleichkam. Lehrer, die die Chance bekamen, in Bamberg unterrichten zu dürfen, hatten unter Heinrich II. gute Aussichten auf eine große Karriere in der Hofkanzlei oder in der Kirche. Bis ins 13. Jahrhundert gelang es den Lehrern der Bamberger Domschule, das hohe Niveau und die landesweite Bedeutung der Schule zu bewahren.

Nach Beendigung der Gründungssynode des Bamberger Bistums in Frankfurt am Main reiste der Hof keinesfalls nach Bamberg, wie es zu vermuten wäre, sondern der König wandte sich erneut nach Sachsen, wo er wie im Vorjahr das Weihnachtsfest in Pöhlde feierte.

Kapitel 9

1008–1013

AUSEINANDERSETZUNGEN MIT DER LUXEMBURGISCHEN VERWANDTSCHAFT

Das Osterfest des Jahres 1008 feierte der Hof in Regensburg. Dort erhielt der König durch Abgesandte der Lutizen die Nachricht, dass sich Boleslaw Chrobry mit Gedanken über neue Eroberungszüge westlich seines Landes bis an das östliche Ufer der Elbe trug. Heinrich II. ließ Boleslaw nach eingehender Beratung durch dessen Schwiegersohn, Markgraf Hermann von Meißen, der mit Reglindis, der Tochter Boleslaws, verheiratet war, den im Jahre 1005 geschlossenen Frieden aufkündigen. Boleslaw Chrobry drang daraufhin sofort mit seinem Heer bis vor die Tore von Magdeburg. Schließlich nahm er durch eine List die Burg Zerbst, besetzte erneut die Lausitz und belagerte die Burg Bautzen. Vergeblich hoffte Markgraf Hermann auf Unterstützung aus dem Reich. Boleslaw ließ durch Unterhändler mitteilen, dass er die Burg unversehrt zu übernehmen wünschte. So konnte der Markgraf wenigstens einen siebentägigen Waffenstillstand aushandeln. In dieser Zeit brach er selbst auf, um in Magdeburg und Sachsen Hilfe zu erbitten. Erfolglos sandte er Boten an alle Fürsten, während die Lage in der Burg, trotz verzweifelter Gegenwehr, immer aussichtsloser wurde. Schließlich erwirkte die Burgbesatzung bei Boleslaw Chrobry freien Abzug und übergab die Burg Bautzen dem Herzog. Unglücklicherweise befand sich der König während dieser Ereignisse im Westen des Landes, wo ihn akute Vorfälle zum Eingreifen zwangen.

Schon mehrfach wurde in den vorangegangenen Kapiteln erwähnt, dass sich das Verhältnis Heinrichs II. zu seiner luxemburgischen Verwandtschaft, besonders zu den Brüdern seiner Gemahlin, zunehmend problematisch gestaltete. Offenbar hatten sich die Luxemburger von der verwandtschaftlichen Verbindung mit dem Königshaus mehr Vorteile erhofft, als der König gewähren wollte oder konnte.

Bereits am 21. März 1004 auf dem Reichstag zu Regensburg, kurz vor der Abreise zu seinem ersten Italienzug, hatte Heinrich II. seinen Schwager Heinrich von Lützelburg (Luxemburg) zum Herzog von Bayern ernannt. Allerdings gelang es Herzog Heinrich V. von Bayern nicht, seine Herrschaft in Bayern erfolgreich durchzusetzen. Vorsorglich trennte der Herrscher das Herzogtum Kärnten wieder von Bayern ab und gab es in der Folgezeit seinen entfernten Verwandten, den Nachkommen aus der Verbindung Herzog Konrads des Roten mit Liutgard, der Tochter Ottos des Großen. An Privatgut blieb dem neuen Herzog von Bayern wegen der zahlreichen Stiftungen des Königs vor allem an das Bistum Bamberg und der vielen Güter der Königin, die Heinrich II. seiner Gemahlin als Wittum übergeben hatte, nicht viel erhalten.

Am 6. oder 7. April 1008 starb Erzbischof Liudolf von Trier. Als Nachfolger wählte das Trierer Domkapitel den Propst von St. Paulinus, Adalbero, den jungen und unerfahrenen Bruder der Königin, ohne zuvor die Zustimmung des Königs einzuholen. Die Übernahme des Erzbistums Trier hätte die Lützelburger zur stärksten Macht im Westen des Landes erhoben und ihnen mit den Bistümern Metz und Trier und der Ardennengrafschaft, die Kunigundes Bruder Friedrich besaß, ein riesiges zusammenhängendes Gebiet an der Grenze zu Frankreich beschert. Außerdem hatte der König Gerhard, den Gemahl der Eva, einer Schwester Königin Kunigundes, mit einer Grafschaft im Elsass belehnt.

Doch mit der erneuten Brüskierung des Königs überspannte die luxemburgische Verwandtschaft das Verhältnis zu Heinrich II. endgültig. Der erfolglose Herzog Heinrich V. in Bayern und die eigenmächtige Besetzung des Metzer Bistums waren dem König in guter Erinnerung. Seine Rücksichtnahme auf die Gefühle seiner Gemahlin hatte nun ein Ende. Tief verärgert über die immer wieder auftretenden Eigenmächtigkeiten seiner angeheirateten Verwandtschaft fasste Heinrich II. einen folgenreichen Entschluss. Er versagte, trotz der Bitte seiner Gemahlin, Adalbero die Zustimmung zu seiner Bischofsweihe und bestimmte Dompropst Meingaud, den Kämmerer des Erzbischofs Willigis von Mainz, zum Erzbischof in Trier. Die Trierer Anhängerschaft Adalberos ging daraufhin in den bewaffneten Aufstand gegen den König und befestigte die Königspfalz in der Stadt.

Die Aneignung der Königspfalz bedeutete eine weitere Brüskierung des Herrschers. Heinrich II. sah sich zum militärischen Eingreifen gezwungen. Er begab sich mit seinem Heer nach Trier, ließ Meingaud zum Erzbischof weihen, Adalbero exkommunizieren und belagerte 16 Wochen lang die Königspfalz. Schließlich sandte der König seinen Schwager, Herzog Heinrich V. von Bayern, mit einem Verhandlungsauftrag in die Pfalz. Obwohl dieser dabei erfuhr, dass sich die Verteidiger der Pfalz unmittelbar vor der Aufgabe und Unterwerfung befanden, verschwieg er dies gegenüber dem König und erwirkte für Adalbero und die Pfalzbesatzung den freien Abzug. Allerdings blieb dem König das Vorgehen seines Schwagers nicht lange verborgen. Die gefühlsbetonte Reaktion Heinrichs II. lässt sich leicht erahnen. Hingegen belastete die sich nun anbahnende langjährige Auseinandersetzung mit seiner luxemburgischen Verwandtschaft das gute Einvernehmen zwischen Heinrich II. und seiner Gemahlin Kunigunde offenbar nicht.

Trotz schlechter Nachrichten aus dem Osten des Reiches musste sich Heinrich II. im Jahr 1008 mit nur einer kurzen Unterbrechung im Westen des Landes aufhalten. Vor allem war dem König daran gelegen, zu verhindern, dass nach den Auseinandersetzungen in Trier Herzog Heinrich V. von Bayern in sein Herzogtum zurückkehren konnte. Inoffiziell kam diese Maßnahme bereits einer Absetzung des Herzogs gleich. Natürlich versuchte der Herzog heimlich nach Bayern zurückzukehren, doch als er von Maßnahmen des Herrschers gegen ihn hörte, gab er sein Vorhaben wieder auf. Nur zur Feier des Weihnachtsfests hielt sich der Herrscher in der traditionellen sächsischen Weihnachtspfalz in Pöhlde auf. Bereits im März des Jahres 1009 befand er sich wieder im Westen und wandte sich von dort rheinaufwärts nach Frankfurt und Bayern.

Im Mai des Jahres 1009 enthob der König mit der Zustimmung des bayerischen Adels auf einem Hoftag in Regensburg seinen Schwager, Herzog Heinrich V. von Bayern, offiziell seines Amtes. Das Herzogtum Bayern blieb vorerst in der königlichen Verwaltung, die Amtsgeschäfte des Herzogs wurden von der Königin im Auftrage ihres Gemahls treuhänderisch wahrgenommen. Den Aufsehen erregenden außergewöhnlichen Entschluss begründete der König mit dem Verhalten des Herzogs bei der Belagerung der Trierer Königspfalz. Immerhin scheint es Heinrich II. ratsam gewesen zu sein, anlässlich des Hoftages in Regensburg auch die bayerischen Landesfürsten an ihre dem König geleisteten Eide zu erinnern.

Im Sommer des gleichen Jahres drang der König mit seinem Heer in die Länder seiner Lützelburger Verwandtschaft ein, ohne seine Schwager fassen zu können. Überall ließ er große Zerstörungen anrichten. Die slawischen Verbündeten des Königs plünderten und zerstörten sogar die Abtei St. Martin westlich von Metz am St. Quentin. Heinrich II. ließ die Abtei später aus seinen eigenen Mitteln wieder aufbauen. Die Stadt Metz wurde belagert, konnte jedoch nicht eingenommen werden.

Der Krieg des Königs gegen die Luxemburger richtete sich gegen alle Schwager des Herrschers: Bischof Dietrich von Metz, den abgesetzten Herzog Heinrich V. von Bayern, den verhinderten Erzbischof Adalbero von Trier, Graf Friedrich von Lützelburg und Graf Gerhard vom Elsass. Es ging den Luxemburgern in ihrem Streit gegen den König nicht nur um das entgangene Erzbistum Trier, auch die Gründung des Bistums Bamberg sahen sie sehr kritisch, weil diese ihre Aussichten auf eine reiche Erbschaft erheblich schmälerten. Lediglich um für einen Feldzug, den der König für den nächsten Sommer gegen

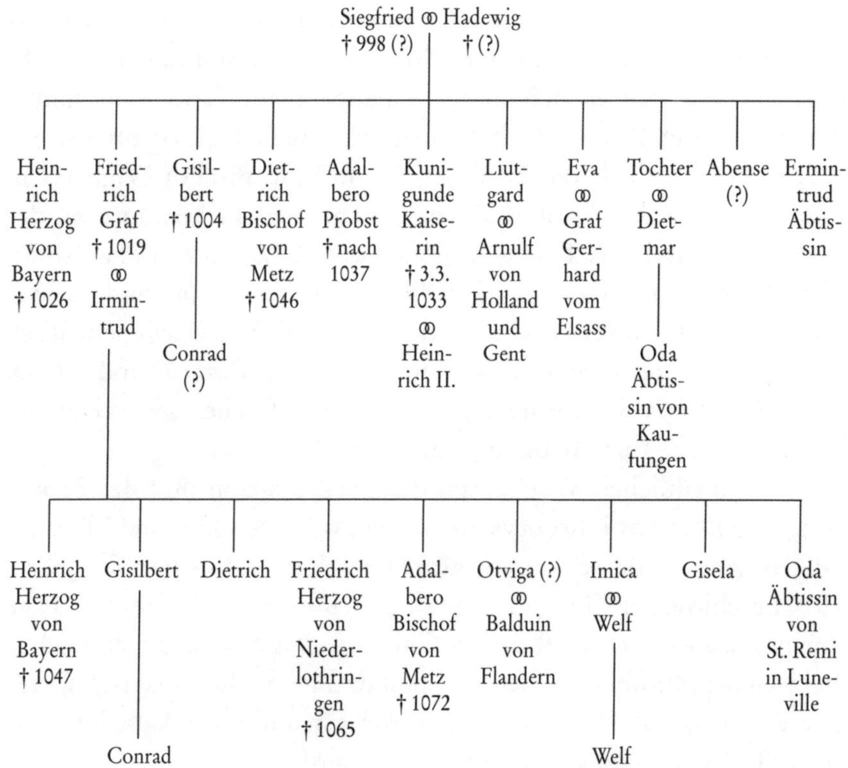

Bild 9: Die Familie Kaiserin Kunigundes

Boleslaw Chrobry plante, den Rücken im Westen des Landes frei zu haben, vereinbarte Heinrich II. im Herbst des Jahres 1009 in Mainz mit den Luxemburgern einen halbherzigen Frieden, doch der Konflikt schwelte weiter. Ohne einen abschließenden militärischen Erfolg verbuchen zu können, beschloss der Hof auch das Jahr 1009 in der Königspfalz Pöhlde.

Am 24. März 1009 war Bischof Wigbert von Merseburg gestorben. Schon zuvor hatte sich Erzbischof Tagino von Magdeburg als möglichen Nachfolger Thietmar gewünscht, der zu der Zeit Propst von Walbeck war. Diesen Posten hatte Thietmar nicht aufgrund seiner

Verdienste inne, wie er selbst bemerkte, sondern wegen seiner familiären Beziehungen. Thietmar wollte das Bischofsamt zunächst nicht übernehmen, weil er sich dieser Aufgabe nicht gewachsen fühlte. König Heinrich II. zögerte, bis Thietmar endlich doch zustimmte.

Der König erhielt die Nachricht vom Tode Bischof Wigberts in Frankfurt. Am 24. April 1009 wurde Thietmar in Neuburg an der Donau im Beisein des Königs von Erzbischof Tagino von Magdeburg zum Bischof von Merseburg gesalbt. Durch diese Ernennung wurde der Bischof, der die Geschehnisse der Zeit für seine Zwecke schriftlich festhielt, für die heutige Geschichtsschreibung des 10. und frühen 11. Jahrhunderts ein Chronist, der durch seine Bücher unverzichtbare zeitgenössische Informationen lieferte.

Die schmählichen Vorfälle um die Burg Bautzen und der Eroberungszug Boleslaw Chrobrys im Gebiet zwischen Oder und Elbe verlangten eine deutliche Antwort des Herrschers. Zu Ostern des Jahres 1010 beschloss der König in Regensburg einen neuen Kriegszug gegen den polnischen Herzog Boleslaw Chrobry. Das Heer sammelte sich in Belgern bei Mühlberg an der Elbe und drang von dort aus nach Osten in die Lausitz vor. Doch bevor es zu Kriegshandlungen kam, erkrankte der König und musste den Heerzug abbrechen.

Immerhin entschlossen sich die teilnehmenden Fürsten, einen Teil des Heeres unter Mitwirkung der Bischöfe Arnulf von Halberstadt und Meinwerk von Paderborn sowie Herzog Jaromir von Böhmen, Markgraf Gero von der Ostmark und Markgraf Hermann von Meißen nach Schlesien zu entsenden. Dort verwüsteten sie Gebiete um Glogau, Nimptsch und am Zobten. Um Boleslaw ernsthaft zu gefährden, war die Truppe allerdings zu schwach. Von der Festung Glogau aus hatte Boleslaw die kleine Streitmacht persönlich beobachtet und, um seine eigenen Kräfte zu schonen, unbehelligt weiterziehen lassen.

Die Kampfkraft einer solchen Streitmacht resultierte aus dem Vorhandensein berittener Soldaten, den Rittern. Diese Ritter aus dem niederen Dienstadel schufen sich schon bald einen besonderen Ehrenkodex. Es gab Verhaltensmuster, die eingehalten werden mussten, dazu gehörten die Ächtung von Hinterhalten und Mordtaten. Differenzen wurden im offenen Zweikampf Mann gegen Mann ausgetragen. Auch die Fehde, die angesagt werden musste, galt als ehrenvoller Kampf. Während zur Zeit Heinrichs II. der Zugang zur Schicht der berittenen Krieger noch jedermann offen stand, schloss man zur Zeit der Staufer den Ritterstand nach unten ab.

Nunmehr konnte nur noch der hoffnungsvolle Knabe zum Ritter aufsteigen, der nachweisen konnte, dass Vater und Großvater schon Ritter gewesen waren. Eine besondere Bildung erhielten die Ritter erst mit dem Entstehen der spezifischen ritterlichen Kultur, die durch die Ritterorden, Minnesänger und die mittelhochdeutsche Dichtkunst zum Ausdruck kam. Zuvor erhielt der Ritternachwuchs lediglich eine sportlich-militärische Ausbildung, die natürlich am königlichen Hof ganz anders aussah als auf einer Ritterburg im Thüringer Wald. In den meisten Fällen kam der spätere Ritter in jungen Jahren auf die Burg eines befreundeten Ritters. Hier diente er zunächst als Page der Burgherrin. Mit zunehmendem Alter avancierte der Page mit 14 oder 15 Jahren zum Knappen des Ritters. Er hatte dessen Waffen und Pferde zu pflegen und zog mit ihm in die Schlacht. Dafür erhielt er vom Ritter seine militärische Ausbildung. Hatte sich der Knappe im Dienst für seinen Ritter bewährt, dann erhielt er die »Schwertleite« und konnte nun entweder den Familienbesitz des Vaters übernehmen oder sich im Dienst für den König um die Vergabe eines eigenen Lehens bemühen. Zum Katalog der Eigenschaften, die den Ritter auszeichnen sollten, gehörten Mut, Tapferkeit, Zuverlässigkeit, Ausdauer und Beharrlichkeit, aber auch Treue, Milde, Keuschheit, Frömmigkeit und Freigebigkeit gegenüber armen und schwachen Menschen.

Am 22. September 1010 kehrte das Heer ohne Verluste nach Merseburg zurück, wo sich der König inzwischen von seiner Erkrankung erholt hatte. Im Herbst des Jahres 1010 befand sich der Herrscher schon wieder im Westen des Reiches und verbrachte das Weihnachtsfest in der Pfalz Frankfurt.

Am 23. Februar 1011 starb Erzbischof Willigis von Mainz. Willigis stammte aus einer freien Bauernfamilie, die am Ostrand des Harzes lebte. Seinen enormen Aufstieg ermöglichte ihm Kaiser Otto II., für den er auf Weisung Kaiser Ottos I. ab 969 als Lehrer und Berater diente. Im Jahre 975 ernannte Kaiser Otto II. Willigis zum Erzbischof von Mainz und gleichzeitig zum Erzkanzler des Reiches. Mit Kaiser Otto II. und seiner Gemahlin Theophanu pflegte der Erzbischof vertrauten Umgang. Nach dem frühen Tod Ottos II. wurde Willigis zum unverzichtbaren Berater Kaiserin Theophanus. Ihr und damit auch ihrem Sohn, Kaiser Otto III., rettete er durch seine klare sachliche Politik und durch seine hervorragende Diplomatie den Thron. Unter der Herrschaft Kaiser Ottos III. vorübergehend etwas in den Hintergrund getreten, schenkte ihm Heinrich II. wieder volles Vertrauen. Erzbischof Willigis von Mainz gehörte zu den bedeutendsten Politikern des späten 10. und frühen 11. Jahrhunderts. Da sich der König im Südwesten des Landes befand, als Erzbischof Willigis starb, ist anzunehmen, dass der Herrscher an der Trauerfeier und Beisetzung des Erzbischofs teilnahm. Zum Nachfolger des verstorbenen Erzbischofs bestimmte der König Abt Erkanbald von Fulda.

Abgesehen von einem kurzen Abstecher während des Winters nach Sachsen, hielt sich der König fast ein halbes Jahr in Süddeutschland auf. Am 2. Juli 1011 trafen sich die Reichsgrößen zu einem Hoftag in Mainz. Hier wurde erfolglos über einen Frieden mit den Luxemburgern verhandelt. Wie unbefriedigend diese Verhandlungen verliefen, zeigt ein Ereignis im unmittelbaren Anschluss an den Mainzer Hoftag. Der königstreue Herzog Dietrich von Oberlothringen und Bischof Heimo von Verdun verließen Mainz in Richtung Süden, um nach Oberlothringen zurückzukehren. Bei der Stadt Alzey brachen plötzlich bewaffnete Reiter aus einem Hinterhalt hervor, die sich sofort auf den ahnungslosen Trupp des Herzogs und des Bischofs stürzten. Sogleich wurden die meisten Angehörigen des Zuges getötet. Bischof Heimo gelang es zu fliehen, doch der Herzog geriet verwundet in Gefangenschaft. Die Straßenräuber – anders können sie nicht genannt werden –, die diese Tat verübten, waren Pfalzgraf Ezzo und der abgesetzte Herzog Heinrich, der Schwager des Königs, mit ihren Gefolgsleuten. Beide hatten ebenfalls am Hoftag in Mainz teilgenommen. Herzog Dietrich wurde auf die Tomburg in der Nähe von Rheinbach gebracht. Die Burg gehörte zum Besitz des Kölner Pfalzgrafen Ezzo. Später konnte der Herzog jedoch durch Geiselstellung befreit werden.

Der Vorfall zeigt in aller Deutlichkeit, wie sicher und wie mächtig sich die Lützelburger fühlten und dass sie darüber hinaus mit Pfalzgraf Ezzo sogar einen engen Verbündeten aus dem weiteren Familienverband besaßen. Ezzo hatte durch seine Heirat mit Mathilde, der Schwester Kaiser Ottos III., im Jahre 991 einen enormen Anstieg seines Ansehens im Reichsfürstenkollegium gewonnen und sich nach dem Tode Ottos III. gegen Heinrich II. um die Königswürde beworben. Es gab für den König also genügend Gründe, die Situation im Westen des Reiches sehr ernst zu nehmen. Der Überfall des Pfalzgrafen auf die königstreuen Teilnehmer am Mainzer Hoftag blieb ungesühnt.

Der Hof zog von Mainz und Trebur aus in aller Ruhe nach Norden, weilte im August in der Königspfalz Kaufungen und reiste dann weiter nach Sachsen, wo man das Weihnachtsfest wieder in Pöhlde feierte.

Im Sommer des Jahres 1012 gelang es dem König anlässlich eines Treffens mit Pfalzgraf Ezzo, diesen aus dem Bündnis mit den Luxemburgern zu lösen. Allerdings musste Heinrich II. dem Pfalzgrafen erhebliche Zugeständnisse machen. Dazu gehörte vor allem die Besitzbestätigung der Reichsgüter, die Otto III. seiner Schwester Mathilde, der Ehefrau des Pfalzgrafen, übereignet hatte. Zusätzlich erhielt Ezzo aus der Hand des Herrschers die Königspfalzen Kaiserswerth bei Düsseldorf, Duisburg und Saalfeld.

Ob im Zuge dieser Verhandlungen über die eheliche Verbindung Richezas, einer Tochter Ezzos, mit dem polnischen Herrscherhaus gesprochen worden ist, muss als sehr wahrscheinlich gelten. Die Vereinbarungen, die zwischen Kaiser Otto III. und Herzog Boleslaw Chrobry im Jahre 1000 in Gnesen verabredet wurden, besaßen für

Pfalzgraf Ezzo eine viel zu große Bedeutung, als dass sie unerwähnt geblieben sein könnten.

Die Aussöhnung des Königs mit Pfalzgraf Ezzo schwächte die luxemburgische Allianz erheblich. Auf einer Synode am 10. November 1012 in Koblenz erreichte der König die Verurteilung der Luxemburger durch alle anwesenden Bischöfe des Landes. Bischof Dietrich von Metz wurde untersagt, die Messe zu feiern. Die Maßnahme zeigte bald Wirkung. Wenige Tage später, am 1. Dezember 1012, kam es in Mainz zum Friedensschluss zwischen Heinrich II. und seiner luxemburgischen Verwandtschaft. Bischof Dietrich von Metz wurde in seinem Amt bestätigt, dem abgesetzten Herzog Heinrich V. von Bayern wurde die Rückgabe seines Herzogtums zu einem späteren Zeitpunkt in Aussicht gestellt. Vorläufig übte Heinrichs Gemahlin Kunigunde weiterhin die herzogliche Gewalt in Bayern aus. Es war Kunigunde und nicht Heinrich II., die ihren Bruder im Jahre 1018 wieder in sein Amt als Herzog einsetzte. Adalbero kehrte nach der Aufgabe seiner Pläne in die Propstei St. Paulinus in Trier zurück, wo er nach 1037 gestorben ist.

Erst der im Jahre 1016 eingesetzte Erzbischof Poppo von Trier stellte den Frieden in der Diözese endgültig wieder her. Während sich die Luxemburger dem König bedingungslos unterwerfen mussten, ging Pfalzgraf Ezzo erheblich gestärkt aus dem Kampf in der Familie hervor.

Im Frühjahr des Jahres 1012 konnten die Bauarbeiten zur Errichtung der neuen Bamberger Domkirche abgeschlossen werden. Zu Ehren des Königs war die Domweihe auf seinen Geburtstag am 6. Mai 1012 gelegt worden. Heinrich II. wurde an diesem Tag 39 Jahre alt. Die Weihe nahm Erzbischof Johannes von Aquileja im Beisein des Königs und von mehr als 30 weiteren Bischöfen vor. Unter diesen befand sich auch Bischof Thietmar von Merseburg. Auf der Synode, die der Monarch anschließend in Bamberg abhielt, bekam der Schwager des Königs, Bischof Dietrich von Metz, einen scharfen Verweis, weil er den Herrscher beim Papst schriftlich verleumdet hatte.

Schon am 1. Juni 1012 weilte der König zur Feier des Pfingstfestes wieder in Merseburg. Hier erfuhr der Herrscher, dass am 9. Juni 1012 Erzbischof Tagino von Magdeburg, einer seiner verlässlichsten Stützen im Lande, auf der Burg Rothenburg bei Könnern östlich der Saale gestorben war. An den Trauerfeierlichkeiten zu Ehren des verstorbenen Erzbischofs Tagino nahm unter vielen anderen auch Herzog Jaromir von Böhmen teil, der inzwischen von seinem Bruder Ulrich aus seinem Herzogtum in Böhmen vertrieben worden war. Unverständlich bleibt die Entscheidung Heinrichs II., dass er, trotz der guten Beziehungen zu Herzog Jaromir, später Herzog Ulrich in seinem Amt bestätigte.

Das Magdeburger Domkapitel wünschte sich als Nachfolger für den verstorbenen Erzbischof Tagino ihren Propst Walthard. Am 14. Juni 1012 bestätigte Heinrich II. diesen Wunsch in der Königspfalz Grone und ernannte Walthard zum Erzbischof von Magdeburg. Kurz danach weihte Bischof Arnulf von Halberstadt Walthard in Magdeburg feierlich.

Bereits im Juli reiste der frisch ernannte Erzbischof im Auftrag des Königs zu allerdings erfolglosen Verhandlungen mit Boleslaw Chrobry nach Polen. Aber das Pontifikat Walthards währte nur wenige Monate, er starb bereits im Herbst des Jahres 1012. Ihm folgte auf dem Magdeburger Erzbischofsstuhl Gero, der zuvor Kaplan am Hofe des Königs gewesen war. Mit Erzbischof Gero von Magdeburg besetzte der Herrscher dieses wichtige Erzbistum wieder mit einem treuen Gefolgsmann aus dem engsten Hofkreis.

Nach den Verhandlungen mit Erzbischof Walthard hatte Boleslaw bereits am 20. August 1012 die Burg Lebusa überfallen, viele der Männer der Besatzung getötet, die Burg geplündert und in Brand gesteckt. Königin Kunigunde, die zu der Zeit in Merseburg weilte, erteilte sofort alle notwendigen Befehle, um das Eingreifen des Königs an der Ostgrenze vorzubereiten.

Heinrich II. kam von seinen Aktivitäten im Westen des Landes, über die bereits berichtet wurde, zurück. Der unerledigte Streit mit den Lützelburgern ließ ein militärisches Eingreifen im Osten nicht zu. So blieb dem König nur übrig, am 1. November 1012 auf der Arneburg mit den Polen Frieden zu schließen. Danach wandte sich Heinrich II. in Gewaltritten wieder in den Westen. Das ereignisreiche Jahr 1012 beschloss der Hof, wie schon so oft, in der Königspfalz Pöhlde am Harz.

Das Jahr 1013 begann für den König, der sich immer noch im Herzogtum Sachsen aufhielt, mit einer schlimmen Erkrankung. Am 24. Februar 1013 erreichte der Herrscher, bereits von seinem Leiden gezeichnet, die mächtige Königspfalz Werla an der Oker, etwa 15 Kilometer nördlich von Goslar. Länger als einen Monat musste Heinrich II. dort verweilen, um seine Krankheit zu kurieren.

Eine geplante Reise nach Aachen, wo das Osterfest verbracht werden sollte, fiel daher aus. Stattdessen feierte der König Ostern bei seinem ihm sehr verbundenen Bischof Meinwerk in Paderborn. Zu Pfingsten befand sich der Hof wieder in Merseburg bei Bischof Thietmar. Bereits im Winter hatte Mieszko, der Sohn Boleslaw Chrobrys, den König in Magdeburg besucht, nun kam es in Merseburg zum Treffen mit Boleslaw.

Wieder einmal schlossen die beiden Herrscher Frieden. Boleslaw erhielt die Lausitz und das Milzener Land zu Lehen, er trat damit zum wiederholten Male in den Reichsfürstenstand ein. Im Gegenzug versprach er, den geplanten Romzug Heinrichs II. zu unterstützen. Der Friede von Merseburg kam beiden Vertragspartnern äußerst gelegen. Boleslaw benötigte Rückenfreiheit im Westen von Polen für einen Kriegszug gegen Russland und Heinrich II. plante seine Kaiserkrönung, nachdem im Lande Ruhe eingekehrt war.

Um den Frieden durch eine verwandtschaftliche Bindung abzusichern, schlossen Boleslaws Sohn Mieszko und Richeza, die Tochter des Pfalzgrafen Ezzo und seiner Gemahlin Mathilde, die Ehe. Mieszko und Richeza wurden im Jahre 1025 zum ersten polnischen Königspaar erhoben. Die im Jahre 1000 von Kaiser Otto III. und Herzog Boleslaw Chrobry geplante Verbindung wurde nun in die Tat umgesetzt. Nur in der Nachkommenschaft aus dieser Ehe hat sich das ottonische Geschlecht über die Jahrhunderte bis in die Neuzeit weiter vererbt, obwohl die Ehe zwischen Richeza und Mieszko II. von Polen nicht glücklich verlief. Richeza starb am 21. März 1063 einsam in der Königspfalz Saalfeld, die ihr Vater im Jahre 1012 von König Heinrich II. erhalten hatte.

Nach dem glanzvollen Frieden in Merseburg wandte sich Heinrich II. noch einmal in den Westen des Landes, um dort seinen geplanten Italienzug vorzubereiten. Anschließend kehrte er am 21. September 1013 nach Merseburg zurück und brach dann, erstmals zusammen mit seiner Gemahlin, über Bayern und Schwaben nach Italien auf.

Kapitel 10

Zweites Intermezzo

REGIERUNGSPRAXIS, HOFHALTUNG UND REGIERUNGSPOLITIK

Durch das Regierungsprinzip der ständigen Präsenz mussten die ottonischen Herrscher ein äußerst anstrengendes Dasein bewältigen. Es bedeutete, dass die Kaiser oder Könige ein unstetes Wanderleben führen mussten, um unmittelbar vor Ort Entscheidungen zu fällen, Gerichtsurteile auszusprechen oder andere hoheitliche Handlungen vorzunehmen, die die tägliche Praxis in der Regierungsausübung mit sich brachten und die vom Herrscher erwartet wurden. Eine dauerhafte Residenz existierte im Zeitalter der Ottonen noch nicht. Das Reisekönigtum entstand aus dem Heerkönigtum in der Zeit der Völkerwanderung. Das Heer wirkte bei der Königserhebung entscheidend mit. Die Konsolidierung der germanischen Reiche führte zur Änderung der Präsentation und des Selbstverständnisses der Könige. Außerdem nahm der personelle Umfang des umherziehenden Hofes so zu, dass er zur Zeit Heinrichs II. auf 4000 bis 5000 Personen anstieg. Es gelang Heinrich II. bereits, die Bistümer zum »servitium regis« heranzuziehen, das heißt, er verpflichtete die Bischöfe zur Abgabe von Sachsteuern an die königliche Verwaltung. Diese Praxis führte zu einem Funktionsverlust der Königspfalzen und letztlich zur Bildung von Zentren der Reichspolitik. Erst gegen Ende der Stauferzeit endete neben dem Glanz der mittelalterlichen Herrscher auch das Reisekönigtum. Zu dem Wanderleben der Könige gehörte auch die einfache Repräsentation, der im 10. und 11. Jahrhundert eine beinahe göttliche Sendungsfunktion zukam. Da das Volk keine Möglichkeit besaß, den König zu sehen, musste dieser von Zeit zu Zeit seine Gegenwart vor Ort demonstrieren. Der Besuch des Königs hatte für die einfache Bevölkerung eine Heil und Segen bringende Funktion. Die Berührung seines Mantelsaumes oder gar das Auflegen der Hand auf den Kopf des niederknienden Untertanen bedeutete überirdisches Glück. Es verhalf zu königlichem Schutz und zu Ansehen in der Gemeinschaft und spendete dem Betroffenen persönliches Glück, Gesundheit und Hilfe für alle Lebenslagen, so glaubte man. Die vermeintliche Fähigkeit, die dem König überirdische Kräfte verlieh und ihn in die Lage versetzen sollte, diese segensreichen Handlungen vorzunehmen, nannte man »Königsheil«. Diese Eigenschaft musste der Herrscher unter Beweis stellen, denn sie war es auch, die im Kampf den Sieg über die Feinde bringen und den König zu weisen, gerechten und gnädigen Entscheidungen verhelfen sollte.

Neben allen anderen guten geistigen und charakterlichen Eigenschaften und einer standesgemäßen Bildung, die den Herrscher auszeichnen sollten, gehörten somit auch eine hervorragende körperliche Konstitution und sportliche Ausdauer zu den unerlässlichen Voraussetzungen für eine erfolgreiche Regierungstätigkeit. Gerade in Bezug auf seine Sportlichkeit bestanden bei Heinrich II. deutliche Defizite, die durch seine chronische Erkrankung bedingt waren. Immer wieder musste der Herrscher seine Pläne ändern und längere Reisepausen einschieben, weil ihn sporadisch auftretende Koliken hinderten, seine Reisen fortzusetzen. Zwar sind seine Erkrankungen nicht in jedem Fall dokumentiert, doch lassen die immer wieder auftretenden unerklärlich langen Aufenthalte an einem Ort entsprechende Rückschlüsse zu. Die eigenartige, nicht recht zu fassende Unvollkommenheit, mit der das Lebenswerk Heinrichs II. bei genauer Betrachtung wirkt, dürfte sicher zum Teil auf diese körperliche Unzulänglichkeit zurückgehen. Dies gilt im Besonderen auch für die Leistungen des Herrschers im militärischen Bereich.

Befand sich der Hof auf Reisen, so bestand die Reisegruppe aus bis zu 1000 Personen (bei Kriegszügen erheblich mehr): eine stattliche Zahl von Begleitern des Herrschers, dazu gehörten auserwählte Ritter und Soldaten sowie das Personal für die persönliche Bedienung des Königs und seiner Gemahlin, sofern sie den Zug begleitete. Außerdem reiste die Hofkanzlei mit ihren Schreibern im Zuge mit. Überwiegend arbeiteten schrift- und sprachkundige Mönche oder Kleriker in der Kanzlei, da grundsätzlich alle Urkunden und Dokumente in lateinischer Sprache abgefasst wurden. Zusätzlich befanden sich auch immer Geistliche für die Zelebration der zahlreichen Gottesdienste in der Reisegesellschaft. Gehörten Bischöfe zum Gefolge des Herrschers, so zählten diese als hohe Würdenträger zum Führungskader des militärischen Teils des Zuges. Von den Bischöfen an der Ostgrenze des Reiches ist bekannt, dass sie als wehrhafte Herren Militäraktionen mit eigenen Truppen gegen die heidnischen Slawen im Osten durchführten. Zum Gefolge des Königs gehörten die Reichsverwaltung, Kämmerer, Truchsess, Marschall und Mundschenk, als vornehme Herren besaßen sie eigene Dienerschaft. Des Weiteren befanden sich zahlreiche Handwerker im Königszug: Schneider, Hufschmiede, Waffenschmiede, Sattler, Zimmerleute, Kesselflicker, Jäger, Falkner, Boten, Ross- und Fuhrknechte sowie Hundeführer.

Gereist wurde in der Regel zu Pferd, doch führte der Königszug auch Fuhrwerke mit sich, mit denen die Reiseverpflegung, die Zelte für die Begleitmannschaft und andere Güter transportiert wurden. Die Fuhrwerke besaßen damals nur eine Achse, an der zwei große Scheibenräder aus Holz angebracht waren, und wurden in der Regel von Ochsen gezogen. Auf der Achse war ein quaderförmiger, einfacher, nach oben offener Holzkasten montiert. Ein solcher Karren besaß natürlich noch keine Federung und es bedeutete kein Vergnügen, damit zu reisen. Begüterte Reisende zogen daher das Pferd als Reittier vor.

Die Verkehrswege befanden sich in einem sehr schlechten, ungepflasterten Zustand (mit Ausnahme der alten römischen Heerstraßen) und führten meistens über die Höhenzüge, um den zahlreichen Sümpfen und Flussläufen in den Niederungen auszuweichen. Wenn es möglich war, nutzte man größere Flüsse aus, um Strecken per Schiff zurückzulegen – das zu dieser Zeit weitaus angenehmste Verkehrsmittel. Zur Übernachtung zog es der Hof vor, wenn irgend möglich in einem Kloster, einem Bischofssitz oder in einer Königspfalz einzukehren. Man kann sich leicht vorstellen, welche Lücken in die Vorräte gerissen wurden, wenn ein Königszug von einem Kloster verpflegt werden musste, besonders wenn der Aufenthalt längere Zeit dauerte. In solchen Fällen musste die Begleitmannschaft des Königszugs auf Nachbarorte und die weitere Umgebung verteilt werden, um die Gastgeber nicht zu sehr zu belasten.

Ähnliches gilt auch für die Königspfalzen, die entweder zum persönlichen Besitz des Herrschers oder zum so genannten Reichsgut gehörten, also Staatseigentum waren. Das Wort »Pfalz« ist ein Lehnwort aus dem Lateinischen und leitet sich von »palatinum« ab – so wurde der Palast des Kaisers Augustus genannt, weil er ihn auf dem palatinischen Hügel in Rom erbauen ließ. Lange vor der Entstehung des deutschen Reichs bauten die Franken Pfalzanlagen zur Festigung ihrer Macht und zum Schutz der Landesgrenzen. Sie kopierten damit römische Vorbilder, die rein militärischen Charakter besaßen. Die karolingischen Pfalzen gingen in ihrer Bedeutung weit über die Nutzung als Militärstützpunkte hinaus und stellten wenigstens zeitweise echte kaiserliche Residenzen dar, wie zum Beispiel Aachen, Ingelheim oder Frankfurt am Main. Besonders König Heinrich I. hatte zu seiner Zeit begonnen, das Land mit einem Netz von Königspfalzen zu überziehen, in das die bereits bestehenden früheren karolingischen Pfalzen einbezogen wurden. Es gilt als wahrscheinlich, dass Heinrich I. damit eine unabhängige Landesverwaltung schaffen wollte, die nur dem Herrscher verpflichtet sein sollte. Doch seine Nachfolger stützten sich mehr auf das vorhandene System der Kirchenverwaltung, wodurch die Königspfalzen an ihrer Bedeutung verloren.

Eine Pfalz stellte einen autarken Wirtschaftsbetrieb dar. Sie bestand aus einer Haupt- oder Kernburg mit Gebäuden für die Unterbringung des Herrschers, einem repräsentativen größeren Gebäude (Palas) für Versammlungen, Tagungen und Gerichtstermine sowie einer Pfalzkapelle und Vorratsgebäuden. Im Palas befand sich eine erhöhte Sitzgelegenheit für den Herrscher. Hier thronte der König bei offiziellen Anlässen im wahrsten Sinne des Wortes, angetan mit Krone und königlichem Ornat, denn auch das gehörte zur Repräsentation seines Amtes.

Die königlichen Gemächer in den Pfalzanlagen besaßen, wie zum Beispiel in Tilleda nachgewiesen, Warmluftheizungen nach römischem Vorbild oder offene Kamine, mit denen die Räume geheizt werden konnten.

Der Kernburg vorgelagert waren immer eine oder mehrere Vorburgen, in denen sich Handwerksbetriebe, Tuchmachereien, Erzhütten und Metall verarbeitende Betriebe befanden. Außerdem gehörte zu einer Pfalzanlage auch ein befestigter Platz zur Unterbringung der militärischen Begleitmannschaft des Königs, die dort ihre Zelte aufschlugen. Alle landwirtschaftlichen Produktionsstätten, die für die Ernährung der Pfalzbesatzung und der zahlreichen Beschäftigten der Pfalz sowie der Gäste unbedingt erforderlich waren, befanden sich außerhalb der eigentlichen Anlage. Meistens gehörten zu einer Pfalz mehrere umliegende Dörfer mit Bauernhöfen, Mühlen und Forstbetrieben. Gab es in der Nachbarschaft Bodenschätze, so zählten auch Bergwerke zu den Einrichtungen der Pfalz. Die landwirtschaftlichen Produktionsmengen waren vorgeschrieben und richteten sich nach der Größe der Pfalz. Die Königspfalzen waren Wirtschaftsbetriebe mit erstaunlicher Leistungsfähigkeit. Das setzte entsprechend geschultes Personal und eine straff gegliederte Organisation voraus, an deren Spitze ein Pfalzgraf stand.

Ein Beispiel für eine solche Pfalzanlage ist in Bild [18] vorgestellt. Es zeigt die Königspfalz Tilleda vom Kyffhäuser Denkmal aus gesehen. Die Pfalzanlage ist vor und nach dem Zweiten Weltkrieg von Paul Grimm vollständig archäologisch untersucht worden, weil sie zu den wenigen Anlagen solcher Art gehörte, die im Verlaufe der Geschichte nicht überbaut worden sind. Heute können Untersuchungsergebnisse und einige Rekonstruktionen in der Pfalz besichtigt werden. Das Foto zeigt anschaulich die Dimensionen dieser Königspfalz, die durch die freien Flächen in der Bildmitte gekennzeichnet ist. Dabei handelte es sich in Tilleda um eine Pfalz kleinerer Größe. Vor dem erkennbaren Wall lag die obere Vorburg, die teilweise durch die davor stehenden Baumreihen verdeckt ist, dahinter befand sich die Kernburg mit dem Palas, der Pfalzkapelle und den Gebäuden für die hoch gestellten Persönlichkeiten. Rechts unten auf dem freien Feld stand die untere Vorburg. Der Wall und das in ihn eingelassene Kammertor sind rekonstruiert.

Obwohl sich Heinrich II. gerne in seinen Königspfalzen aufhielt, hat er selbst nur die Pfalz Goslar erbauen lassen, die zunächst aus der Königspfalz Werla wirtschaftlich versorgt wurde. Zwar befand sich in Goslar zur Zeit der Ottonen an anderer Stelle schon ein Königshof, doch ließ Heinrich II. an der Stelle, an der heute noch das rekonstruierte imposante salische Pfalzgebäude steht, die Anfänge dieser Anlage errichten. Später, zu Zeiten der salischen Kaiser, stieg diese wegen der Silbervorkommen im Rammelsberg zur bedeutendsten Königspfalz in Deutschland auf.

Über das tägliche Leben am Hofe Heinrichs II. ist wenig bekannt. Es scheint dort eher klösterlich streng und spartanisch zugegangen zu sein, als gesellschaftlich locker und turbulent, sieht man von dem repräsentativen Prunk ab, der nicht der Darstellung der Person, sondern vielmehr der des Amtes diente. Natürlich fanden am Hofe Heinrichs II. auch Gesellschaften und Feiern statt, doch der höfische Glanz, der bei Otto I. und seinem Sohn Otto II. und den beiden Kaiserinnen Adelheid und Theophanu herrschte, war bei Heinrich II. wahrscheinlich nicht zu finden. Vielmehr dürfte, bedingt durch die tiefe Frömmigkeit und auch durch die Krankheit des Herrschers, eher klösterliche Askese an der Tagesordnung gewesen sein. Inwieweit Kunigunde als Königin an der Gestaltung des Hoflebens individuellen Anteil hatte, bleibt ungewiss. Sicher war sie ihrem Mann in Fragen des Geschmacks eine gute Beraterin. Vermutlich harmonierte das Ehepaar auch in diesem Punkte des gemeinsamen Lebens gut miteinander. Die darstellende Kunst war noch überwiegend der Religion verpflichtet, eine Ausnahme bildete die Herstellung von Schmuck. Auch das Handwerk stand bereits in hoher Blüte; Reliquiare, wundervoll gefertigte handschriftliche Bücher, Gradualien und Evangeliare, aber auch Waffen und Werkzeuge von hoher Qualität konnten erzeugt werden. Heinrich II. ließ Prunkhandschriften hoher Qualität anfertigen und verschenkte sie als fürstliche Gaben an Domkapitel oder Klosterbibliotheken. Der Erwerb kunsthandwerklich gestalteter Gegenstände bester Güte war allerdings aus Kostengründen nur dem Herrscher und einer kleinen Oberschicht in der Bevölkerung möglich. Da diese aber zu der Vergabe von kostbaren Geschenken geradezu verpflichtet waren, führte dies bei den Spitzenhandwerkern zu einer gewissen Kontinuität in der Auftragslage.

Mit dem Zerfall des karolingischen Reiches im 9. Jahrhundert trat auch in der Kunst ein Stillstand beziehungsweise sogar ein deutlich erkennbarer Niedergang ein. Die Wirren der spätkarolingischen Zeit boten für Künstler keinen Anreiz, außerdem fehlte es an potenziellen Auftraggebern. Erst als die ottonische Herrschaft in Ostfranken zur starken Königsmacht aufstieg, konnten sich unter ihrem Schutz Kunst und Kultur allmählich neu entfalten. Dazu hat im Wesentlichen die Kirche beigetragen, infolgedessen trug die ottonische Kunst vor allem sakrale Züge. Im Gegensatz zur karolingischen Kunst, die sich an den Formen der spätrömischen Antike orientierte und die auch byzantinische Einflüsse integrierte, entstand unter den Ottonen ein völlig neuer Stil – eine im eigenen Lande geprägte Kunstrichtung, die deutsche Romanik. Sie führte von der Eleganz und dem Prunk der Karolinger zurück zu schlichten, einfachen und robusten Formen. Sie zeugen vom Willen der Künstler, sich klar, maßvoll und gottgefällig auszudrücken, indem sie dem Betrachter weniger ästhetischen Genuss bieten, als ihn vielmehr durch die Kraft ihrer Darstellungen zu überzeugen. Zwar hatten die Baumeister die Romanik in Italien kennen gelernt, doch bauten sie nördlich der Alpen romanische Kirchen, die im Gegensatz zum Süden wie Bastionen der christlichen Lehre wirkten und die tatsächlich im Falle einer feindlichen Bedrohung als Schutzburgen genutzt werden konnten. Die Romanik, wie sie besonders im Herzogtum Sachsen entstand, muss als die erste nationale deutsche Kunstrichtung verstanden werden; sie bezeugt durch ihre Existenz das Vorhandensein eines neuen Staates, der sich später Deutschland nannte. Durch die sächsische Romanik erhielt das ottonische Zeitalter die ihr eigene äußerlich erkennbare Ausprägung. Die Baukunst wurde die eindeutig wichtigste Kunstsparte im ottonischen Reich, sie fühlte sich ausschließlich dem Kirchenbau verpflichtet. Erst unter den salischen Kaisern entstanden wie beispielsweise mit dem Palas der Goslarer Königspfalz auch nennenswerte Profanbauten.

Die entscheidende Neuerung gegenüber der karolingischen Architektur wurde die Einführung des Doppelchores mit Ost- und Westchor in der ottonischen Baukunst, wobei anstelle von kleineren Bruchsteinen große behauene Steinquader Verwendung fanden. Alle Bögen von Fenstern und Portalen wurden als einfache Halbkreise ausgeführt. In den Kirchen wurde der Wechsel vom Pfeiler zur Säule und von der Säule zum Pfeiler typisch, dadurch bildeten sich quasi automatisch Seitenschiffe und durch die Kreuzform Querschiffe. Neben dem Doppelchor wurde das karolingische Westwerk zu wuchtigen Formen weiterentwickelt und erhielt von den ottonischen Baumeistern flankierende Rundtürme. Weiteres Kennzeichen der ottonischen Baukunst ist die Einführung der kleinen Unterkirchen, der Krypten. Beispiele erhaltener romanischer Baukunst aus ottonischer Zeit finden sich im Dom und in der Michaeliskirche in Hildesheim, in der schlichten Wipertikirche in Quedlinburg, im spätottonischen Dom zu Worms, in der Stiftskirche in Gernrode, die Markgraf Gero, der Weggefährte Kaiser Ottos des Großen, erbauen ließ, und in der Stiftskirche St. Pantaleon zu Köln, in der Kaiserin Theophanu bestattet wurde.

Diese Kirchen erbauten Spezialisten des Bauhandwerks, eine solche Bautruppe nannte sich »Bauhütte«. Nach Erfüllung eines Auftrags reiste sie von einer Stadt zum nächsten Auftragsort. Zu einer Bauhütte gehörten Baumeister, Steinmetze, Maurer, Verputzer, Zimmerleute, Tischler, Schmiede, Dachdecker und Hilfskräfte. Als Handwerker mit besonderem Wissen und Können waren sie hoch gefragt und verdienten dementsprechend gut, allerdings blieben nicht alle Arbeiter ganzjährig beschäftigt, weil während der Frostperiode im Winter nicht gemauert werden konnte. Die Baumeister hatten den Plan des Kirchenbaus sozusagen im Kopf, ihr Können und Wissen wurde in der Familie weitervererbt. Im Verlaufe des Mittelalters gelangten manche Baumeisterfamilien zu hohem Ansehen und Ruhm.

Auch die Malerei im 10. und frühen 11. Jahrhundert diente der Darstellung religiöser Themen. Die ottonischen Kirchen waren fast vollständig mit Fresken ausgemalt; sie stellten zum besseren Verständnis der Betrachter meistens die Wundertaten von Christus oder von Heiligen dar. Leider hat sich von der Freskenmalerei aus dieser Zeit nur sehr wenig erhalten. Eines der wichtigsten Zeugnisse dieser frühen Malkunst sind die fast unbeschädigten Fresken in der Georgskirche auf der Insel Reichenau im Bodensee. Hingegen existieren aus der Zeit Kaiser Heinrichs II. besonders schöne Beispiele ottonischer Buchmalerei.

Die reproduzierenden Künste existierten erst in wenig entwickelten Vorstufen. Trotzdem muss Heinrich II. über einen ausgeprägten Kunstsinn verfügt haben, denn von keinem ottonischen Herrscher sind im Vergleich so viele künstlerisch gestaltete Gegenstände erhalten geblieben wie von ihm.

Der Speiseplan kann zur Zeit Heinrichs II. bereits recht reichhaltig ausgesehen haben. Es gab Fleisch vom Schwein, Rind, Schaf, Hammel, von der Ziege, dem Huhn, der Gans, der Ente und dem Wild. Insgesamt wurden sehr viel mehr wild lebende Tiere zu Speisen verarbeitet und gegessen, als dies heute der Fall ist. Der Wald lieferte auch Beeren und Pilze, die die Tafel bereicherten. Fische und Krebse gab es in der damaligen Zeit reichlich. Die Bäche und Flüsse führten in der

Regel sehr viel mehr Wasser als heute. Fisch war besonders in der Fastenzeit sehr gefragt. Im 11. Jahrhundert existierte bereits ein schwunghafter Handel mit Heringen, die in Fässern eingelegt aus dem Ostseeraum ins Binnenland gelangten. Auch andere Seefische kamen getrocknet als Stock- und Klippfisch oder gepökelt in den Handel und an die Verbraucher. Die meisten der auch heute üblichen heimischen Obstsorten wurden bereits kultiviert. An Getreide gab es Hafer, Roggen, Gerste, Hirse, Dinkel, Buchweizen und auch Weizen, daneben wurden unter anderem Möhren, Erbsen, Bohnen, Feldsalat, Gurken, Spargel, Rettich, Hanf und Leinen angebaut. Milch und Käse kamen ebenso auf die königliche Tafel wie Wein, Met (aus gegorenem Honig) und Bier.

Salz war ebenso im Gebrauch wie Honig, als einziges mittelalterliches Mittel zum Süßen der Speisen, denn Zucker gab es noch nicht. Zur Konservierung der Lebensmittel wurden überdeckte Erdgruben angelegt, in die die Nahrungsmittel eingelagert wurden. Obst wurde gedörrt, um es haltbar zu machen. Aus dem gleichen Grund legte man Fleisch in Essigbeize ein oder es wurde geräuchert. Salz war teuer und wurde daher zur Konservierung seltener verwendet. Das Hauptnahrungsmittel der mittelalterlichen Tafel war der Brei, der aus Hafer und Gerste, Hirse oder Mischkorn, Bucheckern, Buchweizen oder Maronen hergestellt wurde. Die Speisen konnten mit Liebstöckel, Dill, Fenchel, Knoblauch, Sellerie, Zwiebeln, Minze, Salbei, Bohnenkraut, Petersilie, Kümmel, Lorbeerblättern oder Kresse gewürzt werden. Exotische Gewürze wie zum Beispiel der Pfeffer wurden erst zur Zeit der Kreuzzüge bekannt und waren enorm teuer.

Während im einfachen Haushalt die Speisen und Getränke in Tonschalen, Tonkrügen und Holzgefäßen serviert wurden, kamen die Speisen und Getränke an der königlichen Tafel in Zinn- und Silbergeschirr auf den Tisch. Gegessen wurde mit der Hand, das galt für den König wie für den Bauern. Hielt sich der Herrscher in Italien auf, so bereicherten Südfrüchte und die speziellen Gemüsesorten des Mittelmeerraumes die Tafel.

Als Bekleidung wurden Woll- und Leinenstoffe getragen. Sehr beliebt waren auch Pelze von Fuchs, Marder, Hermelin und Zobel. Nur zu hoch offiziellen Anlässen trugen König und Königin auch Kleidung aus Seide, die zu den damaligen Zeiten für die Bevölkerung unerschwinglich teuer war.

Nominell oblag Erzbischof Willigis von Mainz als Erzkanzler die Leitung der Hofkanzlei, doch übte er dieses Amt während der Regierungszeit Heinrichs II. selbst nicht aus. Als Heinrich II. seine Regierung antrat, fungierte Erzbischof Peter von Como als Erzkanzler für Italien und Erzbischof Heribert von Köln als Kanzler für Deutschland. Beide Herren konnte Heinrich II. unmöglich in ihren Ämtern belassen. Peter von Como hatte König Arduin I. in Italien und Heribert von Köln hatte Pfalzgraf Ezzo bei dessen Königskandidatur in Deutschland unterstützt. Die Besetzung der Hofkanzlei musste daher nach dem Regierungsantritt Heinrichs II. dringend geändert werden.

Zum ersten Leiter seiner Hofkanzlei ernannte Heinrich II. im Jahre 1002 daher Egilbert, der 1006 zum Bischof von Freising befördert wurde. Danach folgte für etwa ein Jahr Heinrichs Bruder Brun im Kanzleramt, der dann jedoch Bischof in Augsburg wurde. Nachfolger Bruns wurde Eberhard, der im Jahre 1007 als erster Bischof das Bistum Bamberg erhielt, doch blieb er auch weiterhin in der Hofkanzlei tätig.

Im Jahre 1009 wurde ihm ein zweiter Kanzler beigegeben. Es handelte sich um Gunther, einen Sohn Ekkehards von Meißen. Nachdem Erzbischof Willigis von Mainz gestorben war, ernannte der König Bischof Eberhard im Jahre 1013 zum Erzkanzler des Reiches. Von da an übte er das Amt des Leiters der Hofkanzlei nur noch formell aus. Gunther blieb bis 1023 Kanzler der deutschen Hofkanzlei, dann wurde er Erzbischof von Salzburg. Im seinem Amt folgte ihm Uodalrich, der diesen Posten auch unter Konrad II., dem Nachfolger Heinrichs II., behielt. Die kurze Auflistung beweist, dass der Eintritt in die Hofkanzlei des Königs für die Betroffenen in den allermeisten Fällen den Start zu einer glanzvollen Karriere bedeutete, die die Nähe zum Herrscher bedingte.

Aus der Regierungszeit Heinrichs II. sind über 500 Urkunden erhalten geblieben, hinzu kommen noch vier Urkunden, die Heinrichs Gemahlin, Kunigunde, ausstellen ließ. Sie charakterisieren weitgehend den Regierungsstil Heinrichs II. Die Urkunden enthalten vor allem die Texte der Vergabe von königlichen Geschenken in Form von Landbesitz oder von Privilegien beziehungsweise deren Bestätigungen an den Empfänger. Sie bedeuten für die Geschichtsschreibung unverzichtbare Auskünfte über Rechtsfälle und sind gleichzeitig authentische Zeitzeugnisse und Quellen. Leider enthalten sie keine Interpretationen des politischen Tagesgeschäfts und auch keine Informationen über aktuelle Vorkommnisse.

Heinrich II. kehrte bei seiner offiziellen Herrscherbezeichnung zum alten Titel »rex francorum atque longobardorum« zurück, den seine beiden männlichen Vorgänger abgelegt hatten, indem sie sich »imperator romanorum« oder »imperator Augustus« nannten. Die Rückkehr Heinrichs zum alten Titel, den Otto I. geprägt hatte, zeigt gleichzeitig die Einstellung an, mit der er sein Regierungsprogramm entwickelte. Es bedeutete die Rückbesinnung auf die Werte, die Kaiser Otto der Große geprägt hatte. Sie sind bei Heinrich II. deutlich auszumachen und es besteht kein Zweifel, dass er dies bewusst so wollte. Doch entwickelte Heinrich II. als Herrscher durchaus einen eigenen Regierungsstil. Der Herrscher war ein Realpolitiker, der dem Visionär Otto III. folgte.

In der ersten Phase seines politischen Wirkens widmete er sich vor allem den Grenzproblemen im Osten des Reiches. Die zweite Phase seiner Regierungstätigkeit galt dem Kampf gegen die kraftvollen Territorialgewalten im Westen. In der dritten Phase seiner Politik wandte er sich den italienischen Problemen zu. Darüber hinaus lagen weitere Schwerpunkte seiner Regierungstätigkeit in der Festigung der Königsherrschaft durch seine enge Bindung an die Kirche. Er stabilisierte die Bistümer durch Schenkungen als Stützen der königlichen Macht und zog sie gleichzeitig zu Dienstleistungen heran. Er vollendete die Königshoheit innerhalb der Reichskirche durch seine uneingeschränkte Einsetzungspraxis von Bischöfen und Äbten; dabei schloss er die Mitwirkung der Domkapitel bei der Auswahl von Bischöfen aus. Die benediktinische Reformbewegung der Klöster unterstützte er kraftvoll (siehe Kapitel 13).

Heinrich II. regierte nicht mehr aus einem Kerngebiet heraus, das er nur ungern oder selten verließ, sondern er war der erste deutsche Herrscher, der sich bemühte, seine Anwesenheit im Reich gleichmäßig auf alle Herzogtümer zu verteilen. Diese Praxis bedeutete eine wesentliche und hoch integrierende Neuerung, die unter seinen Nachfolgern fortgesetzt wurde und die das deutsche Reich geformt hat. Erstmals ließ er Stammesversammlungen abhalten und zum ersten Mal berief er Hoftage nach Schwaben ein, ohne dass ein Durchzug nach Italien einen Anlass dafür geboten hätte. Seine Herrschaftsausübung sollte die Verbindung mit den Bischöfen aber auch mit den Herzögen enger verflechten, als dies vorher der Fall gewesen war. Ein Ausbau bedeutender Königspfalzen, wie Ingelheim, Aachen oder Frankfurt, zu echten Residenzen hätte diese Politik Heinrichs II. ergänzt, doch dazu ist es nicht gekommen. Die Änderungen, die Heinrich II. und Otto III. gegenüber ihren Vorgängern in ihrer Politik vorgenommen haben, lassen erkennen, dass die Herrscher zu einem neuen Verständnis ihrer Königsherrschaft und der Herrschaftsausübung gelangt waren. Dazu gehörte der Krönungsumritt Heinrichs II. durch alle Herzogtümer des Reiches, der nach jedem Italienbesuch erneuert wurde. Heinrich II. ließ in Italien nur zwei Urkunden für deutsche Empfänger ausstellen. Dies lässt den Schluss zu, dass er solche Urkunden nur auf deutschem Boden auszustellen wünschte. Alle anderen ottonischen Herrscher urkundeten viel häufiger in Italien für das deutsche Reichsgebiet.

Die Fehler, die seiner Meinung nach in der Regierungszeit Kaiser Ottos III. gemacht worden waren, bemühte sich Heinrich II. redlich zu revidieren. Dies gilt für die Gründungen der Bistümer Prag und Gnesen, die weitreichende Folgen für Deutschland hatten. In Böhmen behielt Heinrich II. nahezu durchgehend die Lehnshoheit und Prag blieb ein Suffraganbistum des Erzbischofs von Mainz. Böhmen blieb daher über Jahrhunderte dem Reich verbunden und gehörte im Spätmittelalter als Königreich zu den vier weltlichen Kurfürstentümern des Heiligen Römischen Reiches.

In seinem politischen Verhältnis und seinen Bemühungen um Polen gelang Heinrich II. dieser Erfolg nicht. Es bleibt unzweifelhaft, dass Kaiser Otto III. mit seinen Vorstellungen als römischer Kaiser und der Installation des unabhängigen Bistums Gnesen ganz erheblich zur Gründung des Königreichs Polen beigetragen hat, die dann im so genannten »Akt von Gnesen«, als Otto III. Boleslaw Chrobry wie einen König behandelte, ihre Bestätigung fand. In der Folgezeit bildete sich in Polen losgelöst vom Erzbistum Magdeburg ein eigenständiges kirchliches System. Es entstand als Einheit das christliche polnische Reich. Dies hatte Boleslaw Chrobry gewollt, seine Politik und seine Militäraktionen lassen keinen anderen Schluss zu. Aus Respekt vor Kaiser Heinrich II. ließ sich Boleslaw Chrobry erst nach dem Tod des Kaisers im Frühjahr des Jahres 1025 mit Zustimmung des Papstes Johannes XIX. zum König krönen. Kurze Zeit später ist Boleslaw gestorben. Sein Sohn, König Mieszko II. und seine Gemahlin, Königin Richeza, wurden unmittelbar nach dem Ableben Boleslaw Chrobrys im Jahre 1025 gekrönt.

Obwohl Kaiser Otto III. in Ungarn eine ähnliche Politik wie in Polen betrieben hatte, pflegte Heinrich II. zu diesem Königreich gute Beziehungen. Diese waren durch die Heirat von Heinrichs Schwester Gisela mit König Stephan I. von Ungarn eingeleitet worden.

Im Westen des Reiches operierte der Herrscher wesentlich erfolgreicher. Durch die von seinem Vater und Großvater gepflegten hervorragenden Beziehungen und durch die verwandtschaftlichen Bindungen zum burgundischen Herrscherhaus gelang es Heinrich II., das Königreich Burgund im Verlaufe seiner Herrschaft immer mehr an die deutsche Krone zu ziehen und dem Einfluss Frankreichs fern zu halten. Dies führte nach dem Tode König Rudolfs III. von Burgund dazu, dass sich Kaiser Konrad II. im Jahre 1033 in Peterlingen

(Kanton Waadt/Schweiz) die burgundische Königskrone aufsetzen konnte. Es kam somit zu einer erheblichen Vergrößerung des deutschen Herrschaftsgebiets, gleichzeitig wurden damit weitere wichtige Verbindungswege des Reiches nach Italien geöffnet.

Mit König Robert II. von Frankreich schloss Heinrich II. im Jahre 1006 einen Freundschaftsvertrag. Dieser Vertrag wurde im Jahre 1023 noch einmal erneuert. Reibungspunkte bestanden zwischen den beiden Herrschern kaum, einige Male gewährten sie sich gegenseitige Unterstützung gegen aufständische französische und lothringische Lehnsträger, ansonsten blieb das beiderseitige Verhältnis distanziert.

Die schlechten Zustände im Lande prägten die Innenpolitik Heinrichs II. Die Rechts- und Ordnungsvorstellungen in der Bevölkerung hatten sich noch nicht ausgebildet. Heidnische Bräuche und barbarische Verhaltensweisen waren längst noch nicht verschwunden. Überall, besonders im Westen des Landes, gab es Fehden und lokale Auseinandersetzungen. Auch unter den einzelnen Stämmen im Lande waren Streit und Kampfhandlungen an der Tagesordnung. Heinrich II. versuchte eine allgemein gültige neue Rechtsordnung zu schaffen, es galt mittels königlicher Autorität die Ruhe und den Frieden im Lande zu sichern. Dieser Aufgabe widmete er sich mit großem Einsatz und vielen persönlichen Opfern.

Kapitel 11

1013–1014

DIE KAISERKRÖNUNG

Im Oktober des Jahres 1013 sammelte sich das Heer des Königs in Augsburg zum Zug nach Italien. Neben zahlreichen hochrangigen Kirchenvertretern, zu denen wahrscheinlich auch Heinrichs Bruder, Bischof Brun von Augsburg, gehörte, wurde Heinrich II. zum ersten Male auch von seiner Gemahlin Kunigunde über die Alpen begleitet. Ausdrücklich berichtete Thietmar von Merseburg, dass sich das Heer aus »allen Landschaften« zusammenfand, um den König bei seinem Zug nach Rom zu unterstützen. Die versprochenen Truppen Boleslaw Chrobrys blieben jedoch aus, obwohl er rechtzeitig an seine Versprechungen erinnert worden war und für seinen Krieg gegen Russland Unterstützung durch ein deutsches Hilfskorps erhalten hatte. Das Nichterscheinen des polnischen Militärkontingents barg bereits neuen Konfliktstoff für das deutsch-polnische Verhältnis in sich. Statt der Beteiligung am Italienzug Heinrichs II. ließ Boleslaw den Zug von Agenten verfolgen und ausspionieren, um jederzeit über die Stimmung und die Lage in Italien informiert zu sein und um bei einer möglichen Schwäche des Herrschers sofort zu eigenen Gunsten handeln zu können. Gleichzeitig sollten die Spione in Italien gegen die deutsche Herrschaft Zersetzungsarbeit leisten. Doch große Erfolge auf diesem Gebiet konnten die Agenten ihrem Auftraggeber offenbar nicht melden.

Wieder benutzte Heinrich II. zur Überquerung der Alpen den Brennerpass. Seine Zurückhaltung in der Italienpolitik und seine lange Abwesenheit südlich der Alpen hatten die italienischen Anhänger der deutschen Krone in große Verlegenheit gebracht. König Arduin I. herrschte uneingeschränkt und bekämpfte die Parteigänger des deutschen Königs mit allen Mitteln. Nur sehr sporadisch griff Heinrich II. von Deutschland aus in Italien ein, zum Beispiel mit der Vergabe des Erzbistums Ravenna an Arnulf, seinen Halbbruder.

Seit seiner Königskrönung im Jahre 1004 in Pavia zum italienischen König ließ Heinrich II. fast zehn Jahre verstreichen, ehe er anfing, sich um seine Kaiserkrönung zu bemühen – eine auffällig lange Zeit. Es muss daher in der Herrschaftsauffassung des Königs Gründe gegeben haben, die ihn zögern ließen, die Kaiserwürde anzunehmen. Vermutlich hatten diese Gründe religiösen Charakter wie auch andere bemerkenswerte Eigenarten in der Persönlichkeit des Herrschers. Politisch gesehen wirkte er durch seine Abwesenheit in Italien wie ein Gegenkönig zu Arduin I. Andererseits besteht immerhin auch die Möglichkeit, dass Heinrich II. die Kaiserkrönung deshalb hinauszögerte, weil er den Päpsten, die durch die Unterstützung der deutschfeindlichen Crescentier auf den Apostolischen Stuhl gekommen waren, als »Kaisermacher« durch die Krönung und Salbung nicht zu einer Aufwertung der eigenen Positionen verhelfen wollte. Der Umschwung im Denken des Königs wird durch eine Darstellung in seinem Perikopenbuch belegt.

Bezeichnenderweise krönt in der Darstellung im Perikopenbuch Heinrich II. nicht der Papst, sondern Christus das Herrscherpaar. Dass hier eindeutig die Kaiserkrönung gemeint ist, geht daraus hervor, dass Kaiser und Kaiserin im unteren Bildteil ihre Huldigung durch die untergebenen Nationen empfangen und die Apostelfürsten der Stadt Rom, Petrus und Paulus, das Paar zur Krönung geleiten. Das Perikopenbuch Heinrichs II. wurde in der Malschule des Klosters Reichenau auf der gleichnamigen Insel im Bodensee angefertigt. Es kam kurz vor der Abreise des Königs im Jahre 1012 oder 1013 in seinen Besitz. Das Buch, das sich bis zur Säkularisation im Bamberger Domschatz befand, wird heute in der Bayerischen Staatsbibliothek in München aufbewahrt. Es gehört zu den kostbarsten Kunstschätzen des deutschen Mittelalters und stellt künstlerisch den Höhepunkt ottonischer Malkunst dar. Das Buch enthält neben dem besonders aufwendig gestalteten Einband insgesamt 54 Text- und Bildtafeln feinster kalligrafischer und bildlicher Gestaltung. Da es durch Heinrich II. in Auftrag gegeben wurde, gehört das Perikopenbuch als besonderer Schatz zu den wichtigsten Zeugnissen des Persönlichkeitsbilds des Herrschers.

In Rom hatten sich die Verhältnisse nach dem Tode Papst Silvesters II. (Gerbert von Aurillac, der von Kaiser Otto III. eingesetzt worden war) zuungunsten der deutschen Herrschaft in Italien entwickelt. Silvester II. starb am 12. Mai 1003. Das römische Patriziergeschlecht der Crescentier bestimmte die nächsten beiden Papstwahlen. Die Patrizierfamilie besaß nicht nur die Macht in Rom, sondern sie beherrschte auch die Fürstentümer Spoleto, Camerino und Sabina. Zum Nachfolger Silvesters II. wurde Papst Johannes XVIII. erhoben, er hatte das Pontifikat bis in das Jahr 1009 inne. Ihm folgte Papst Sergius IV. bis zu seinem Tod im Jahr 1012. Beide Päpste hatten einer Kaiserkrönung Heinrichs II. ablehnend gegenübergestanden.

Als der König nach Italien aufbrach, hatte Papst Benedikt VIII. den Apostolischen Stuhl übernommen. Benedikt VIII. war ein hoch gebildeter, tüchtiger und anerkannter Mann, der vor seiner Papstwahl Graf Theophylat von Tusculum gewesen war und sich gegen den Kandidaten der Crescentier durchgesetzt hatte. Ihr Kandidat, Gregor (VI.), der nun die Rolle eines Gegenpapstes einnahm, erschien zu Weihnachten des Jahres 1012 im päpstlichen Ornat am Hofe des deutschen Königs in Pöhlde, um den Schutz und Beistand Heinrichs II. zu erwirken. Doch dieser hielt sich diplomatisch zurück und vertagte seine Entscheidung auf einen zukünftigen Italienbesuch. In der Vorbereitung seiner zweiten Italienreise als König und seiner Kaiserkrönung trat Heinrich II. aber vollständig auf die Seite Papst Benedikts VIII., also auf die Seite des Hauses Tusculum, die Gegner der Crescentier. Dieser politische Schritt des Königs bedeutete eine Kampfansage an das Haus der Crescentier.

Das Erscheinen des deutschen Herrschers in Italien löste bei König Arduin I. Resignation aus. In der Erkenntnis, dass seine Kräfte gegen das deutsche Heer zu schwach waren, zog er sich auf seine Burg zurück und ließ durch Gesandte an Heinrich II. ein Angebot übermitteln. Mit der festen Zusage für den Besitz einer Grafschaft in Italien wollte Arduin auf alle Ansprüche verzichten und sogar seine Söhne als Geiseln stellen. Doch Heinrich II. lehnte das Angebot ab. Er wandte sich zunächst nach Pavia, wo das Weihnachtsfest des Jahres 1013 gefeiert wurde. Unter anderen trafen auch die Äbte Odilo von Cluny und Hugo von Farfa in Pavia ein, als Benediktiner waren beide Äbte dem König sehr verbunden.

Bis Mitte Januar des Jahres 1014 verweilte der Hof in Pavia. Von dort reiste man, vermutlich per Schiff, den Ticino und Po flussabwärts nach Ravenna, wo Heinrich II. eine Synode abhielt und einige bemerkenswerte Entscheidungen fällte. Zunächst setzte er Erzbischof Adalbert von Ravenna ab, der sich das Amt widerrechtlich angeeignet hatte, indem er Arnulf, den Halbbruder des Königs, aus Ravenna vertrieb. Arnulf wurde mit Zustimmung des Papstes Benedikt VIII. erneut zum Erzbischof von Ravenna ernannt. Gleichzeitig begann der Herrscher planmäßig, frei werdende Bistümer in Italien mit deutschen Bischöfen zu besetzen. Noch bedeutender war jedoch ein anderer Schachzug des Königs, der in Italien sofort für große Aufregung sorgte. Heinrich II. erteilte an alle Bischöfe und Äbte des Landes Befehl, Listen mit allen Angaben zu erstellen, aus denen die den Kirchensprengeln entfremdeten Besitztümer hervorgehen sollten. Die Anordnung richtete sich gegen die zahlreichen Angehörigen des Adels, die sich als Beamte, Pächter oder Lehnsträger (»milites«) der Bischöfe und Klöster ehemaligen Kirchenbesitz angeeignet hatten. König Arduin I. hatte sie darin bestärkt und so zu seinen Parteigängern gewonnen, mit denen er seinen jahrelangen Krieg gegen die reichstreuen Bischöfe geführt hatte. Es ist verständlich, welchen Schrecken diese Anordnungen Heinrichs II. in der Bevölkerung auslösten. Gnade durften nur die Betroffenen erwarten, die sich beim König einfanden und sich bedingungslos unterwarfen.

Von Ravenna aus bewegte sich der Königszug bis vor die Tore von Rom. Am Sonntag, dem 14. Februar 1014, empfing Papst Benedikt VIII. mit zahlreichem Gefolge den König persönlich und geleitete ihn im prunkvollen Zug in die Stadt. Der Papst überreichte Heinrich II. als Geschenk eine goldene Scheibe, die den Erdkreis darstellte. Mit ihr sollte die zukünftige Verantwortung des Herrschers für die gesamte Christenheit symbolisiert werden. Heinrich II. hat diesen Globus später an das Kloster Cluny weitergegeben und damit seine Verantwortung für die Christenheit praktisch an das Kloster Cluny delegiert. Der Herrscher wollte mit diesem demonstrativen Schritt die Bedeutung des Klosters Cluny und die von dort ausgegangene Kirchenreform unterstreichen und würdigen.

Vor der Peterskirche wurden König und Königin nochmals vom Papst begrüßt, den zwölf römische Senatoren umgaben. Nach einem geheimnisvollen alten Ritus waren sechs Senatoren glatt rasiert, während die anderen wallende Bärte trugen. Vor der Krönung musste Heinrich II. das Versprechen ablegen, zukünftig ein verlässlicher Schirmherr und Beschützer der römischen Kirche und dem Papst und dessen Nachfolgern im Amte treu ergeben zu sein (!). Heinrich II. hat dieses Versprechen abgelegt. Daraufhin salbte und krönte Papst Benedikt VIII. mit eigener Hand Heinrich II. und Kunigunde zu Kaiser und Kaiserin. Im Anschluss an die glanzvoll inszenierte Zeremonie lud der Papst zu einem Festmahl im Vatikan.

Nach Thietmar von Merseburg ließ sich Heinrich II. mit einer eigens zu diesem Zweck gefertigten neuen Krone zum Kaiser krönen. »Seine frühere Krone aber ließ er über dem Altare des Apostelfürsten aufhängen.« (Trillmich) Dies kann nur bedeuten, dass er sie verschenkte. Die Stelle im Chronicon Thietmars von Merseburg hat unter Historikern und Kunsthistorikern für einige Verwirrung gesorgt. Die Reichskrone, die heute in der Wiener Hofburg aufbewahrt wird (siehe Bild [10]), soll für Kaiser Otto I. angefertigt worden sein. Zwar ist bekannt, dass die Krone im Verlaufe der Jahrhunderte oftmals verändert worden ist. Doch kann Heinrich II. unmöglich diese

Krone verschenkt haben. Am wahrscheinlichsten ist es, dass er diese alte Reichskrone erneuern ließ. Möglicherweise hat er der Krone das Kreuz und den Bügel hinzufügen lassen und ein anderes, weniger bedeutsames Stück als Geschenk übergeben. Doch denkbar ist auch, dass diese Annahmen alle falsch sind und die Reichskrone tatsächlich erst von Heinrich II. in Auftrag gegeben worden ist.

Im Anschluss an die Krönungszeremonie hielten Kaiser und Papst in Rom eine Synode ab. Diese Synode dauerte bis zum 21. Februar 1014. In ihrem Verlauf wurde Arnulf vom Papst zum Erzbischof von Ravenna geweiht. Der abgesetzte Erzbischof Adalbert erhielt auf Bitten von Freunden das Bistum Arezzo, eine Entscheidung, die sicherlich nur zögernd die Zustimmung des Kaisers gefunden hat.

Heinrich II. demonstrierte schon auf der Synode das neue Verständnis seiner kaiserlichen Verantwortung für die Christenheit und griff mit eigenen Vorschlägen und Anordnungen in rein kirchliche Angelegenheiten ein. Er setzte ein Simonieverbot (Ämterkauf) für Bistümer und Pfarreien durch und bestimmte, dass das Glaubensbekenntnis zum festen Bestandteil jedes Gottesdienstes wurde. Außerdem wurde ein Mindestalter für die Weihe zum Priester und zum Bischof festgesetzt. Es galt für Bischöfe ab dem 30. und für Priester ab dem 25. Lebensjahr. Als die Synode dann versuchte, Landbesitz an Abt Hugo von Farfa zurückzugeben, den die Crescentier dem Kloster genommen hatten, inszenierten am 21. Februar 1014 die Crescentier in Rom einen Aufstand. Einen Tag später ließ der Kaiser die Erhebung blutig niederwerfen, wobei vor allem an der Tiberbrücke heftig gekämpft wurde. Auf beiden Seiten gab es viele Tote und Verwundete.

Vielleicht war es diese Auseinandersetzung, die den Kaiser veranlasste, Rom zu verlassen. Das Osterfest feierte das Kaiserpaar bereits in Pavia. Dort hielt Heinrich II. einen Hof- und Gerichtstag ab.

Im Mai 1014 trafen Kaiser und Kaiserin in Verona ein, wo Heinrich II. noch einmal eine Synode ausrichten ließ. Wieder residierte der Hof in der Königspfalz in der Nachbarschaft des Klosters San Zeno. Von der Pfalz blieben keine Spuren erhalten, doch das Kloster existiert noch heute. Kaiser Otto I. hatte es wiederherstellen lassen, nachdem es im Jahre 899 durch die Ungarn zerstört worden war. Die Basilika San Zeno Maggiore, die heute dort steht, erhielt ihr Aussehen im 12. Jahrhundert. Sie gehört zu den schönsten romanischen Kirchen in Italien und allein wegen ihrer Schönheit und Architektur lohnt sich bereits ein Besuch in Verona. Während der Regierungszeit Kaiser Heinrichs II. waren Pfalz und Kloster noch nicht in den Stadtbereich Veronas einbezogen.

Im Verlauf der Veroneser Synode von 1014 gründete Kaiser Heinrich II. das Bistum Bobbio. In Bobbio bestand zuvor ein Kloster, in dem zeitweise Gerbert von Aurillac als Abt gewirkt hatte. Später stellte sich das Kloster auf die Seite König Arduins I. Vermutlich wollte Heinrich II. durch die Rangerhöhung des Klosters einen weiteren Eckpfeiler für seine Herrschaft in Italien setzen. Es war neben Bamberg und Merseburg bereits die dritte Bistumsgründung, die Heinrich II. veranlasste.

Nach der Synode in Verona hielt den Kaiser nichts mehr in Italien. Er kehrte über den Brenner nach Deutschland zurück und bereits am 13. Juni 1014 befand er sich wieder in Bamberg.

Auch der zweite Aufenthalt Heinrichs II. als Herrscher in Italien war verhältnismäßig kurz. Alle Entscheidungen, die der Kaiser im Süden getroffen hatte, begünstigten ausschließlich die Kirche. In die Probleme, die in Süditalien im Bezug zur griechischen und arabischen Herrschaft existierten, griff Heinrich II. nicht ein. Zwar hatte der Kaiser wichtige neue Verbündete für seine italienische Regierungstätigkeit hinzugewonnen und sich selbst mit der Kaiserkrönung eine deutlich verbesserte neue Rechtsposition für seine Herrschaft in Italien geschaffen, doch war der Kaiser von der Schaffung endgültiger Stabilität der deutschen Regierung in Italien noch sehr weit entfernt, wie die dortigen Ereignisse bald zeigten.

Kaum hatte der Kaiser Italien den Rücken gekehrt und die Grenze nach Deutschland überschritten, begann König Arduin mit der Rückgewinnung seiner verlorenen Position. In schnellen Schlägen eroberte er die Städte Como, Vercelli und Novarra und ließ das Land der Bischofsstädte verwüsten. Bischof Leo von Vercelli, der treue Anhänger Heinrichs II. in Italien, konnte nur mit Mühe entkommen. Doch Arduin unterschätzte die lombardischen Bischöfe, denn diese bündelten ihre Kräfte und unterstellten sie der Leitung eines erfahrenen Militärführers, des Markgrafen Bonifaz von Canossa. Dieser schlug den Aufstand nieder. Arduin geriet in große Bedrängnis, und als er auch noch erkrankte, gab er seine Pläne auf und zog sich im Mönchsgewand in die Abtei Fruttuaria zurück.

Das Kloster Fruttuaria wurde im Jahre 1003 von einem Benediktinerpater, dem heiligen Wilhelm von Volpiano (962–1031), gegründet. Es befindet sich etwa 15 Kilometer nördlich von Turin in dem kleinen Ort San Benigno di Canavese in Piemont. König Arduin I. hatte das Kloster im Verlaufe seines Lebens immer wieder reich beschenkt. Wilhelm von Volpiano war ein Neffe des Königs, wahrscheinlich der Sohn seiner Schwester Perinza. Die erste Klosterkirche wurde in Fruttuaria im Jahre 1006 im Beisein König Arduins und seiner Gemahlin, der Königin Berta, geweiht. Aus dem frühen 11. Jahrhundert blieb nur der romanische Glockenturm des Klosters erhalten.

Die Abtei wurde in jüngster Zeit archäologisch untersucht. Ein unterirdischer kreisförmiger Zentralbau mit der Imitation des Heiligen Grabes in Jerusalem sowie das romanische Kirchenschiff mit den beiden Seitenschiffen konnten nachgewiesen werden. Auch heute beherbergt das Kloster Fruttuaria noch zahlreiche Kunstschätze.

König Arduin I. starb am 14. Dezember 1015 in der Abtei Fruttuaria. Sein Kampf um Italien wurde von seinen Söhnen und Freunden fortgeführt. Der Sarkophag Arduins erhielt einen Platz in unmittelbarer Nähe des Hauptaltars der Klosterkirche. Das Grab wurde im Mittelalter bald zur Pilgerstätte. Dort verehrten ihn die antiimperial gesonnenen Italiener wie einen Heiligen. In der Zeit der Gegenreformation erinnerte sich Abt Ferrero an einen Bannfluch, der über Arduin I. verhängt worden war. Ein solcher Bannfluch schloss die Bestattung in geweihter Erde aus. Der Abt erzählte die Geschichte dem Fürsten Filippo von Aglie, worauf dieser die Knochen aus dem

Sarkophag in Fruttuaria entwenden und in das Castello d'Aglie überführen ließ. Dort blieben sie mehrere hundert Jahre. Im 19. Jahrhundert schufen die Grafen von Valperga in der Burgkapelle des Castello di Masino, ein Wandnischengrab, in dem König Arduin I. seitdem ruht.

Das Castello di Masino befindet sich oberhalb des Ortes Caravino, zirka 15 Kilometer südöstlich von Ivrea. Es kann besichtigt werden und verfügt neben einer sehenswerten Ausstattung auch über einen wunderschön angelegten Park.

Kapitel 12

1014–1018

FRIEDEN MIT POLEN UND DEN LUXEMBURGERN

Nach seiner Rückkehr aus Italien besuchte der Kaiser zunächst Bayern und Franken und reiste dann weiter in den Westen des Landes. Hier erschienen seine Schwäger Heinrich, Adalbero und Bischof Dietrich von Metz barfüßig bei Hofe, um den Kaiser zur Rückgabe des Herzogtums Bayern an Heinrich von Lützelburg zu bewegen. Doch trotz der demonstrierten Unterwerfung blieb Heinrich II. hart. Die Szene fand im Beisein eines polnischen Gesandten Herzog Boleslaws statt. Ob der Kaiser mit seiner unbeugsamen Haltung gleichzeitig auf indirektem Wege eine politische Botschaft an Boleslaw Chrobry richten wollte, bleibt reine Spekulation.

Aus dem Westen des Landes zog der Kaiser nach Sachsen. In der Königspfalz Allstedt musste der Herrscher über einen Vorfall entscheiden, der anzeigt, wie weit das Rechtsempfinden und die Rechtsordnung zur Zeit Heinrichs II. noch vom heutigen Rechtsstaat entfernt waren:

Markgraf Werner, ein junger Verwandter Bischof Thietmars von Merseburg, überlistete im November 1014 die Wachen der Burg Beichlingen und drang mit einigen Begleitern in die Burg ein. Hier bemächtigte er sich der ledigen Burgherrin Reinhild, die sich wohl nur zum Schein gegen die geplante Entführung wehrte. Doch die Burgbesatzung entdeckte die Absicht Werners und versuchte den Raub der Burgherrin zu verhindern. Sofort griff der Markgraf zum Schwert und verwundete einen Burgsoldaten schwer. Durch den Waffenlärm wurden nun alle Burgbewohner aufmerksam und eine Magd der Burgherrin wollte nun ebenfalls entführt werden. Dadurch aufgehalten, wurde ein Begleiter des Markgrafen gestellt, während sich Werner bereits außerhalb der Burg befand. Als Markgraf Werner den Hilferuf seines Gefolgsmanns hörte, eilte er zurück, doch sein Vasall war bereits tot. Markgraf Werner geriet nun ins Handgemenge – er durchbohrte einen Gegner mit seiner Lanze und sprang, da er sich von Feinden umzingelt sah, von der Burgmauer in den Burggraben. Die Burgbesatzung warf Steine auf ihn. Schwer verletzt konnte der Markgraf zunächst entkommen. Später wurde er von Beauftragten des Kaisers gefunden.

Die Entscheidung, die Heinrich II. in diesem Fall traf, ist ebenso krass wie die Tat des Markgrafen. Im Falle der Schuld sollten die Güter des Täters eingezogen und er selbst nach seiner Genesung hingerichtet werden. Gestand die Burgherrin Reinhild jedoch ein, dass sie die Entführung selbst gewünscht hatte, dann sollte Markgraf Werner sie heiraten. Doch es kam weder zum einen noch zum anderen, wenige Tage nach dem Urteil des Kaisers erlag Markgraf Werner seinen schweren Verletzungen.

Das Weihnachtsfest des erfolgreichen Jahres 1014 feierte der Hof wieder in der Königspfalz Pöhlde.

Am 5. Februar 1015 ließ Heinrich II. die Reichsunmittelbarkeit des Klosters Memleben aufheben und die Abtei dem mächtigen Reichskloster Hersfeld unterstellen. Abt Reinhold von Memleben wurde abgesetzt. Neben der Durchsetzung der Klosterreform, gegen die sich der Abt gewehrt hatte, handelte es sich bei dieser Maßnahme um einen späten Racheakt eines Vertreters der so genannten Sekundogenitur der Ottonen gegen die Primogenitur. Denn Kaiser Otto I. hatte die monumentale Marienkirche zu Ehren seines dort verstorbenen Vaters, des Königs Heinrich I., errichten lassen und Kaiser Otto II. ließ das Kloster Memleben für seinen Vater, Kaiser Otto I., erbauen, der im Jahre 973 ebenfalls dort gestorben war.

In diesem Zusammenhang wird daran erinnert, dass König Heinrich I. den Großvater Kaiser Heinrichs II., Herzog Heinrich I. von Bayern, bei der Vergabe der Nachfolge auf dem deutschen Thron als allein »Purpurgeborenen« überging. Kaiser Otto der Große demütigte den Großvater Kaiser Heinrichs II., Herzog Heinrich I. von Bayern, bis zu dessen endgültigen Unterwerfung immer wieder, allerdings nicht ganz ohne Grund. Außerdem setzte Kaiser Otto II. den Vater Kaiser Heinrichs II., Herzog Heinrich den Zänker, als Herzog von Bayern ab und schickte ihn in die Verbannung. Und schließlich bereiteten die beiden Kaiserinnen, Adelheid und Theophanu, dem Vater Kaiser Heinrichs II., Herzog Heinrich II. von Bayern, genannt »der Zänker«, im Kampf um die Thronrechte Ottos III. große Schwierigkeiten.

Es fällt auf, dass Heinrich II. trotz seiner verhältnismäßig langen Regierungszeit niemals in der Königspfalz Memleben Station machte, obwohl ihn sein Weg oft in die Nähe des Ortes führte. Die Vermeidung der Begegnung mit dem Monument der Primogenitur kann also kaum ein Zufall sein. Im Jahre 1013 bevorzugte der Herrscher sogar den völlig unbedeutenden Ort Balgstädt an der Unstrut und übernachtete lieber im äußerst unbequemen Feldquartier, anstatt die nur wenige Kilometer entfernte Königspfalz Memleben aufzusuchen. Das Kloster wurde wegen der Aufhebung der Reichsunmittelbarkeit durch Heinrich II. in seiner Bedeutung erheblich gemindert und die Marienkirche zerfiel allmählich. Es blieben von ihr, nachdem eine zweite, viel kleinere Kirche gebaut worden war, zuletzt nur noch wenige Reste übrig.

Sogar das Wissen um die Bedeutung des erhaltenen Tores ging im Laufe der Jahrhunderte verloren. Man nannte es »Kaisertor« und hielt es für einen Teil der ehemaligen Königspfalz. Erst in den Jahren 1959, 1964 und 1966 konnte durch archäologische Untersuchungen durch Gerhard Leopold die wahre Bedeutung des »Kaisertores« als letzter erhaltener Rest der ehemaligen Marienkirche erkannt werden. Die Bezeichnung »Kaisertor« stammt aus jüngster Zeit, denn 1554 wusste der Chronist Ernst Brotuff noch, dass es einst zur ottonischen Marienkirche gehört hatte. Die Diskussion um den Standort der Memlebener Königspfalz, der zuvor als eindeutig geklärt galt, wurde durch die Entdeckungen Leopolds neu entfacht.

Die ausgebliebene Unterstützung durch Boleslaw Chrobry während der Reise Heinrichs II. zur Kaiserkrönung nach Rom kam schon bald in Sachsen zur Sprache. Bereits im November 1014 beim Besuch des Herrschers im Westen des Reiches hatte Boleslaw durch seinen Gesandten Stoignew versucht, sich wegen seines Verhaltens rechtfertigen zu lassen. Nun wurde er aufgefordert, zum Osterfest am 10. April 1015 persönlich in Merseburg zu erscheinen, um sich dort wegen seiner unterlassenen Hilfeleistung beim Italienzug und wegen der dort von ihm angeordneten Spionageaktivitäten in Italien selbst zu verteidigen. Darüber hinaus hatte Boleslaw auch in Böhmen wieder politisch und militärisch einzugreifen versucht, indem er seinen Sohn Mieszko mit Friedensversprechungen nach Böhmen entsandte, um Herzog Ulrich zu einem Bündnis gegen den Kaiser zu bewegen. Tatsächlich aber plante Boleslaw, Herzog Ulrich gefangen zu nehmen und zu entmachten.

Als Herzog Ulrich von den Plänen Boleslaws erfuhr, nahm er Mieszko unverzüglich fest, ließ die vornehmsten Männer aus dem polnischen Gefolge Mieszkos töten und inhaftierte ihn in Böhmen. Sobald Heinrich II. von den Vorgängen in Polen und Böhmen erfuhr, bemühte er sich um die Auslieferung Mieszkos. Nach einigen diplomatischen Verhandlungen überstellte Herzog Ulrich den Sohn Boleslaws dem Kaiser, der dadurch ein gewichtiges Pfand in seine Hand bekam. Doch ohne seine gute politische Situation auszunutzen, ließ der Herrscher Mieszko unverständlicherweise gegen Lösegeld frei.

Am 6. April 1015 traf der Kaiser in Merseburg ein. Boleslaw ließ ihn lange warten, und, anstatt selbst zu kommen, sandte er letztlich nur seinen Schwiegersohn, den Markgrafen Hermann, und den Gesandten Stoignew. Diese übermittelten dem Kaiser die Weigerung Boleslaws, bei Hofe zu erscheinen. Vielmehr forderte der Herzog, dass seine Sache auf einem Fürstentag zur Aussprache kommen sollte.

Die Gelegenheit, zu einem dauerhaften Friedensschluss zu kommen, war leichtfertig vergeben worden. Die Auseinandersetzungen Kaiser Heinrichs II. mit Boleslaw Chrobry, die aus der Sicht des Kaisers den Interessen des Reiches dienen sollten, wurden unter den deutschen Fürsten zunehmend differenzierter gesehen.

Das Pfingstfest feierte das Kaiserpaar zusammen mit Bischof Meinwerk von Paderborn in Imbshausen. Hier verfügte der Kaiser die Amtsenthebung von Abt Wal von Corvey, der sich geweigert hatte, die benediktinische Klosterreform durchzusetzen. Abt Wal wurde durch Druhtmer, einen Mönch aus dem reformierten Kloster Lorsch, ersetzt. Viele Mönche im Kloster Corvey billigten diese Entscheidung nicht und verließen den Ort, allerdings kehrten die meisten später nach Corvey zurück.

Von Imbshausen zog der Hof nach Goslar. Hier erfuhr der Kaiser, dass am 31. Mai 1015 Herzog Ernst von Schwaben gestorben war. Er war auf der Jagd versehentlich durch einen Pfeil von einem seiner eigenen Ritter tödlich verwundet worden. Heinrich II. hatte Herzog Ernst von Schwaben in sein Amt eingesetzt, nachdem das Mündel des Kaisers, der Sohn Herzog Hermanns von Schwaben, früh gestorben war. Herzog Ernst von Schwaben stammte aus dem Markgrafengeschlecht der Babenberger, die die bayerische Ostmark besaßen.

Am 24. Juni 1015 übergab der Kaiser das Herzogtum Schwaben in Goslar an seine Cousine Gisela, eine Tochter seiner Tante Gerberga, die Schwester seiner Mutter. Gisela war also eine Enkeltochter König Konrads von Burgund, sie sollte Schwaben für ihren unmündigen Sohn, Ernst II. von Schwaben, bis zu dessen Volljährigkeit leiten. Ein neuer Beweis für die Wertschätzung, der sich bedeutende Frauen bei den ottonischen Herrschern erfreuten. Gisela heiratete noch im Jahre 1015 Bruno von Braunschweig, und nachdem dieser bald starb, vermählte sie sich im Jahre 1017 mit Graf Konrad vom Wormsgau, dem späteren Kaiser Konrad II. und Nachfolger Heinrichs II. auf dem deutschen Königsthron.

Inzwischen hatte der Kaiser zur Heeresversammlung nach Schlenzfurt an der Elbe rufen lassen, um zum unvermeidlich gewordenen Waffengang gegen Boleslaw Chrobry aufzubrechen. Kaiserin Kunigunde reiste unter dem Schutz Bischof Thietmars nach Merseburg, um dort die Rückkehr des Kaisers abzuwarten.

Herzog Bernhard von Sachsen drang mit einem Teil des Heeres von Norden her in polnisches Gebiet ein. Von Süden sollte Herzog Ulrich von Böhmen mit dem bayerischen Militär zum deutschen Heer stoßen. Am 3. August 1015 überschritt der Kaiser mit der Hauptmacht die Oder bei Krossen und griff eine polnische Abteilung unter Boleslaws Sohn Mieszko an.

Thietmar von Merseburg berichtete, dass 600 Polen getötet wurden, während das deutsche Heer nur geringe Verluste erlitt. Boleslaw war durch das Militärkontingent Herzog Bernhards bei Küstrin gebunden und konnte seinem Sohn nicht zu Hilfe eilen.

Aus verschiedenen Gründen kam es nicht mehr zu der Vereinigung der drei deutschen Truppenteile, doch war jede Abteilung für sich mehr oder weniger erfolgreich. Herzog Ulrich eroberte die Burg Landeskrone bei Görlitz und steckte sie in Brand. Herzog Bernhard verwüstete das Land bei Küstrin. Allerdings geriet auch eine Gruppe des deutschen Hauptheeres in einen polnischen Hinterhalt und musste etwa 200 Tote beklagen. Nach dem Abzug der deutschen Ritter eroberte Mieszko die Meißener Unterburg und nur mit großer Mühe konnte die deutsche Besatzung die Oberburg halten.

Da es dem Kaiser nicht gelungen war, seine Kräfte zu einer gemeinsamen Aktion gegen Boleslaw Chrobry zusammenzuführen, blieb auch der Feldzug des Jahres 1015 ohne Erfolg. Unzufrieden musste der Kaiser nach Merseburg zurückkehren.

Am 24. Dezember 1015 starb in Koblenz Erzbischof Meingaud von Trier. Heinrich II. erhielt die Nachricht in Paderborn, wo der Hof im Jahre 1015 das Weihnachtsfest verlebte. Wieder nutzte der Kaiser die Gelegenheit, einen wichtigen Bischofssitz durch einen ihm treu ergebenen Kirchenvertreter zu besetzen. Als Nachfolger für Erzbischof Meingaud ließ er den Bamberger Propst Poppo weihen, ebenfalls ein Adelsvertreter aus dem Hause der Babenberger. Die Weihe des Erzbischofs ließ der Kaiser von Erzbischof Erkanbald von Mainz vornehmen. Der Versuch des Metzer Bischofs Dietrich, die Handlung durchführen zu dürfen, stieß beim Kaiser auf taube Ohren.

Ebenfalls im Jahre 1015 starb Bischof Megingaud von Eichstätt. Der Tod dieses Bischofs bot für Kaiser Heinrich II. den Anlass, einen weiteren Teil des Bistums Eichstätt abzutrennen und dem Bistum Bamberg zuzuschlagen. Gleichzeitig ernannte er Gundekar, einen Priester aus dem Bamberger Domkapitel, zum neuen Bischof von Eichstätt. Gundekar kam wohl nur auf den Eichstätter Bischofsstuhl, nachdem er zuvor sein Einverständnis zur Gebietsabtrennung zugunsten des Bistums Bamberg erklärte. Der Kaiser ließ im gleichen Jahr ein Benediktinerkloster auf dem Bamberger Michelsberg gründen.

Im Frühjahr des Jahres 1016 zog der Hof wieder nach Süden. Das Osterfest wollte der Herrscher im geliebten Bamberg feiern. Nach dort hatte Heinrich II. seinen Onkel, König Rudolf III. von Burgund, zu einem freundschaftlichen Treffen eingeladen, aber König Rudolf hatte aus unbekannten Gründen nicht dorthin kommen können und stattdessen gebeten, den gegenseitigen Besuch nach Straßburg zu verlegen. Hier trafen die beiden Herrscher im Mai oder Juni des Jahres 1016 zusammen; auch Irmgard, die Gemahlin König Rudolfs, war anwesend, während Kaiserin Kunigunde in Sachsen geblieben war.

Die Begegnung fand in freundlicher Atmosphäre und bestem gegenseitigem Einvernehmen statt. Die schon früher besprochene Übereignung des Königreichs Hochburgund an das deutsche Reich im Falle des Todes König Rudolfs III. wurde erneuert.

Danach zog der Kaiser nach Basel, um von dort mit Heeresmacht gegen Graf Wilhelm von Poitou vorzugehen, der den von Heinrich II. eingesetzten Erzbischof Berthald von Besançon vertrieben hatte. Aber auch bei dieser Aktion war dem Kaiser kein Erfolg beschieden.

Der Kaiser blieb bis in den August des Jahres 1016 in Burgund und verließ das Land per Schiff auf dem Rhein, um seine Präsenz am Niederrhein zu demonstrieren. Vom 11. bis zum 17. Oktober 1016 hielt er sich in Frankfurt am Main auf und reiste von dort nach Duisburg, wo er am 6. Dezember 1016 weilte.

Während der Kaiser die Lösung der Streitigkeiten am Niederrhein Herzog Gottfried von Niederlothringen überlassen hatte, schlichtete er vermutlich in Duisburg selbst eine Auseinandersetzung zwischen Bischof Dietrich von Münster und Graf Hermann II. von Werl, die sich ihre Besitzungen aus nichtigem Anlass gegenseitig verwüstet hatten. Nach dem Tode Herzog Ottos von Niederlothringen im Jahre 1005 hatte Heinrich II. zunächst die Herzogswürde von Niederlothringen nicht neu vergeben, sondern sie bei der Krone behalten. Erst 1012 betraute der Herrscher den Ardennengrafen Gottfried mit dem Herzogsamt in Niederlothringen. Aber der niederländische Adel widersetzte sich immer wieder der Herrschaft Gottfrieds und damit gleichzeitig der kaiserlichen Autorität. Nach drei Jahren unablässiger Fehden und Kämpfe, in die auch Erzbischof Heribert von Köln eingriff, konnte Herzog Gottfried im Jahre 1015 in der Schlacht von Fleurus endlich seine Gegner bezwingen und die Reichshoheit in Flandern und am Niederrhein herstellen. Die Würdigung dieses Erfolgs des Herzogs wollte der Kaiser in Duisburg nachholen. Das Weihnachtsfest feierte das Kaiserpaar wieder in der Königspfalz Pöhlde.

Am 6. Januar 1017 fand in der Königspfalz Allstedt ein Reichstag statt, bei dem auch der unerhörte Akt des Überfalls Markgraf Bernhards auf die Stadt Magdeburg verhandelt wurde. Der Markgraf hatte sich zuvor bereits Erzbischof Gero von Magdeburg unterworfen, um dessen Vergebung gebeten und sie erhalten. Der lange Aufenthalt des Kaisers in Allstedt wurde zu lebhaftem Botschaftsaustausch mit Boleslaw Chrobry genutzt, doch mehr als ein Waffenstillstand kam bei den diplomatischen Aktivitäten nicht heraus.

Anfang April des Jahres 1017 fand in Goslar ein Hoftag statt, zu dem wieder die Fürsten des Landes gerufen worden waren. Erneut wurde ein Feldzug gegen Boleslaw Chrobry beschlossen, der im Sommer des gleichen Jahres stattfinden sollte. Nach dem Goslarer Hoftag wandte sich der Kaiser wieder in den Westen des Landes.

Ostern verbrachte er in Ingelheim und danach ging es zum Reichstag nach Aachen. Dieser Reichstag von Aachen wurde Mitte Mai abgehalten. Hier wurde vor allem der noch immer nicht abgeschlossene Streit des Kaisers mit seiner luxemburgischen Verwandtschaft verhandelt. Zwar konnte sich der Kaiser auch in Aachen immer noch nicht zu einem versöhnlichen Gnadenakt für seinen Schwager Heinrich von Luxemburg entschließen, doch erhielt dieser nunmehr eine konkrete Zusage für die Rückgabe des Herzogtums Bayern an ihn. Damit beendete Heinrich II. die jahrelangen Auseinandersetzungen mit seiner luxemburgischen Verwandtschaft endgültig.

Kaiserin Kunigunde hatte sich von Frankfurt aus allein nach Kaufungen begeben, wo sie schwer erkrankte. Nach ihrer Genesung ließ sie in Kaufungen ein Benediktinerinnenkloster gründen und übertrug die Leitung ihrer Nichte Oda, die der Kaiser später zur ersten Äbtissin des neuen Klosters Kaufungen ernennen ließ.

Aus dem Westen des Reiches ritt Heinrich II. nun wieder nach Sachsen, um den im Frühjahr beschlossenen Feldzug gegen Boleslaw Chrobry durchzuführen. Das Heer versammelte sich nunmehr schon zum wiederholten Mal bei Leitzkau an der Elbe. Heinrich II. prüfte seinen Schwager Heinrich von Luxemburg noch einmal, indem er ihn mit einem heiklen Auftrag zu Vermittlungsgesprächen zu Boleslaw Chrobry schickte.

Allerdings ging der polnische Herzog offenbar nicht auf die Vorschläge des Kaisers ein. Immerhin scheint Heinrich II. mit den Leistungen seines Schwagers zufrieden gewesen zu sein, denn er entließ ihn zur Kaiserin, die ihren Bruder erneut in die Würde als Herzog von Bayern erhob. Bemerkenswert bleibt, dass der Kaiser den Akt der Wiedereinsetzung seines Schwagers in das Amt des Herzogs von Bayern nicht selbst vornahm, sondern ihn von seiner Gemahlin vornehmen ließ.

Heinrich II. zog mit seinem Heer vor die Festung Glogau, wo ihn Boleslaw Chrobry erwartete. Zwischenzeitlich hatte dessen Sohn Mieszko in Böhmen einige Verwüstungen angerichtet, während Herzog Ulrich von Böhmen mit seinen Truppen beim Heer des Kaisers weilte. Eine offene Feldschlacht, die Boleslaw angeboten hatte, lehnte der Kaiser ab und wandte sich stattdessen zur Burg Nimptsch an der Lohe südöstlich von Zobten, um sie zu belagern. Doch da die Belagerer es nicht schafften, den Zuzug der von Boleslaw entsandten Verstärkung der Burgbesatzung in die Burg zu verhindern, scheiterte die Belagerung. Der Kaiser zog sich über Böhmen nach Sachsen zurück. Sein Feldzug gegen Boleslaw war wieder gescheitert. Auf dem Rückzug erlitt das deutsche Heer erhebliche Verluste.

Während der Kaiser sich mit seinem Heer im Osten aufhielt, kam es im Westen des Reiches zu einem denkwürdigen Kampf zwischen Herzog Gottfried von Niederlothringen und Graf Gerhard vom Elsass, einem Schwager der Kaiserin. Von den Begleitern des Grafen verloren um die 300 Männer das Leben, während der Herzog nur 30 Ritter beklagen musste. Der Sohn des Grafen, Siegfried, also ein Neffe der Kaiserin, und Graf Balderich vom Drenthegau gerieten in Gefangenschaft. Graf Konrad vom Wormsgau, der spätere Kaiser Konrad II., wurde in der Schlacht verwundet.

Von Merseburg aus besuchte Heinrich II. Bamberg und Würzburg und feierte das Weihnachtsfest des Jahres 1017 in Frankfurt, vermutlich, weil die Königspfalz Pöhlde im Jahre 1017 eine verheerende Brandkatastrophe erlebte, deren Spuren sicherlich noch nicht beseitigt worden waren, sodass die Pfalz für eine Feier im Dezember des Jahres 1017 nicht infrage kommen konnte. Auch das Kloster Berge bei Magdeburg war in der Nacht vom 20. auf den 21. Juli 1017 vollständig abgebrannt. Nur die Heiligenreliquien und ein Goldschatz konnten den Flammen entrissen werden.

Wie immer, wenn die militärischen Mittel Heinrichs II. nicht ausreichten, verlegte er sich auch nach dem Fehlschlag des Sommers 1017 auf Verhandlungen. Er beauftragte eine hochrangige Delegation unter der Leitung Erzbischof Geros von Magdeburg mit der diplomatischen Mission. Die Gespräche fanden in Bautzen statt.

Die Verhandlungspartner einigten sich zu den Bedingungen, die zu Pfingsten des Jahres 1013 in Merseburg verabredet worden waren. Polen erhielt die Lausitz und das Milzener Land als deutsche Lehen. Boleslaw bekam auf seinen Wunsch Oda von Meißen, eine Tochter des Markgrafen Ekkehard von Meißen und Schwester Markgraf Hermanns von Meißen, zur Frau.

Als Sicherheit für die deutsche Seite stellte Boleslaw eine Reihe vornehmer Geiseln. Der Kaiser musste Gunzelin, den Schwager Boleslaws, den er seit dem Jahre 1009 in Bamberg gefangen hielt, freilassen. Darüber hinaus verpflichtete sich das Reich zur militärischen Unterstützung des Krieges Boleslaws gegen Russland. Der Frieden wurde am 30. Januar 1018 in Bautzen geschlossen und hatte bis zum Tode Kaiser Heinrichs II. Bestand.

Über die langwierigen und immer wieder neu entbrannten Kriege Heinrichs II. gegen Herzog Boleslaw Chrobry wurde in den vorangegangenen Abschnitten dieses Buches berichtet. Der Frieden von Bautzen, der den Schlusspunkt unter diese Auseinandersetzungen setzte, soll der Anlass sein, noch einmal ausführlich auf die Hintergründe und Ursachen der Kämpfe einzugehen. Dies erscheint umso notwendiger, weil die kriegerischen Verwicklungen Heinrichs II. mit Polen in der Neuzeit oft verfälscht wiedergegeben wurden. Dies gilt besonders für die Geschichtsdarstellungen aus nationaler Sicht, sowohl auf polnischer als auch auf deutscher Seite.

Unter Kaiser Otto I. gelang es dem deutschen Reich, zwischen Elbe und Oder auf slawischem Gebiet Bistümer zu gründen, die die slawischen Stämme missionieren sollten. Im Jahre 966 trat der polnische Herzog Mieszko I. zum Christentum über. Das Herzogtum Böhmen war bereits 940 christianisiert worden. Mit diesen Vorgängen waren die Voraussetzungen für einen Anschluss des östlichen Europa an die christlich römische Kultur geschaffen worden. Polen und Böhmen, später auch das Kiewer Reich der Arpaden fühlten sich als Christen dem Kaiser des fränkisch-römischen Reiches und der christlichen Kirche verpflichtet und verbunden. Nach dem großen Aufstand der heidnischen Elbslawen im Jahre 983 umschlossen Polen, Böhmen und das deutsche Reich in christlicher Eintracht die heidnischen Gebiete und es wäre absehbar gewesen, dass den heidnischen Obodriten und Lutizen nur eine kurze Frist geblieben wäre, nach der sie das Christentum hätten annehmen müssen.

Der erfolgreiche Einfall Boleslaw Chrobrys im Jahre 1002 in die Lausitz bildete den Auftakt zu den Kriegen Heinrichs II. gegen Polen. Es ist nie ganz geklärt worden, was Boleslaw zu diesem Schritt bewogen hat. Wahrscheinlich wollte er nach dem Tod Ekkehards von Meißen aufgrund seiner familiären Beziehungen zu den Ekkehardinern Erbrechte für sich in Anspruch nehmen. Als Antwort auf die Maßnahme Boleslaws schloss Heinrich II. gegen alle Einsicht und Vernunft im Jahre 1003 einen Bündnisvertrag mit den Lutizen. Damit sprengte er die christliche Einheit und Kooperation mit Polen und Böhmen und verschaffte den heidnischen Elbslawen eine Loslösung vom christlichen Missionsdruck, der ihnen zu einer Atempause bis in das 12. Jahrhundert verhalf. Zwischen Polen und dem Reich klaffte mit einem Schlag ein tiefer Graben, der die kulturelle und zivilisatorische Entwicklung im östlichen Teil Europas erheblich schwächte und der im Grunde niemals überwunden wurde.

Vor dem Abschluss des Bündnisvertrags Heinrichs II. mit den Lutizen hatte es als völlig selbstverständlich gegolten, mit Böhmen und Polen freundschaftlichen und gut nachbarlichen Umgang zu pflegen. Besonders im sächsischen Adel hatten sich verwandtschaftliche Bindungen mit den östlichen Nachbarn in Polen und Böhmen ergeben. Im Jahre 1002 belehnte Heinrich II. den Sohn Ekkehards von Meißen, Hermann, mit der Mark Meißen. Markgraf Hermann von Meißen war mit Reglindis verheiratet, einer Tochter Herzog Boleslaw Chrobrys. Gunzelin, ein Bruder Markgraf Ekkehards von Meißen, war mit einer Schwester der Emnildis, der dritten Ehefrau Boleslaws, verheiratet. Später vermählte sich die Tochter des rheinischen Pfalzgrafen Ezzo, Richeza,

Hochgrab von Heinrich II. und Kunigunde im Bamberger Dom, Grabplatte mit Darstellung der Verstorbenen [10]

Bamberger Dom [11]

aufungen-Oberkaufungen. Klosterkirche zum Hl. Kreuz [12]
Michele Maggiore, Pavia [13]

Dom von Troja aus dem 11. Jahrhundert [14]

arrkirche zu Pöhlde [15]

Merseburger Dom [16]

e Königspfalz Tilleda [17]

Heinrichsturm in der Burg Abbach [18]

mit Mieszko II., dem Sohn Boleslaws Chrobrys. Richeza wurde die erste polnische Königin. Die Auflistung der fürstlichen Verbindungen zwischen polnischen und deutschen Adelsfamilien könnte fortgesetzt werden, denn es kam immer wieder zu Eheschließungen zwischen dem polnischen und besonders dem sächsischen Adel. Die gesellschaftliche und politische Kooperation mit dem deutschen Reich, die die Christianisierung Polens mit sich brachte, fügte Ost und West zusammen. Dieser Zusammenschluss diente der Pluralisierung gleich gerichteter Interessen: der Christianisierung der Elbslawen. Alle Beziehungen zwischen Polen und Deutschland sind letztlich aus diesem Grunde entstanden.

Die gemeinsame Verbeugung vor dem Grabe Bischof Adalberts von Prag, die Kaiser Otto III. und Herzog Boleslaw Chrobry in Gnesen vollzogen haben, unterstrich dramatisch die deutsch-polnische Verbundenheit, umso rätselhafter erscheint die Abwendung, die Heinrich II. vollführte. Unter diesem Aspekt erscheint die radikale Kehrtwendung in der Politik Heinrichs II. mit seinem Lutizenbündnis als tiefgreifender Umbruch, der von den Reichsfürsten seiner Zeit, vor allem aber vom sächsischen Adel, kaum verstanden werden konnte. Die Entscheidung Heinrichs II., sich mit den heidnischen Lutizen zu verbünden, löste also nicht nur einen langjährigen Kriegszustand aus, sondern sie stürzte das Reich in eine ernste Krise. Die Meinung der sächsischen Fürsten zur Ostpolitik Heinrichs II. kommt in der offenkundigen Zurückhaltung bei der Beteiligung an den Kämpfen gegen Polen zum Ausdruck. So darf es nicht verwundern, dass sich die militärischen Erfolge des Kaisers im Krieg gegen Boleslaw Chrobry in Grenzen hielten und dass am Ende nach 16 Jahren immer wieder neu entflammter Kriegshandlungen der Zustand, wie er vor Ausbruch der Auseinandersetzungen bestand, erhalten geblieben ist. Die Interesselosigkeit des sächsischen Adels am Krieg gegen Polen zeigte im Übrigen auf polnischer Seite ähnliche Züge. Boleslaw Chrobry fühlte sich stets als Lehnsträger des deutschen Reichs, nationale Hintergründe oder Gefühle haben in diesem Kampf nie eine Rolle gespielt.

Im Verlaufe des Krieges, wahrscheinlich bereits im Jahre 1012, erkannte Heinrich II., dass es unmöglich sein würde, unter diesen Umständen den polnischen Herzog militärisch besiegen zu können. Gleichzeitig muss ihm bewusst geworden sein, wie sehr ihm das Lutizenbündnis geschadet hatte. Aus diesem Grund suchte Heinrich II. noch vor seiner Kaiserkrönung den Ausgleich mit Pfalzgraf Ezzo, dessen Tochter Richeza durch Kaiser Otto III. dem Sohne Boleslaws versprochen war. Die Heirat Richezas mit Mieszko stellte eine Voraussetzung für den Frieden mit Polen dar.

Pfalzgraf Ezzo hatte sich im Streit des Herrschers gegen seine Luxemburger Verwandten auf deren Seite gestellt. Umso erstaunlicher erscheint die Entscheidung Heinrichs II., Pfalzgraf Ezzo deshalb nicht zu bestrafen, sondern ihn reich zu beschenken. Ezzo erhielt die Erbgüter zurück, die Heinrich II. Ezzos Gemahlin Mathilde als Reichsgut abgenommen hatte, und übergab ihm außerdem die Pfalz Kaiserswerth bei Düsseldorf, die Pfalz Duisburg und die Pfalz Saalfeld in Thüringen. Mit diesen Schenkungen begründete der Herrscher den enormen Aufstieg, den die Familie der Ezzonen danach genommen hat. Beim Friedensschluss von Merseburg im Jahre 1013 stimmte Heinrich II. der Vermählung Richezas mit Mieszko zu.

Leider führte der Vertrag von Merseburg noch nicht zu endgültigem Frieden. Das Ausbleiben der polnischen Unterstützung beim Zug zur Kaiserkrönung in Rom und Boleslaws Weigerung, sich deshalb vor dem Kaiser zu rechtfertigen, ließen Heinrich II. zu seiner erfolglos praktizierten Politik der Zusammenarbeit mit den heidnischen Lutizen zurückkehren. Erst der Frieden von Bautzen löste endlich den Konflikt und die Heirat Boleslaws mit Oda, der Tochter Ekkehards von Meißen, unterstrich die Bindung Boleslaws an das deutsche Reich. Der Frieden, der damals so schnell und überraschend zustande kam, sicherte Boleslaws Odermarken und besaß übergreifende europäische Dimensionen. Dies beweist der anschließende Krieg, den der polnische Herzog gegen das Kiewer Reich mit deutscher Unterstützung führte. Dass Boleslaw sich Kiew aneignete, konnte nur mit der Zustimmung Kaiser Heinrichs II. erfolgen.

Kapitel 13

1018–1021

DER KAISER

Im Frieden von Bautzen konnte Polen die Lausitz und das Milzener Land als Lehen behaupten, was in der Oberlausitz berechtigte Siegesgefühle aufkommen ließ. Doch auf der Seite des Kaisers trug er deutliche Züge von Resignation und nicht eine Spur von Erfolgsfreude. Das fehlende Verständnis für die politischen Absichten des Herrschers und die zögerliche und mangelhafte Bereitschaft zur Unterstützung seiner militärischen Aktionen im sächsischen Adel ließen Heinrich II. keine andere Wahl, als auf dem Status quo zu verharren. Immerhin setzte der Friedensschluss Handlungsspielräume an anderer Stelle für den Herrscher frei. So wandte sich der Kaiser folgerichtig nach einem Aufenthalt in Franken und einem längeren Besuch in Frankfurt, dessen Glanzpunkt das Weihnachtsfest des Jahres 1017 bildete, in den Westen des Landes.

Erster Höhepunkt und politischer Erfolg im Jahre 1018 bedeuteten die Übergabe der Insignien des Königreichs Burgund durch König Rudolf III. an Kaiser Heinrich II. am 8. Februar 1018 in Mainz. Natürlich erhielt Rudolf III. die Insignien aus der Hand des Kaisers zurück. Doch handelte es sich bei diesem Akt nicht um eine freundliche Geste, sondern um eine Handlung mit rechtsgültigem Hintergrund. Rudolf III. empfing aus der Hand des Kaisers symbolisch sein Königreich neu. Er unterstellte sich in Mainz ausdrücklich der kaiserlichen Oberhoheit als dessen Lehnsmann. Die bereits früher vereinbarte Bindung Burgunds an das deutsche Reich wurde durch die symbolträchtige Zeremonie von Mainz noch enger.

Von Mainz aus wandte sich der Kaiser in den Nordwesten des Landes. Auch hier kehrte in der Regierungszeit Heinrichs II. niemals stabiler Frieden ein. In Nimwegen, wo der Herrscher das Osterfest verbrachte, verpflichtete er Herzog Gottfried von Niederlothringen und Graf Gerhard zur Einhaltung eines durch kaiserlichen Spruch verkündeten Friedens. Die beiden hatten sich im August des Vorjahres einen erbitterten Kampf geliefert, der viele Menschenleben gekostet hatte (siehe Kapitel 12). Graf Berthold, der im April des Jahres 1017 die Monreburg am Niederrhein widerrechtlich eingenommen hatte, ergab sich freiwillig dem Kaiser, der die Burg sofort restlos niederbrennen ließ.

Fast zwei Monate weilte der Kaiser in Nimwegen. Während dieser Zeit gelang es Heinrich II., die langen Auseinandersetzungen in und um Lothringen zu beenden. Nicht seine militärische Stärke ermöglichte diesen Erfolg, sondern vielmehr das Verhandlungsgeschick des Herrschers. Er söhnte die wichtigsten Kontrahenten in Lothringen miteinander aus und schloss mit den eigenen Gegnern Frieden. Das neue, gute Einvernehmen des Kaisers mit den führenden Männern in Lothringen beendete gleichzeitig die vielen kleinen Fehden, die von den Vertretern des niederen Adels im Lande geführt wurden, indem sie zur Einstellung ihrer Streitigkeiten gezwungen wurden. In ganz Lothringen kehrte Frieden ein.

Im Mai 1018 befand sich Heinrich II. schon wieder im Südwesten des Landes. In Bürgel am Main hielt er einen Hof- und Gerichtstag ab. Von dort aus reiste Kaiserin Kunigunde ohne die Begleitung ihres Mannes nach Kaufungen, um dort an der Einweihung des neuen Klosters teilzunehmen, dessen Gründung sie selbst beschlossen hatte. Als erste Äbtissin setzte Kunigunde ihre Nichte Oda ein.

Kaiser und Kaiserin nahmen das Kloster Kaufungen unter besondere Obhut, sie beschenkten es und statteten es reich aus (MGH DD H II Nrn. 375, 376, 394, 406 a und 406 b). Kunigunde kehrte nach ihrem Besuch in Kaufungen nicht an den Hof zurück, sondern reiste nach Bayern, wo sie ihren Bruder Heinrich zum Herzog dieses Landes ernannte. Aus der Hand seiner Schwester erhielt Herzog Heinrich V. von Bayern sein Amt zurück, welches ihm der Schwager im Jahre 1009 genommen hatte. Diese Entscheidung, die der Kaiser im Einvernehmen mit seiner Gemahlin getroffen hatte, stellt ein bemerkenswertes charakterliches Zeugnis des Herrschers dar. Neun Jahre lang hatte Kaiser Heinrich II. seinen Schwager warten lassen, bis er ihm die Schuld verzieh, die dieser im Jahre 1008 während der Belagerung der Trierer Königspfalz auf sich geladen hatte (siehe Kapitel 9), und selbst nach dieser Zeit kam er nicht persönlich, sondern ließ seine Gemahlin die Wiedereinsetzung vornehmen.

Der Kaiser feierte das Pfingstfest in Ingelheim und ritt von dort weiter nach Worms. Dort ehrte er Bischof Burchard durch seine Teilnahme an der Einweihung des neuen Doms am 9. Juni 1018.

Von Worms aus brach der Kaiser über Straßburg nach Burgund auf. Bereits im Jahre 1006 hatte Heinrich II. das Bistum Basel vom Königreich Burgund zurückerhalten, das König Heinrich I. nebst weiterer Teile Alemanniens an König Rudolf II. von Burgund abgetreten hatte. Dafür erhielt Heinrich I. von König Rudolf II. die von ihm heiß begehrte, weil siegverleihende »Heilige Lanze«, die seitdem zu den Reichskleinodien zählte. Nachdem Heinrich II. Basel wieder an das Reich gebunden hatte, förderte der Herrscher das Bistum kräftig, vermehrte dessen Besitzstand erheblich und ehrte es durch die Übergabe kostbarer Geschenke.

Sicher verband er mit diesen Maßnahmen das Ziel, sich einen starken Partner zur Sicherung der Wegstrecke zum Großen St. Bernhard zu erwerben. Denn er wollte sich einen alternativen Zugang nach Italien wegen seiner dortigen Ambitionen sichern. Dabei dürfte diese Änderung im Einvernehmen mit dem Königreich Burgund beschlossen worden sein, deshalb darf sie keineswegs als ein Akt der Willkür des deutschen Herrschers gegen Burgund angesehen werden.

Vielmehr zeichneten sich bereits zu diesem Zeitpunkt die Bemühungen König Rudolfs III. ab, das Königreich Burgund enger an Deutschland zu binden, was dann in den Erbverträgen des kinderlosen Königs Rudolf III. von Burgund mit Heinrich II. und mit der Übergabe der burgundischen Reichsinsignien im Februar des gleichen Jahres in Mainz seine konsequente Fortsetzung fand und schließlich unter Kaiser Konrad II. mit der totalen Eingliederung des Königreichs Burgund in das deutsche Reich endete. Hintergrund aller Vereinbarungen Heinrichs II. mit König Rudolf III. von Burgund bildete die Bedrohung, die von dem mächtigen Grafen Otto Wilhelm von Burgund ausging. Der Graf beherrschte das Gebiet um Besançon und konnte aus dieser Position einen Riegel zwischen das deutsche Reichsgebiet und Hochburgund schieben und somit den Zugang des Kaisers nach Burgund und Italien behindern. Infolgedessen war die Übernahme des Bistums Basel durch das deutsche Reich geradezu dringend notwendig geworden.

Aber Graf Otto Wilhelm stellte nicht nur für den König von Hochburgund eine Bedrohung dar, sondern auch für den Kaiser in dessen Position als König von Italien. Graf Otto Wilhelm stammte aus dem Fürstengeschlecht der Markgrafen von Ivrea, also jener Familie, die nach den Karolingern in der Lombardei stets um die italienische Königskrone mitgekämpft hatte und die den Ottonen immer wieder Schwierigkeiten in Italien bereitet hatte. Die Vereinbarungen zwischen Heinrich II. und Rudolf III. stellten daher auch eine Allianz der beiden Herrscher gegen die Fürsten von Ivrea dar und zielten auf die Sicherung der Kronen von Italien und Burgund zugunsten der beiden Herrscher ab. Über die gesamte Regierungszeit Rudolfs III. betrachtet, gelang es dem König nie, seine Herrschaft in Burgund tatkräftig durchzusetzen. Sein Handlungsspielraum als König blieb stets gering und vom Wohlwollen der Landesfürsten abhängig.

Von Basel aus, wohin der Kaiser zum Heerbann aufgerufen hatte, drang Heinrich II. bis an die Rhone vor, um die Gegner König Rudolfs III. einzuschüchtern. Natürlich hatte König Rudolf III. von Burgund seine Unterstellung unter die kaiserliche Hoheit im Februar 1018 mit Bedingungen verknüpft. Als eine von diesen muss die militärische Intervention des Kaisers gegen die Feinde König Rudolfs III. in Burgund vereinbart worden sein. Zu kriegerischen Auseinandersetzungen kam es jedoch nicht, was am Erfolg der Aktion durchaus einige Zweifel lässt.

Vom 2. September 1018 bis Anfang Oktober hielt sich der Kaiser fünf Wochen lang in Zürich auf, vermutlich war Heinrich II. wieder einmal durch seine chronische Erkrankung ans Bett gefesselt.

Kurz nach Beginn des Jahres 1018, als der Kaiser noch in Frankfurt am Main weilte, überfielen die heidnischen Lutizen im Gebiet um die Mecklenburger Seen ihre christianisierten slawischen Nachbarn, die Wagrier und Obodriten, unter ihrem getauften Fürsten Mistizlaw. Die Lutizen, die dem Kaiser in seinem Kampf gegen Boleslaw Chrobry beigestanden hatten, rebellierten mehrfach während des langjährigen Krieges, den Heinrich II. gegen Polen führte. Das Bündnis, das der Herrscher mit den Lutizen geschlossen hatte, zementierte die lutizische Hegemonie östlich von Brandenburg und förderte die heidnische Restauration. Dies stand im krassen Widerspruch zum sakralen Herrscherauftrag, wonach der Kaiser der Verteidiger des Christentums sein sollte. Alle Ratgeber, die Heinrich II. vor einem Bündnis mit den Lutizen gewarnt hatten und deren Ratschläge er beiseite geschoben hatte, konnten sich nun bestätigt fühlen. Die soeben erst erbauten Kirchen und die Dörfer der Obodriten und Wagrier wurden zerstört.

Der Überfall der Lutizen wurde durch die Tatsache begünstigt, dass ausgerechnet die beiden wichtigsten Würdenträger an der östlichen Reichsgrenze, Erzbischof Gero von Magdeburg und Markgraf Bernhard, miteinander im Streit lagen und sich nicht auf eine gemeinsame Aktion gegen die Lutizen einigen konnten.

Als Vasall des Bischofs von Utrecht hatte sich Graf Dietrich von Westfriesland, ein Neffe der Kaiserin, unberechtigt bischöflichen Besitz auf der Insel Ysselmonde angeeignet. Er ließ dort eine Burg errichten. Als diese gebaut war, begann er von den Inselbewohnern hohe Abgaben zu fordern, außerdem erhob er von den auf der Maas vorbeifahrenden Schiffen Zollgebühren. Über diese Zustände führten die Anwohner Klage beim Kaiser, als dieser Anfang April 1018 in Nimwegen weilte. Heinrich II. beschloss, dass Bischof Adalbold von Utrecht den Besitz des Grafen niederbrennen sollte. Ende Juni versammelten sich Bischof Adalbold von Utrecht und Herzog Gottfried von Niederlothringen mit ihren Streitkräften auf Ysselmonde an der Maasmündung. Am 29. Juli 1018 wurden sie jedoch völlig überraschend von den Friesen des Grafen Dietrich aus dem Hinterhalt angegriffen und erlitten eine schwere Niederlage. Zwar konnten Bischof und Herzog mit knapper Not entkommen, aber ihr Heer ging nahezu völlig verloren.

Bevor der Kaiser in der lothringischen Angelegenheit selbst eingreifen konnte, hatte Bischof Adalbold von Utrecht mit Graf Dietrich Frieden geschlossen. Dabei verzichtete der Bischof auf ein gutes Stück seiner Rechte auf Ysselmonde, weil Graf Dietrich dringend als starker Partner Lothringens zur Abwehr der Normannen benötigt wurde.

Nach dem langen Aufenthalt in Zürich war Heinrich II. im Oktober rheinabwärts gezogen. Der Kaiser konnte während seines Aufenthalts am Niederrhein den wichtigen Bischofssitz in Lüttich durch einen Mann seiner Wahl neu besetzen. Bischof Balderich von Lüttich war am gleichen Tag gestorben, als die Schlacht auf Ysselmonde stattfand. Als Nachfolger bestimmte der Kaiser Wolbodo, einen Angehörigen seiner eigenen Hofkanzlei. Bischof Wolbodo von Lüttich führte sein Amt absolut im Sinne des Herrschers. Als besonderes Verdienst muss es Wolbodo angerechnet werden, dass er erheblichen Anteil am Zustandekommen der Aussöhnung zwischen Erzbischof Heribert von Köln und Heinrich II. besaß. Im Jahre 1018 verlor der Kaiser weitere wichtige Freunde und Vertraute, die ihn stets unterstützt hatten. Doch es gelang dem Herrscher, sie durch zuverlässige neue Männer zu ersetzen. Neben dem bereits erwähnten Bischof Balderich von Lüttich starb am 14. November 1018 Bischof Heinrich von Würzburg, dessen Nachfolger Meinhard wurde, auch er hatte dem Kaiser in der Hofkanzlei gedient.

Ein großer Verlust nicht nur für die Geschichtswissenschaft war der Tod Bischof Thietmars von Merseburg am 1. Dezember 1018, dessen Chronik mit diesem Datum abbricht. Seine Aufzeichnungen stellen für die Darstellung des Lebens Kaiser Heinrichs II. die wichtigste zeitgenössische Quelle dar. Auf dem Bischofssitz in Merseburg folgte Brun. Ebenfalls im Jahr 1018 war in Ravenna der Halbbruder des Kaisers, Erzbischof Arnulf, gestorben. Mit ihm verlor der Herrscher eine seiner wichtigsten Stützen in Italien.

Das Jahr 1018 klang für den Kaiser bei seinem Freund, Bischof Meinwerk von Paderborn aus, bei dem er das Weihnachtsfest verbrachte. Bischof Meinwerk von Paderborn stammte aus dem angesehenen, mit dem sächsischen Königshaus verwandten Geschlecht der Immendinger. Meinwerk hatte zunächst die Halberstädter und danach zusammen mit dem späteren Kaiser Heinrich II. die Hildesheimer Domschule besucht. Kaiser Otto III. nahm Meinwerk in seine Hofkanzlei auf und Heinrich II. ließ ihn zum Bischof von Paderborn weihen. Als Meinwerk von seiner geplanten Investitur hörte, soll er Heinrich II. gefragt haben, was er mit einem so armseligen Bistum zu schaffen habe, wo er doch allein aus seinen Eigengütern ein viel glänzenderes errichten könne. Schlagfertig erwiderte ihm Heinrich II., dass er bei seiner Auswahl gerade diese Voraussetzung bedacht habe und der Armut der Paderborner Kirche abhelfen könne. Meinwerk empfing am 13. März 1009 in Goslar von Erzbischof Willigis von Mainz die Bischofsweihe.

Nach einem Besuch am 9. Januar in Kaufungen blieb Heinrich II. den ganzen Winter und das Frühjahr des Jahres 1019 in Sachsen. Offenbar wollte der Kaiser sein Ansehen aufbessern, das in Sachsen wegen seines Kampfes gegen Polen gelitten hatte.

Mitte Februar hielt er in seiner Pfalz Goslar eine Synode ab, zu der neben dem sächsischen Adel und Episkopat Herzog Gottfried von Niederlothringen sowie die Bischöfe Adalbold von Utrecht und Eberhard von Bamberg erschienen waren. Kernpunkt der Beratungen war wieder einmal die Frage der Priesterehe. Die Beschlüsse der

Synode liefen sicherlich nicht auf eine Lockerung der Einstellung des Kaisers zu diesem Problem hinaus, viel eher war das Gegenteil der Fall.

Das Osterfest feierte der Hof bei Bischof Brun in Merseburg. Von dort ritt der Kaiser über Allstedt nach Magdeburg. Die Königspfalz Allstedt gehörte zu den beliebtesten Königspfalzen im Reich. Von Heinrich I. (935) bis zu König Philipp von Schwaben (1200) haben alle deutschen Kaiser und Könige diese Pfalz besucht. 49 Herrscheraufenthalte sind belegt (die tatsächliche Aufenthaltszahl liegt vermutlich wesentlich höher), 36 Urkunden wurden hier ausgestellt und sechs Reichs- bzw. Hoftage wurden in der Pfalz abgehalten.

Die deutliche Bevorzugung dieser Königspfalz gegenüber anderen Orten liegt an ihrer einmalig schönen Lage. Die Pfalz stand auf dem heutigen Schlossberg nordöstlich der Stadt Allstedt. Von ihren Einrichtungen ist nichts mehr erhalten, aber die wunderschöne Aussicht auf den Harz und die Umgebung ist geblieben. Die Gebäude, die heute auf dem Schlossberg in Allstedt zu sehen sind, stammen aus dem 15. bis 18. Jahrhundert.

Im Juni zog der kaiserliche Heerzug von Magdeburg aus nach Westfalen, um dort den Grafen Thietmar von Werl wegen einiger Freveltaten zu bestrafen, die dieser besonders der Kirche, unter anderen auch Bischof Meinwerk von Paderborn, angetan hatte. Den Soldaten des Kaisers gelang es, den Grafen dingfest zu machen und in Haft zu nehmen. Doch Graf Thietmar konnte aus dem Gefängnis fliehen. Später verzieh der Kaiser dem Grafen nach dessen Gnadengesuch. Ansonsten blieb der Sommer des Jahres 1019 verhältnismäßig ereignislos.

Am 11. Oktober des Jahres 1019 nahm Kaiser Heinrich II. an der Einweihung des neuen Baseler Münsters teil. Neben Bischof Adalbero von Basel waren der Erzbischof von Trier, die deutschen Bischöfe von Konstanz und Straßburg und die burgundischen Bischöfe von Genf und Lausanne anwesend. Aber der Erzbischof von Besançon fehlte, da er zu den Anhängern Graf Otto Wilhelms von Burgund gehörte.

Später traf der Kaiser Bischof Adalbero im Jahre 1020 im Zusammenhang mit dem Papstbesuch in Bamberg und in Fulda sowie im Jahre 1023, als Heinrich II. noch einmal Basel besuchte. Zur Domweihe in Basel schenkte der Herrscher dem Domkapitel unter anderem einen Reliquienschatz, nach einem Verzeichnis aus dem 14. Jahrhundert mit insgesamt 24 namentlich genannten einzelnen Reliquienobjekten, darunter solche vom Heiligen Kreuz, dem Heiligen Blut, von der Heiligen Jungfrau Maria, von den Aposteln Petrus und Paulus und eine Menge weiterer ungenannter Reliquien.

Vermutlich befanden sich die Reliquien im so genannten »Heinrichskreuz«, einem Reliquiengefäß aus dem Baseler Domschatz, das sich heute im Museum für Kunstgewerbe in Berlin befindet.

Des Weiteren schenkte der Kaiser eine goldene Altartafel, einen großen vergoldeten Silberkronleuchter, eine so genannte Kasel (ein besonders kostbares Messgewand) sowie ein prachtvolles, mit Gold überzogenes »Plenar« (Buch), dessen Deckel mit einem Bildnis des Kaisers versehen war und weitere kleinere Stücke.

Die Zuwendung, die Kaiser Heinrich II. dem Basler Bistum widmete, fand nach dem Tode des Kaisers im Mittelalter bis in die Zeit der Reformation in Basel besondere Würdigung in der Zelebrierung eines feierlichen Heinrichskults, der sich nach der Heiligsprechung des Herrschers entwickelte.

Von Basel begab sich der Hof nach Bayern und Franken und feierte das Weihnachtsfest in Würzburg bei dem erst kurz zuvor geweihten Bischof Meinhard.

Herzog Bernhard II. von Sachsen hatte immer wieder den Unwillen Heinrichs II. erregt. Er hatte eine Tochter Markgraf Heinrichs von Schweinfurt geheiratet, des heftigen Gegners Heinrichs II. Im Jahre 1011 beteiligte sich Herzog Bernhard nicht am Polenfeld des Herrschers, sondern führte eine Fehde gegen Erzbischof Liawizo von Bremen.

Beim Polenfeldzug im Jahre 1015 trat der Herzog nach kurzem Engagement bereits wieder den Rückzug an, ohne dafür die Erlaubnis des Kaisers einzuholen. Nun, im Winter des Jahres 1020, trat der Herzog in den offenen Aufstand. Der Kaiser eilte mit bewaffneter Macht nach Westfalen und belagerte Herzog Bernhard II. von Sachsen, der sich in der Schalkburg (in der Nähe von Minden) verschanzt hatte. Ehe es zu einem Kampf kam, vermittelten Kaiserin Kunigunde und Erzbischof Unwan von Bremen einen Frieden. Der Herzog unterwarf sich förmlich dem Kaiser, doch blieben ihm seine Stellung, sein Amt und sein Eigentum in vollem Umfang erhalten.

Nach Beendigung des sächsischen Aufstands eilte der Kaiser nach Franken, um in Bamberg Papst Benedikt VIII. zu empfangen. Dieser außergewöhnliche Besuch eines Papstes in Deutschland krönte im Frühjahr des Jahres 1020 die Regierungszeit Kaiser Heinrichs II. und entfaltete imperiale Macht und Pracht anlässlich glänzender Feste in Bamberg und Fulda. Zuvor hatte nur Papst Leo III. im Jahr 799 auf ostfränkischem Boden geweilt.

Die Reise des Papstes besaß trotz des äußerlich freudigen und freundschaftlichen Charakters der Begegnung des geistlichen und weltlichen Oberhauptes der Christen im Abendland in Wahrheit einen sehr ernsten Hintergrund. Der Papst kam als Bittsteller, denn die Verhältnisse in Italien verlangten dringend nach einer starken Hand (siehe Kapitel 15). Um Benedikt VIII. jedoch die Peinlichkeit eines Gesichtsverlusts zu ersparen, hatten Kaiser und Kaiserin den Papst mehrfach zu einem Deutschlandbesuch eingeladen, und die Prachtentfaltung sollte von vornherein den Verdacht ausschließen, dass es sich hier um ein nüchternes, rein politisch motiviertes Treffen handeln könnte. Heinrich II. hatte die Begegnung mit dem Pontifex maximus ausgezeichnet vorbereiten lassen. Der Papst traf am 14. April 1020 vor den Toren Bambergs ein. Zahlreiche hohe kirchliche Würdenträger aus Italien befanden sich in seinem Zug. Heinrich II. ließ Benedikt VIII. und sein Gefolge mit dem Gesang von vier Männerchören, die aus Geistlichen gebildet worden waren, empfangen. Alle an der Begrüßung des Papstes beteiligten Geistlichen trugen ihre Messgewänder, und die weltlichen Damen und

Herren trugen Prunkkleidung. Im Vorhof des Bamberger Doms empfing der Kaiser den Papst, indem er ihm die Hand reichte und in das Kircheninnere führte. An allen Hauptaltären kniete Benedikt nieder und verrichtete Gebete, schließlich nahm er auf dem Bischofsstuhl Platz. Nun stimmten die Geistlichen das Tedeum an, während die versammelte Gemeinde das Kyrie Eleison sang. Nachdem Kaiser und Papst den Bruderkuß getauscht hatten, begab sich Benedikt vor die Kirche, um den dort wartenden Sündern die Absolution zu erteilen. Danach zelebrierte der Papst selbst das Hochamt. Auch an den folgenden Tagen bis zum Osterfest am 17. April 1020 nahm Benedikt VIII. jeweils aktiv an den Gottesdiensten teil.

Erst nach Ostern trafen sich die hohen Herren zu politischen Gesprächen. Obwohl kein schriftliches Zeugnis erhalten ist, besteht kein Zweifel, dass der Kaiser dem Papst seine Unterstützung durch einen Italienzug in naher Zukunft in Aussicht gestellt hatte. Auch eine Synode der anwesenden deutschen und italienischen Geistlichkeit fand in Bamberg statt, doch ist über die gefassten Beschlüsse nichts bekannt.

Heinrich II. verteilte sehr großzügig Besitz- und andere Rechte an verdiente Bischöfe, besonders Bischof Heriward von Brixen, der den Papst über die Alpen bis nach Bamberg geführt hatte, erhielt für seinen Einsatz mit der Abtei Disentis im Churgau ein reich bemessenes Geschenk (MGH DD H II Nr. 424). Abschluss und zugleich Höhepunkt der Feierlichkeiten in Bamberg wurde die Weihe des Stifts St. Stephan durch den Papst am 24. April 1020. Bei dieser Gelegenheit beschenkte Benedikt VIII. das Stift mit vielen begehrten Reliquien zum andauernden Andenken an seinen denkwürdigen Besuch in der Stadt.

Gemeinsam brachen Kaiser und Papst von Bamberg aus auf, um nach Fulda zu reisen. Dort trafen sie am 1. Mai 1020 ein. Hier bestätigte der Papst zunächst die Rechte des Klosters Fulda neu und nahm es danach in seine persönliche Obhut. Das Kloster erhielt somit eine einzigartig herausgehobene Stellung und war allein dem römischen Stuhl verantwortlich. Am 3. Mai 1020 folgte der Kaiser dem päpstlichen Entschluss, indem auch er dem Kloster Fulda Immunität verlieh. Gleichzeitig mit dem Kloster Fulda erhielt auch das Bistum Bamberg durch eine Urkunde Benedikts VIII. noch einmal die unmittelbare Unterstellung unter die päpstliche Hoheit bestätigt. In einer rein förmlichen und freundschaftlichen Geste sicherte der Kaiser dem Papst mit einer Urkunde die Rechte und den Besitz der römischen Kirche.

Kaiser und Papst verabschiedeten sich in Fulda. Während Benedikt VIII. von dort auf dem direkten Wege zurück nach Italien ritt, reiste Heinrich II. über Kaufungen und Allstedt in den Westen des Reiches. Wie schon in den Jahren 1006 und 1007 musste der Kaiser eingreifen, um den unbequemen und widerborstigen Grafen Balduin von Flandern zur Räson zu bringen. Das Heer versammelte sich in Aachen und am 5. August 1020 hatte Heinrich II. die Stadt Gent eingenommen. Zu nennenswerten Kampfhandlungen scheint es auf diesem Feldzug in Flandern nicht gekommen zu sein. Immerhin werden in den Jahrbüchern von Vormezeele bei Ypern die Namen von zwei Männern erwähnt, die während dieses Feldzugs gefallen sind.

Kaum war die Angelegenheit mit Graf Balduin von Flandern geregelt, zwang ein anderer Vorfall mit einem rheinischen Grafen den Herrscher zum Eingreifen. Auf Betreiben Erzbischof Erkanbalds von Mainz hatte Graf Otto von Hammerstein die Ehe mit seiner Gemahlin Irmgard auf dem Hoftag von Bürgel im Jahre 1018 auflösen müssen. Der Grund für diese harte Entscheidung des Kaisers lag in einem zu engen Verwandtschaftsgrad zwischen Graf Otto und seiner Frau. Den Grafen hatte die kaiserliche Verfügung hart getroffen, da er mit Irmgard eine liebevolle Beziehung geführt hatte. Er verfolgte seither Erzbischof Erkanbald mit grimmigem Hass.

Im Jahre 1020 versuchte Graf Otto sogar Erzbischof Erkanbald mit Waffengewalt zu entführen. Doch der Erzbischof konnte entkommen. Nur einige Gefolgsleute Erkanbalds nahm Otto gefangen. Diese inhaftierte der Graf auf Burg Hammerstein am rechten Rheinufer gegenüber von Andernach. Der Angriff auf einen Erzbischof des Reiches stellte einen unerhörten strafwürdigen Akt dar. Außerdem widersetzte sich der Graf der kaiserlichen Verfügung, indem er seine Gemahlin, die er nur der Form halber zeitweise verstoßen hatte, wieder bei sich aufnahm. Nun hatte sich Graf Otto mit seiner Gemahlin auf Burg Hammerstein verschanzt. Heinrich II. sah sich gezwungen, die Sache selbst in die Hand zu nehmen. Bereits auf der Synode von Nimwegen im Jahre 1018 war der Graf wegen Nichterscheinen mit Exkommunikation bestraft worden und inzwischen waren auch Kirchenbann und Reichsacht gegen Graf Otto von Hammerstein ausgesprochen worden. Es ging darum, Recht und Gesetz im Lande durchzusetzen. Dieses Vorhaben zählte für Heinrich II. mehr als die geplante Italienreise. Die Ruinen der Burg Hammerstein sind noch erhalten und zeigen auch heute aufgrund ihrer Lage, dass sie zu damaliger Zeit uneinnehmbar war, zumal sich eine starke Besatzung in ihr aufhielt.

Der Kaiser traf Ende September 1020 bei Burg Hammerstein ein. Da die Erstürmung nicht infrage kam, blieb als mögliche Alternative nur eine Belagerung. Drei Monate hielt die Burgbesatzung durch. Der Kaiser musste sogar das Weihnachtsfest bei Burg Hammerstein verbringen. Schließlich sah sich Graf Otto am 26. Dezember 1020 gezwungen, seine Burg an den Kaiser zu übergeben, nachdem alle Lebensmittel verbraucht waren. Heinrich II. gewährte dem Grafen freien Abzug, aber Kirchenbann und Reichsacht wurden nicht gelöst, weil Graf Otto seinerseits nicht bereit war, seine Verbindung zu Irmgard aufzulösen. Der Kaiser aber hatte durch sein hartnäckiges und strenges Durchgreifen erheblich an Respekt im Lande gewonnen. Im Jahre 1023 versuchte Erzbischof Aribo von Mainz noch einmal, das Paar zur Trennung ihrer Ehegemeinschaft aufzufordern, und erneuerte die Exkommunikation (siehe Kapitel 16).

Der Herrscher begab sich von Hammerstein nach Köln. Seit seiner Thronkandidatur (siehe Kapitel 6) hatte Heinrich II. sich immer wieder über Erzbischof Heribert von Köln ärgern müssen. Der Widerstand des Erzbischofs gegen Heinrichs Krönungsabsichten, die guten Beziehungen, die dem Kleriker zu den Reichsfeinden in Italien nachgesagt wurden, und die Beteiligung an der Belagerung der Burg Hammerstein, die der Erzbischof wegen seines schlechten Gesundheitszustandes abgesagt hatte, waren Vorkommnisse, die die Geduld des Herrschers erheblich strapazierten und seine Nachsicht endgültig beendeten. Voller Zorn gegen den Erzbischof reiste der Kaiser nach Köln, weil er die Absage seiner Beteiligung an der Belagerung der Burg Hammerstein für eine Ausrede hielt.

In Köln hielt der Herrscher über den Erzbischof Gericht; dieser hatte es vorgezogen, nicht zu erscheinen. Schon war das Urteil über Heribert gefällt – er war zu einer hohen Geldstrafe verurteilt worden –, da öffnete sich die Tür des Gerichtssaals und der kranke Erzbischof erschien. Der Zustand des Geistlichen muss so gebrechlich gewirkt haben, dass dem Kaiser sofort sein Irrtum klar wurde. Darüber hinaus wurde Heinrich II. wohl auch unmittelbar bewusst, dass der Tod des Erzbischofs nahe bevorstand. Wieder ist es für Heinrich II. ganz charakteristisch, dass er ob dieser Erkenntnis einlenkte. Kaiser und Erzbischof versöhnten sich vor allen Anwesenden, indem Heinrich II. sich von seinem Thron erhob, Heribert umarmte und ihn um Verzeihung bat. Ein dreifacher Friedenskuss schloss die Versöhnung ab, danach lud der Herrscher seinen Erzbischof ein, neben ihm Platz zu nehmen. Schon dem Biografen Erzbischof Heriberts von Köln, Lantbert, fiel der rasche Umschwung im Verhalten des Kaisers auf, sodass er sich zu einer Erklärung genötigt sah. Er schrieb daher in die Lebensbeschreibung Erzbischof Heriberts, dass dem Kaiser in der Nacht vor der denkwürdigen Begegnung der heilige Petrus (Schutzpatron der Stadt Köln) erschienen sei, um ihm die Unschuld des Erzbischofs zu offenbaren. In der Beurteilung des Gesundheitszustands des Erzbischofs erhielt der Herrscher jedenfalls Recht. Erzbischof Heribert von Köln starb am 16. März 1021 in Köln. Er wurde im Marienkloster in Deutz auf dem rechten Rheinufer beigesetzt. Als Nachfolger bestimmte der Kaiser Pilgrim, den Leiter seiner italienischen Hofkanzlei. Wieder bewies Heinrich II. mit der Auswahl Pilgrims sein enormes Geschick in Personalfragen; als entschiedener Gegner der kritischen Männer, die sich zuvor um Erzbischof Heribert von Köln geschart hatten, wirkte der ehemalige Hofkanzler im Sinne Kaiser Heinrichs II. Am 29. Juni 1021 wurde Pilgrim im Kölner Dom zum Erzbischof geweiht.

Der Kaiser hatte sich im Februar von Köln nach Sachsen begeben, kehrte dann nach Köln zurück, um den Erzbischofsstuhl zu besetzen. Seine Kölner Gegner wagten es nicht, einen Gegenkandidaten aufzustellen. Kaum hatte der Herrscher die Kölner Angelegenheit zu seiner Zufriedenheit geregelt, da starb am 21. April 1021 in Lüttich Bischof Wolbodo. Ohne Rücksicht auf Stand und Geburt zu nehmen, bestimmte der Kaiser Durand aus der Dienerschaft des Lütticher Dompropstes Godeschalk zum Nachfolger auf dem Bischofsstuhl zu Lüttich. Durand stammte aus einer hörigen Familie, doch glänzte er durch seine außergewöhnlichen geistigen Begabungen und Fähigkeiten. Er hatte als Lehrer in Bamberg gearbeitet und sich zeitweise auch bei Hofe aufgehalten. Heinrich II. kannte Durand also sehr gut und es bewies sich auch hier, dass eine große Karriere in der Regierungszeit Heinrichs II. nur über den kaiserlichen Hof zu machen war.

Ende Juli des Jahres 1021 verkündete der Kaiser auf einem Hoftag in Nimwegen, dass er zu einem Feldzug gegen die Griechen in Unteritalien aufbrechen wollte, und erließ dazu das Aufgebot an die lothringischen Fürsten zum Sammelplatz in Augsburg im November des gleichen Jahres.

Bevor er aber nach Italien aufbrach, ritt der Herrscher noch einmal über Franken nach Sachsen. In Gandersheim erreichte ihn die Nachricht vom Tode Erzbischof Erkanbalds von Mainz, der am 17. August 1021 gestorben war. Der Kaiser bestimmte Aribo, einen fähigen Mann aus reichem adeligem Geschlecht in Bayern, der das Kloster Göss gestiftet hatte, zum Nachfolger auf dem wichtigsten deutschen Erzbischofsstuhl. Aribo musste, bevor er sein Amt antreten konnte, noch in Gandersheim von Bischof Bernward von Hildesheim zum Priester geweiht werden. Am 1. Oktober 1021 wurde er in Mainz von Bischof Ekkehard von Schleswig in sein Amt eingeführt.

Anfang September traf der Kaiser in Werben an der Elbe ein. Hierher hatte Herzog Bernhard II. von Sachsen die Fürsten der Elbslawen zu einem Landtag bestellt. Es ging vor allem um die Rückgabe von Besitzungen, die die Slawen dem Bistum Oldenburg geraubt hatten. Doch die Entscheidungen, die Heinrich II. in Werben fällte, hatten nicht lange Bestand, denn als der Herrscher nach Italien aufbrach, um die deutschen Angelegenheiten in Italien zu regeln und dem Papst und dem süditalienischen Fürsten Melus von Bari gegen Byzanz beizustehen, fühlten sich die Slawen vor ihm sicher und kümmerten sich nicht mehr um die kaiserlichen Beschlüsse.

Über Halberstadt und Quedlinburg reiste der Kaiser nach Merseburg. Dort nahm Heinrich II. am 1. Oktober 1021 an der Einweihung des neuen Doms teil. Noch einmal ging es zu einem Hoftag nach Allstedt, wo sich der Herrscher vom sächsischen Adel verabschiedete, denn es wurde vereinbart, dass die Sachsen den bevorstehenden Italienzug nicht mitmachen, sondern zum Schutze der östlichen Reichsgrenze zu Hause bleiben sollten.

Am 12. November 1021 traf der Kaiser in Augsburg ein, dem Sammelplatz seines Heeres zum Feldzug nach Italien.

Kapitel 14

Drittes Intermezzo

HEINRICH II. UND SEINE KIRCHE

Das Verhältnis Heinrichs II. zum christlichen Glauben, zur Kirche im Allgemeinen und zu besonderen Persönlichkeiten aus dem Bereich der Kirche wurde bereits immer wieder angesprochen. Allerdings sind die Beziehungen des Kaisers zur Kirche und seine Bindung an die christliche Religion wie in keinem anderen Lebenslauf eines mittelalterlichen Herrschers in Deutschland so vielschichtig, dass diesem Verhältnis ein besonderer Abschnitt gewidmet werden muss. Die Kirchenpolitik des Kaisers wurde lange Zeit in der Geschichtsschreibung nicht entsprechend seiner wahren Leistungen gewürdigt. Heinrich II. galt als schwach und pfaffenhörig und wurde mit Beinamen wie »der Lahme« und »der Heilige« belegt, die dazu geeignet waren, seine Persönlichkeit und seine politischen Wirkungen in der Geschichte zu verfälschen.

Heinrich II. hatte erste Lehren und Unterweisungen im christlichen Glauben durch den Freund seiner Großmutter Judith, Bischof Abraham von Freising, erhalten. Diese Schulung wurde an der Hildesheimer Domschule fortgesetzt mit dem Ziel, Heinrich zum Priester auszubilden. Sein späteres Interesse an der Architektur, die Förderung der Buchmalerei, seine Beteiligung am geistigen Leben seiner Zeit, seine Kenntnisse der lateinischen Sprache und der christlichen Lehre gehen auf diese Ausbildung in Hildesheim zurück. Sein Urgroßvater dagegen, König Heinrich I., war Analphabet und Otto der

Große begann erst mit 30 Jahren, mühsam Lesen und Schreiben zu lernen.

Auch nach seiner Rückkehr nach Regensburg setzte seine Ausbildung nicht aus, doch richteten sich die Schwerpunkte nicht mehr ausschließlich auf das Priesteramt aus. Es steht außer Zweifel, dass Heinrich II. nicht nur zeitweise zum Priester bestimmt war, sondern dass er sich selbst die Priesterweihe wünschte. Es kann daher nicht verwundern, dass sich Heinrich II. als Kaiser sowohl zum Konvent mehrerer Klöster, wie zum Beispiel Cluny und Monte Cassino, als auch zu den Kanonikern der Domkapitel von Magdeburg, Bamberg und Straßburg zählte. Heinrich II. verstand sich als Herzog, König und Kaiser in der Kirche befindlich, als ihr aktives Mitglied im kirchlichen Verband, und in dieser Funktion beanspruchte er für sich die oberste (weltliche) Position. In Befolgung der Ansichten, wie Kaiser Otto der Große sie aufgestellt und praktiziert hatte, begriff sich Heinrich II. als Schirmherr der Kirche. Es stand also nur ihm zu, die Reinigung der Klöster und der Kirche vorzunehmen. Eine mögliche Grenze zwischen Kirche und Staat existierte für Heinrich II. nicht. Kirche und Staat bildeten in der Sicht des Kaisers eine unlösbar miteinander verbundene Einheit.

Sofort nach seiner Erhebung zum Herzog von Bayern zeigten sich die Wurzeln seiner Herkunft und Erziehung. Heinrich II. setzte in diesem Herzogtum die Klosterreform nach dem Beispiel des Klosters Gorze in Lothringen durch, das von Cluny beeinflusst war. Er erhielt dabei die Unterstützung seines Freundes, Abt Godehards von Niederaltaich, Tegernsee und Hersfeld, der dem Herrscher in Fragen der Reform als wichtiger Berater diente. Godehard gehörte zu den Anhängern der geistigen Strömungen, die im Kloster Gorze entwickelt worden waren. Im Jahre 1001 ernannte Heinrich, noch als Herzog Heinrich IV. von Bayern, Godehard zum Abt für das Kloster Niederaltaich. Gleichzeitig löste der Herzog die Unterstellung des Klosters aus dem Bistum Eichstätt und machte es so für die Reform nach benediktinischer Regel fähig. Nachdem Godehard das Kloster Niederaltaich reformiert hatte, erhielt er vom Herzog den Auftrag, auch das Kloster Tegernsee zu übernehmen und auch dort die neuen Regeln trotz Einspruchs Bischof Gottschalks von Freising einzuführen. 14 Monate benötigte Abt Godehard, um die Klosterdisziplin in Tegernsee nach Benedikt wieder herzustellen und das Kloster aus der Abhängigkeit des Bistums Freising zu lösen. Im Jahre 1005 übergab der König auch das Kloster Hersfeld an Abt Godehard. Die Mönche führten dort ein derart üppiges Leben, dass der Herrscher sich genötigt sah, das Kloster Hersfeld sofort zu reformieren. Viele Mönche verließen daraufhin das Kloster, doch die meisten kehrten bald dorthin zurück.

Als Bischof Bernward von Hildesheim am 20. November 1022 starb, ernannte der Kaiser Abt Godehard zum Nachfolger auf dem Hildesheimer Bischofsstuhl. Ähnlich wie Heinrich II. Abt Godehard mehrfach einsetzte, weil es ihm opportun erschien, ernannte er auch Abt Poppo von Lorsch in Personalunion zum Abt des überaus reichen und bedeutenden Klosters Fulda. Gleichzeitig entzog er dem Kloster alle Güter, die über die Existenzsicherung hinausgingen, und machte es damit reformfähig im Sinne der Einfachheit des monastischen Lebens. Doch sowohl unter Abt Poppo als auch unter seinem Nachfolger nahm der wirtschaftliche Erfolg des Klosters Fulda eher noch zu, woraus zu ersehen ist, wie sicher Heinrich II. in seinen Personalentscheidungen handelte.

So wie Heinrich in Bayern die Erneuerung des klösterlichen Lebens und die Unabhängigkeit der Klöster von den Bistümern mit aller Konsequenz und Strenge betrieb, so verfolgte er auch als König und Kaiser die Ziele der Klosterreform im Geiste von Gorze. Wie in der Auswahl seiner Bischöfe, wobei er die Wahlrechte der Domkapitel regelmäßig überging, besetzte er frei gewordene Abtpositionen in den Klöstern mit den Kandidaten seiner eigenen Entscheidungen und missachtete die Wünsche der örtlichen Konvente.

In der Unabhängigkeit der Klöster sah Heinrich II. die Gewähr für ihre Verlässlichkeit hinsichtlich der Treue zur Lehre, zur klösterlichen

Regel und zum Staat. Allerdings musste er als König und Kaiser Rücksicht auf die Bischöfe nehmen, denen die Begünstigungen der Klöster ein Dorn im Auge waren. Heinrich II. durfte die Bischöfe nicht verärgern, weil er sie dringend für die Verfolgung seiner politischen Ziele brauchte. Deshalb opferte er gelegentlich gegen seine eigene Überzeugung Klöster zugunsten ihm ergebener Bischöfe. Ohnehin übersah der Herrscher rücksichtslos früher erhaltene Privilegien und Rechte der Klöster und verfuhr mit ihnen so, als ob es sich um seinen Privatbesitz handelte.

Ursprünglich waren nur die Königspfalzen zur Abgabe von Naturalien an den König verpflichtet, es handelte sich um das so genannte »servitium regis«, das je nach Größe der Pfalz genau festgelegt war. Heinrich II. stellte die Klöster und Bischofssitze durch Vergabe von Landbesitz und Privilegien wirtschaftlich auf eine so gute Basis, dass er sie im Gegenzug zum »servitium regis« in Anspruch nehmen konnte, und legte ihn durch Rechtsspruch verbindlich fest. Klöster und Bistümer hatten daher auch Militärkontingente zu Kampfeinsätzen abzustellen, die Zahl der Soldaten und deren Ausrüstung war vorgeschrieben.

Doch im Gegensatz zum Episkopat hielt Heinrich II. die Klöster weitgehend aus der Politik, das heißt aus dem weltlichen Tagesgeschehen, heraus, obwohl gerade der Besitz von Land und Rechten der Gefahr der Verweltlichung Vorschub leistete, dagegen sollte die Klosterregel schützen. Die Klostergeistlichkeit hatte weltabgewandt und getreu ihrem Gelübde ein gottgefälliges Leben zu führen. Dabei standen als Gegenstand der monastischen Bemühungen die christliche Lehre und das Seelenheil der Mitmenschen an erster Stelle. Gleichzeitig sollte aber auch durch Sparsamkeit und Wirtschaftlichkeit die Leistungskraft der Klöster gestärkt werden.

Im frühen Hochmittelalter verfielen die klösterlichen Sitten, die christliche Lehre verkam. Ämterkauf (Simonie) in der Kirche wurde üblich. Laien konnten Bischofssitze erwerben, sich als Äbte in Klöster einkaufen oder andere kirchliche Ämter kaufen. Mit den Ämtern waren meistens lukrative Einkünfte verbunden, um die es in erster Linie ging. In vielen Klöstern herrschte ein zügelloses Leben.

Den Mönchen kam es nicht mehr auf ein gottgefälliges Dasein, auf Zucht, auf Ordnung und auf das Gebet an, sondern sie wollten ein angenehmes, bequemes, üppiges und weltliches Leben führen. Frauen wohnten wie Ehefrauen der Mönche in den Klosterzellen. Kinder tummelten sich in den Klosterhöfen – Kinder, die versorgt werden und für die Zukunftsperspektiven geschaffen werden mussten. Die christliche Lehre stand völlig im Hintergrund. In der Kirche ging es um Einkommen, Besitz und Macht.

Die Reformbewegung aus Cluny richtete sich gegen diese Missstände, aber sie ging noch weit darüber hinaus. In Cluny wurden neue Lebensformen und geistige Verhaltensmuster für die Angehörigen der Kirche entwickelt, die die abendländische Christenheit zutiefst erfasste und sie bis in die Neuzeit ganz erheblich beeinflusste. Die Reformbewegung, die von Cluny ausgegangen ist und die bald viele Klöster und die Kirche in ganz Europa ergriff, war eine Revolution, ein Ereignis, das einen tiefen Einschnitt in der Geschichte des Abendlandes bedeutete. Ihre Strömungen umfassen uns mit ihren Auswirkungen auch heute noch und kommen in ihrer gesellschaftlichen Bedeutung der Reformation Martin Luthers gleich.

Da in den deutschen Klöstern der Sittenverfall nicht so gravierend eingetreten war, wie dies in West- und Südeuropa zu bemängeln war, bewegte sich die Klosterreform im deutschen Reich in anderen Bahnen als in Italien, Spanien und Frankreich. Während dort die Wiederherstellung der klösterlichen Zucht und Ordnung im Vordergrund stand, bezog sich die Reform in Deutschland vor allem auf die geistigen Strömungen, die von ihr ausgingen. Klöster wie St. Emmeram in Regensburg, St. Maxim in Trier, Gorze, Prüm, Hersfeld, Lorsch und Fulda öffneten sich der Reform freiwillig oder zwangsweise und setzten sie im ganzen Land durch.

Im Grundsatz beinhaltete die cluniazensische Kirchen- und Klosterreform die Wiedereinführung der strengen Klosterregeln des heiligen Benedikt. Wesentliche Inhalte der Reform waren die »consuetudines«, die den Tagesablauf der Mönche in einer liturgischen Ordnung bis in das kleinste Detail festlegten. Gottesdienst und Arbeit sollten den Tag der Mönche prägen. Der Tagesablauf und die Nachtruhe der Mönche wurde etwa alle zwei Stunden von vorgeschriebenen Gebeten unterbrochen. Nach dem Morgengebet bei Sonnenaufgang begann der Arbeitstag, in den außer den vielen Gebeten sonst nur noch die Mahlzeiten eingeschoben wurden. Die Arbeitseinteilung oblag dem Abt, jeder Mönch erhielt nach Können und Neigung seinen Arbeitsauftrag, dazu gehörten Feld- und Gartenpflege, Schreib- und Malarbeit, Gästebetreuung, Kranken- und Armenpflege sowie die Nachrichtenübermittlung. Überflüssige Gespräche waren verboten. Der Mönch sollte beten und arbeiten. Im geistlichen Bereich im Gottesdienst und im Gebet standen die Rückbesinnung auf das Evangelium und die christlichen Glaubensinhalte an erster Stelle. Auf materiellen Besitz und die Hinwendung zu weltlichem Leben musste verzichtet werden. Dazu gehörte auch die Einführung des Zölibats für Priester. Gemeinschaftlich sollte das Leben der mönchischen Bruderschaft wie im Urchristentum geführt werden. Gefordert wurde die weltweite Anerkennung der cluniazensischen Reform. Klöster waren demnach der bischöflichen Gewalt entzogen. Stattdessen sollten Bistümer und Klöster unmittelbar der Macht des Papstes unterstellt werden. Schließlich sollte der Papst die Oberhoheit gegenüber jeder weltlichen Macht besitzen.

Wie gefährlich die beiden letztgenannten Reformpunkte für die Machtstellung des Kaisertums waren, wurde offenbar nicht erkannt. Solange das Papsttum in unübersehbarer Abhängigkeit zu den deutschen Herrschern im 10. und 11. Jahrhundert stand, blieb die Gefahr der Herauslösung der Kirche aus der weltlichen Gewalt gering. Noch mussten sich die Päpste den Anordnungen römischer Patrizier oder denen der deutschen Kaiser beugen. So nahmen auch die Bischöfe die Investitur durch den König, der ihnen ihr Land gab, als selbstverständlich und rechtlich korrekt hin. Trotz der Abweichung von den

Reformregeln, die dies bedeutete, unterstützte das Kloster Cluny das Vorgehen Heinrichs II., weil der Kaiser der Reform zum Durchbruch verhalf. Abt Odilo von Cluny war ein gern gesehener Gast am deutschen Hof. Obwohl wenig über das Verhältnis Heinrichs II. zu Abt Odilo bekannt ist, darf davon ausgegangen werden, dass Odilo zu den engsten Vertrauten des Kaisers gehörte und viel öfter am kaiserlichen Hof zugegen war, als es die Quellen verraten.

Odilo wagte es dort noch nicht auszusprechen, was an anderen Orten heimlich geflüstert wurde: die Kirche aus der Gewalt der Herrscher zu befreien. Heinrich II. unterstützte die Reform nach seiner Königskrönung, so wie er es zuvor in Bayern getan hatte, nun im ganzen Lande. Allerdings bevorzugte er nicht die von Cluny geforderte Art der Reform, denn es lag nicht in seinem Interesse, den Klöstern ihren Besitz zu nehmen und ihre Lebensfähigkeit einzuschränken. Aber die Wiedereinführung der benediktinischen Regeln in den Reichsklöstern förderte er kräftig und setzte sie teilweise sogar gewaltsam durch, wie beispielsweise im Jahre 1015 im Kloster Corvey (siehe Kapitel 13). Es kam dem Herrscher nicht auf eine Einzelheit an, sondern er behielt stets das Gesamtergebnis im Blickfeld. Da die Reform der Kirche und der Klöster nach seinem Willen von oben und nicht von der Basis her zu erfolgen hatte, muss der Kaiser zu den großen Reformern des 11. Jahrhunderts gezählt werden.

Trotz aller Strenge, mit der Heinrich II. seine Klosterreform durchsetzte, darf ihm an dieser Stelle tief greifendes persönliches Interesse, Engagement und Anteilnahme unterstellt werden. Der Kaiser fühlte sich den benediktinischen Klöstern innig verbunden. Vielleicht war gerade diese Verbundenheit der Grund, der ihn zu seiner Härte gegenüber den Klöstern trieb.

Die Härte und Strenge, mit der Heinrich II. generell seine Ziele verfolgte, hätten ihn beinahe bei seiner Königskandidatur scheitern lassen. Als er sich um die Krone bewarb, erinnerte man sich in der unter den Ottonen selbstbewusst gewordenen Kirche sehr gut daran, wie Heinrich gegen die Kirche in Bayern seine Reform durchsetzte. Einen solchen König wollte vor allem Erzbischof Heribert von Köln unter keinen Umständen auf dem Thron sehen. Schon gar nicht nach den Ereignissen bei der Rückführung des Leichnams Kaiser Ottos III. (siehe Kapitel 6). Doch Heinrich besaß einen wichtigen Trumpf: den bei Otto III. in Ungnade gefallenen Erzbischof Willigis von Mainz. Dieser wartete nur darauf, seinem Kölner Erzfeind entgegentreten zu können und ihm die Reichskanzlerschaft, die er an ihn verloren hatte, wieder zu entreißen. Heinrich erkannte diese große Chance und verschaffte sich über Erzbischof Willigis von Mainz den Zugriff auf die Reichskirche.

Heinrich II. wäre nicht ein König seines Formats gewesen, wenn seine erste Regierungshandlung nicht der Kirche gegolten hätte. Seine erste Urkunde stellte er für das Bistum Worms aus, mit ihr verlieh er dem Bistum einen Wald im Rhein- und Lobdengau (MGH DD H II Nr. 1). Von Anfang seiner Regierungszeit an widmete sich der Herrscher dem Aus- und Aufbau der Kirche. Nach dem Tod Erzbischof Giselers von Magdeburg wählte das Domkapitel Dompropst Walthard zum Nachfolger, doch dem Herrscher gelang es, diesen zum Verzicht zu bewegen und an seiner Stelle Tagino einzusetzen. Tagino war der Schüler Bischof Wolfgangs von Regensburg und Leiter der Hofkanzlei.

In Tagino besaß Heinrich II. einen absolut treuen Anhänger und zugleich einen gefügigen Untergebenen. Tagino stimmte sogleich der Wiederherstellung des Bistums Merseburg zu und es besteht kein Zweifel daran, dass diese Zustimmung vorab im Stillen vereinbart worden war. In kurzer Zeit hatte Heinrich bereits zwei Bistümer mit verlässlichen Gefolgsleuten besetzt. Fast alle Bischöfe, die er in Folge einsetzte, gingen durch seine Hofkanzlei, die so zur Auswahl- und Ausbildungsstätte für Bischöfe wurde. In arme, heruntergekommene Bistümer ernannte er stets Bischöfe aus reichen adeligen Familien und reiche Bistümer gingen an Klostergeistliche oder an Mitglieder aus weniger angesehenen Familien.

Und so zog sich die Absicht des Herrschers durch seine ganze Regierungszeit. Heinrich II. setzte also nicht wie Otto I. auf die Fürsten, sondern auf die Kirche als staatstragenden Verwaltungsapparat. Die Kirche als vorhandenes Verwaltungssystem für seine Zwecke auszurichten und zu nutzen, das schien ihm der einzige gangbare Weg zu sein, um seine politischen Ziele zu erreichen. So wie er es selbst in einer seiner Urkunden zum Ausdruck brachte, indem er sagte: »Ich habe mir meine Bürde dadurch erleichtert, indem ich sie auf die Bischöfe abwälzte.« (MGH DD H II Nr. 371)

Die Bischöfe wurden durch diesen Einsatz als Reichsbeamte zu politischen Handlungen gezwungen, sie konnten für – aber auch gegen – königliche Interessen handeln. Häufig beauftragte Heinrich II. seine Bischöfe mit schwierigen politischen Missionen, sogar Erzbischof Walthard von Magdeburg, dem der Herrscher nicht bedingungslos vertraute, sandte er zu Verhandlungen mit Boleslaw Chrobry nach Polen. Der Auftrag des Erzbischofs in dieser Sache wirkt daher wie eine Bewährungsprobe. In vielen Fällen verhielt sich Heinrich II. ähnlich und seine Maßnahmen zeigen, wie vorsichtig der Kaiser zu Werke ging.

Es darf nicht verwundern, dass die weltlichen Landesfürsten im Verlaufe der Regierungszeit des Kaisers zunehmend auf Distanz zum Herrscher gingen, zumal viele Einhaltungen seiner Versprechungen, die er bei seiner Königsbewerbung gemacht hatte, im Verlaufe seiner Herrschaft ausblieben.

Zum ersten Mal in der Geschichte des deutschen Reichs gelang es mit Heinrich II. einem Herrscher, eine Verbindung mit dem Papst herzustellen, die der gegenseitigen Förderung diente. Kaiser und Papst handelten gleichberechtigt nebeneinander in einer von beiden Seiten gewollten Gewalteneinheit zum Wohle der römischen Kirche und des Kaisertums. Für die auf lange Sicht ausgerichtete Diplomatie des Vatikans war dieser Zustand jedoch nur das Sprungbrett für eine stärkere Machtentfaltung in der Zukunft. Diese Gefahr übersah Heinrich II.

Natürlich war der Kaiser ein Mensch des Mittelalters und nur unter diesem Gesichtspunkt kann er verstanden werden. Die Bedenkenlosigkeit, die ihn in vielen Handlungen kennzeichnet, entstammte seiner fanatischen Frömmigkeit, doch das war eine Erscheinung seiner Zeit und er stand damit keineswegs allein. Seine Ziele richtete er nicht auf eine christlich-römische Weltherrschaft aus, sondern als Realpolitiker auf das augenblicklich Machbare. Und das war nach den Träumen und Utopien Kaiser Ottos III. sehr viel. Denn Heinrich hatte einen Staat übernommen, in dem es nicht zum Besten stand. Für diesen Staat Frieden, Ordnung und Planungssicherheit zu schaffen, dafür war er angetreten und dafür setzte er sich mit aller Kraft ein.

Im Einzelfall wirken die Taten Heinrichs II. im Umgang mit seinen Bischöfen oft zusammenhangslos und unverständlich, erst in der Summe der Handlungen wird die Kirchenpolitik des Herrschers deutlich. Mit der Kirche wollte Heinrich II. die Zersplitterung des Staates aufhalten und die Einheit nach Möglichkeit wieder herstellen. Zu diesem Zweck benutzte er die Kirche wie ein Verwaltungsinstrument. Seine ihm ergebenen Bischöfe setzte er gleichmäßig über das Land verteilt ein, sodass ein Beamtenapparat entstand, der ihm und seiner Politik allein verpflichtet war. Die Liste der von Heinrich II. eingesetzten Bischöfe ist lang, in Deutschland gehörten dazu: Erzbischof Aribo von Mainz, Erzbischof Erkanbald von Mainz, Erzbischof Gero von Magdeburg, Erzbischof Gunther von Salzburg, Erzbischof Meingaud von Trier, Erzbischof Pilgrim von Köln, Erzbischof Poppo von Trier, Erzbischof Tagino von Magdeburg, Erzbischof Unwan von Bremen-Hamburg, Erzbischof Walthard von Magdeburg, Bischof Beringer von Passau, Bischof Branthag von Halberstadt, Bischof Brun von Augsburg, Bischof Durand von Lüttich, Bischof Eberhard von Bamberg, Bischof Egilbert von Freising, Bischof Eilward von Meißen, Bischof Gerard von Cambrai, Bischof Godehard von Hildesheim, Bischof Gundekar von Eichstätt, Bischof Megingaud von Eichstätt, Bischof Meinhard von Würzburg, Bischof Meinwerk von Paderborn, Bischof Rothard von Konstanz, Bischof Siegfried von Münster, Bischof Thietmar von Merseburg, Bischof Thietmar von Osnabrück, Bischof Wigbert von Merseburg und Bischof Wigger von Verden.

In Italien verfolgte Heinrich II. eine ähnliche Politik, viele Bistümer besetzte er dort mit deutschen Bischöfen. Noch störte dabei aus Rom kein Einfluss, zumal sich der Herrscher um ein gutes Verhältnis zum Vatikan bemühte und die Päpste seinen kaiserlichen Schutz benötigten. In diesem Zusammenhang wird deutlich, weshalb Heinrich II. der Kirche so viel Territorium vermachte. Wo es möglich war, übergab er konfisziertes Land aus dem Besitz in Ungnade gefallener Fürsten an die Kirche, wie zum Beispiel im Falle des Markgrafen Heinrich von Schweinfurt, dessen Ländereien dem Bistum Bamberg zufielen. Mit seinen Schenkungen verpflichtete er die Bischöfe zu seinem gehorsamen Werkzeug und führte sie in Positionen, die nach Recht und Besitz weltlichen Fürstentümern glichen. Auch zur wirtschaftlichen Absicherung übertrug er ganze Grafschaften an seine Bistümer, besonders das Bistum Würzburg wurde wegen der Gebietsabtretungen an Bamberg reichlich mit Landbesitz entschädigt.

Das Verhältnis, das Heinrich II. mit der Kirche pflegte, wird an seiner eigenen Familie klar: Seinen Bruder Brun machte er zum Bischof von Augsburg, seinen Halbbruder Arnulf zum Erzbischof von Ravenna, seine Schwester Brigida zur Äbtissin des Klosters St. Paul in Regensburg und seine Schwester Gerberga zur Äbtissin des Klosters Frauenwörth-Chiemsee. Allein seiner Schwester Gisela gestattete er aus politischen Gründen ein weltliches Leben als Königin an der Seite König Stephans I. von Ungarn.

Der persönliche Einsatz des Kaiserpaares für das Wohl der Kirche im Lande wird durch die Teilnahme an zahlreichen Kircheneinweihungen deutlich. Oft fanden diese Einweihungen unmittelbar vor schwierigen Kriegszügen nach Polen, Burgund und Italien statt. Der Kaiser wollte mit seiner Präsenz beim feierlichen Gottesdienst den göttlichen Segen für die bevorstehenden Kämpfe erbitten. Die zeitgenössischen Quellen stellen den Stiftungseifer des Herrscherpaares bei solchen Anlässen immer wieder besonders heraus und in vielen Abbildungen werden Heinrich und Kunigunde in solchen Motiven dargestellt.

Mit den Geschenken an die Kirche verfolgte der Kaiser verschiedene Absichten. Zunächst musste er nach der Sitte der Zeit seine kaiserliche Huld demonstrativ zum Ausdruck bringen und sich der Zuneigung der Kirchenleitung versichern. Zweifellos verbesserte Heinrich II. damit das innenpolitische Klima und er nutzte seine Huld gezielt zur positiven Wirkung auf seine Untertanen. Privilegien, wie Königsschutz, Immunität, freie Wahl der Nachfolge von Bischöfen und Äbten, sollten die Bistümer und Klöster unabhängig von äußeren Einflüssen machen. Materielle Zuwendungen, wie Bücher und Kunstgegenstände, dienten unmittelbar zur Gestaltung und Verschönerung der Kirchen und der Gottesdienste. Und die Übereignung von Ländereien, Markt-, Münz- und Zollrechten sicherte die wirtschaftliche Existenz der örtlichen Kirchen und Klöster.

Neben den politischen Gründen für die Stiftungsfreudigkeit Heinrichs II. spielten oft auch persönliche Freundschaften zu den Beschenkten, wie beispielsweise zu Bischof Meinwerk von Paderborn, eine große Rolle. Auf die Gestaltung der Gottesdienste nahm der Herrscher sowohl durch seine von ihm verfügten Änderungen im Ablauf der Liturgie, zum Beispiel durch die Einführung des Glaubensbekenntnisses als unverzichtbaren Teil der heiligen Messe, als auch in der Person als oberster Reichskleriker persönlich Anteil. Dabei stand er im Chor der zu weihenden Kirchen neben den Bischöfen und griff ordnend und korrigierend in die Weihehandlungen ein. Insgesamt wohnte Heinrich II. als König und Kaiser 15 Kircheneinweihungen bei. Davon fanden sieben in Sachsen statt. Einerseits betonte Heinrich damit nach außen seine Verbundenheit zum Stammland seines Herrschergeschlechts, andererseits unterstrich er damit seine verwandtschaftlichen Gefühle zu den weiblichen Familienmitgliedern, den Äbtissinnen Adelheid und Sophie, den Schwestern Kaiser Ottos III., diese schätzte und förderte er wegen ihrer Leistungen, obwohl er sonst Antipathie gegenüber den Angehörigen der Primogenitur empfand. Einen weiteren Schwerpunkt seiner Stiftertätigkeit setzte er vor allem in Bamberg. Die Weihe des Bamberger Doms ließ er völlig ungewöhnlich an einem Dienstag vornehmen – es war der 6. Mai 1012, sein 39. Geburtstag.

Heinrich II. ging in seiner Kirchenpolitik eine mittelalterliche, für uns nicht mehr verständliche Gemeinschaft von einerseits Frömmigkeit und Glauben und andererseits Politik und Regierungsgewalt ein. Dabei besaßen seine Schenkungen stets den Anspruch von politischen Handlungen zum Wohle des Reiches, indem er nach seinem Willen die Kirche stärkte. Es sollte ihm nicht vorgeworfen werden, dass er auch sein persönliches Seelenheil im Sinn hatte. Vielmehr ist diese Tatsache dem besonderen Verhältnis zuzurechnen, das die Menschen des Mittelalters im Umgang mit Gott und ihrem Glauben pflegten.

Kapitel 15

1021–1022

DER DRITTE ITALIENZUG

Als Kaiser Heinrich II. nach seiner Krönung im Jahre 1014 Italien verlassen hatte, wandelten sich die Entfaltungsprozesse auf der Apenninenhalbinsel langsam, aber stetig gegen die deutschen Interessen. Zwar war König Arduin I. im Jahre 1015 gestorben, aber die Gegner des Kaisers blieben keineswegs tatenlos. Dabei verliefen die Entwicklungen, die sich gegen die Belange des deutschen Reiches richteten, in Nord-, Mittel- und Süditalien in ganz unterschiedlichen Bahnen. Seit dem Zerfall des Römischen Imperiums kehrte auf der Apenninenhalbinsel nie absolute Ruhe ein.

In Norditalien arbeitete besonders Bischof Leo von Vercelli, der treueste Anhänger des Kaisers in Italien, für die deutsche Sache. Immer wieder hatte sich der Bischof mit der Bitte an den Herrscher gewandt, persönlich aktiv in Italien einzugreifen. Die Untertanen des Bischofs mussten sich zwangsweise Graf Ubert, dem Gegner des Bischofs, unterwerfen, ihm Treue schwören und Geiseln stellen. Heinrich II. hatte im Jahre 1014 die Besitzungen des Grafen konfisziert und dem Bistum Pavia unterstellt. Es erscheint daher kaum verwunderlich, dass der Graf sich nunmehr an anderer Stelle schadlos hielt. Auch die Söhne König Arduins blieben nicht untätig und es mehrten sich die Stimmen, die einen neuen König aus ihren Reihen für Italien zu krönen wünschten.

Es gab Gerüchte über eine Allianz zwischen Arduins Söhnen und König Rudolf III. von Burgund, obwohl dieser mehrfach dem Kaiser gehuldigt und ihm sein Königreich testamentarisch übereignet hatte. Die Schwäche König Rudolfs III. von Burgund blieb natürlich auch Kaiser Heinrich II. nicht verborgen. Die Verbindungen der Gegner des Kaisers reichten vielleicht sogar über die Alpen hinweg bis in das deutsche Reich.

Erzbischof Heribert von Köln und sein Bruder, Bischof Heinrich von Würzburg, besaßen Gründe genug, um dem Kaiser nicht besonders wohlwollend gesonnen zu sein. Bischof Leo von Vercelli unterrichtete den Kaiser schriftlich von dieser Beziehung; ob dies ein Trick des Bischofs war, um den Kaiser zum Eingreifen in Italien zu motivieren, oder ob es sich um die Wahrheit handelte, sei dahingestellt. Es war Bischof Leo von Vercelli gelungen, gegen die Feinde des Kaisers einige seiner Bischofskollegen in Oberitalien und Graf Tado von Verona auf seine Seite zu ziehen. Doch insgesamt waren die militärischen Kräfte der prodeutschen Partei in Norditalien zu gering, um gegen die Feinde des Reiches ernsthaft antreten zu können.

In Rom hatte nach dem Abzug des deutschen Heeres im Jahre 1014 die Patrizierfamilie der Crescentier ihre Macht zurückgewonnen. Sie verweigerte die Herausgabe der Burgen Tribuccum und Buckinianum an den kaisertreuen Abt Hugo von Farfa, obwohl der Kaiser dies schriftlich verfügt hatte. Hilfesuchend wandte sich Abt Hugo an Papst Benedikt VIII., der die Crescentier zunächst aufforderte, den Anordnungen des Kaisers Folge zu leisten. Als sie auch dann nicht reagierten, lud der Papst sie vor sein Tribunal, um den Streit durch einen Vergleich oder durch ein förmliches Verfahren beizulegen. Doch die Crescentier lehnten alle Schlichtungsversuche ab und zogen sich auf ihre Burgen zurück.

Papst Benedikt VIII. belagerte daraufhin die Burg Buckinianum, in die sich Crescentius zurückgezogen hatte. Nach 20 Tagen musste er aufgeben. Doch nun zeigte es sich, wie vorsichtig Benedikt VIII. schon im Jahre 1014, also kurz nach der Abreise Heinrichs II., mit den Crescentiern umging. Gegen die Zusicherung, sich einer zukünftigen Gerichtsverhandlung zu stellen, ließ der Papst Crescentius ziehen, der sich sofort nach Tribuccum zu seinem Bruder begab. Abt Hugo erhielt vorläufig die Burg Buckinianum zurück.

Ende Juli 1014 sollte der Gerichtstermin vor Tribuccum stattfinden. Doch trotz dreimaliger Aufforderung blieb Crescentius der Verhandlung fern. Nun war die Geduld Papst Benedikts zu Ende. Im Jahre 1015 belagerte er die Burg Tribuccum und nahm Crescentius und seinen Bruder Johannes schließlich gefangen. In einem Prozess wurden die Brüder enteignet und ins Exil geschickt. Abt Hugo von Farfa erhielt nun auch die Burg Tribuccum. Anfang des Jahres 1016 hatten sich Papst Benedikt VIII. und mit ihm die deutschfreundliche Partei der Tusculaner uneingeschränkt in Rom durchgesetzt.

Doch diese Freude währte nicht lange. Benedikt konzentrierte sich nunmehr auf die Abwehr der Araber, die von Spanien und von Sizilien aus überfallartig in Mittelitalien einfielen und dort die Städte und Siedlungen plünderten und zerstörten. Im Jahre 1015 eroberten sie die Insel Sardinien, doch gelang es den vereinigten Kräften der Städte Genua und Pisa, die Araber von der Insel zu vertreiben. Besonders Pisa hatte zuvor unter den Angriffen der arabischen Sarazenen gelitten und war zuletzt im Jahre 1011 erobert und zerstört worden.

1016 kehrten die Araber unter Emir Mogehid nach Sardinien zurück und nahmen die Insel erneut ein. Wieder wurden sie von den Genuesen und Pisanern, diesmal mit Unterstützung aus Rom, angegriffen und vernichtend besiegt. Papst Benedikt schickte den Halsschmuck der Gemahlin Emir Mogehids zum Zeichen seines Sieges als Geschenk an Kaiser Heinrich II. nach Deutschland.

Im weiteren Verlauf des Jahres 1016 erfolgte in Rom der Umschwung. Johannes und Crescentius kehrten völlig überraschend mit neuer militärischer Macht nach Rom zurück. Wie sie in der Verbannung diese Kräfte sammeln konnten, bleibt ungewiss. Sicher ist jedoch, dass sie machtvoll in Rom auftreten und Papst Benedikt VIII. ihren Willen aufzwingen konnten. Inwieweit sich der Papst zum Schein den Crescentiern unterwarf, ist nicht mehr nachzuvollziehen.

Abt Hugo von Farfa musste seine beiden Burgen wieder herausgeben und in Rom herrschte die antideutsche Partei.

Seit der Niederlage, die Kaiser Otto II. im Jahre 982 am Kap Colonne bei Cotrone erlitten hatte, entwickelte sich Süditalien völlig unabhängig vom übrigen Italien und damit auch von Einflüssen durch das deutsche Reich. Calabrien und Apulien waren von den Byzantinern besetzt und auf der Insel Sizilien herrschte seit dem Jahr 998 der sarazenische Emir Giafar, der die südlichen Küsten des italienischen Festlands in regelmäßig wiederkehrenden Raub- und Plünderungszügen beunruhigen und bedrohen ließ.

Die griechische Herrschaft in Süditalien bedeutete eine ständige Gefahr für das römische Papsttum, weil Byzanz den Alleinvertretungsanspruch auf die Gesamtheit der christlichen Kirche keineswegs aufgegeben hatte.

Im ersten Regierungsjahr Heinrichs II. (1002) belagerten die Sarazenen mehrere Monate lang Bari, die Hauptstadt der griechischen Herrschaft in Italien. Schon begannen die Lebensmittel in der Stadt knapp zu werden, da erreichte eine Hilfsflotte aus Venedig unangefochten den Hafen von Bari, die die Stadt vor der Eroberung rettete. Venedig hatte sich wegen einiger Zugeständnisse zur Förderung der venezianischen Handelsmöglichkeiten im östlichen Mittelmeerraum durch das Byzantinische Reich zur Hilfeleistung im Konfliktfall verpflichtet.

In der Folgezeit scheint es zwischen den Griechen und Sarazenen zu einem Waffenstillstand gekommen zu sein, denn die Sarazenen konzentrierten ihre Angriffe auf andere Ziele in Italien. Im griechischen Unteritalien aber regten sich Kräfte, die sich für eine Loslösung von Konstantinopel einsetzten.

Im Mai des Jahres 1009 stellte sich Melus, auch Ismahel genannt, ein Mann von vornehmer langobardischer Herkunft aus der Stadt Bari, an die Spitze der italienischen Byzantiner, die mit dem griechischen Mutterland unzufrieden waren, um die Herrschaft über Unteritalien zu gewinnen. Nach anfänglichen Erfolgen des Fürsten Melus traf aber 1011 ein starkes Heer aus Konstantinopel ein, das ihn zur Flucht in das langobardische Benevent zwang. Seither unterstützte Papst Benedikt VIII., so weit ihm dies möglich war, die Sache des Fürsten Melus gegen die Byzantiner. Immerhin gelang es dem Papst, dafür zu sorgen, dass die Führer des Aufstands unbehelligt von ihren griechischen Feinden blieben und in ihrer Sache weiter tätig sein konnten.

Im Jahre 1016 änderten sich die Verhältnisse in Süditalien auf völlig unerwartete Weise. Als die Sarazenen die Stadt Salerno belagerten, trafen dort zufällig 40 normannische Ritter ein, die sich auf der Rückreise von einer Pilgerfahrt nach Jerusalem befanden und der Stadt Salerno sofort ihre Unterstützung anboten. Ermutigt durch die unerwartete Verstärkung, wagte Fürst Waimar von Salerno einen Ausfall und besiegte die Sarazenen vernichtend. Im Kampf hatten sich die normannischen Ritter dermaßen hervorgetan, dass ihnen allein der errungene Sieg zugeschrieben wurde. Fürst Waimar von Salerno erkannte die Bedeutung, die eine schlagkräftige Hilfstruppe für das kampfumtobte Unteritalien besaß und ließ die Normannen von einer Gesandtschaft in ihre Heimat begleiten, welche normannische Ritter für den Kampf in Unteritalien anwerben sollte. Tatsächlich brach eine kleine Schar normannischer Ritter auf, um ihr Glück in Italien zu suchen. In Rom erhielten sie eine Audienz bei Papst Benedikt VIII., der sie zur Unterstützung des Fürsten Melus nach Capua sandte. Melus bemühte sich um die Unterstützung aus den Fürstentümern Benevent und Salerno und brach im Mai 1017 mit einem Heer in die griechischen Besitzungen ein. In einem ersten Gefecht bei Arenula besiegte Melus ein griechisches Heer und eroberte sich den Zugang nach Apulien. Am 22. Juni 1017 kam es zu einem zweiten Gefecht in der Nähe von Bari, bei dem Melus unterlag. Er musste sich nach Norden zurückziehen. In der Nähe des Berges, auf dem die Griechen wenig später die Festung Troia errichteten, wurde er vom griechischen Hauptheer gestellt, aber das Kriegsglück wandelte sich. Melus siegte mit seinen Normannen und eroberte das gesamte griechische Unteritalien.

Angelockt vom Reichtum Italiens und von der Aussicht auf große Beute, trafen nun immer mehr normannische Ritter in Unteritalien ein. Schon im Jahre 1038 sicherten sich die Normannen in Süditalien die Grafschaft Aversa. Zwei Generationen später hatten sie das ganze südliche Italien unterworfen. Unglücklicherweise – anders kann es nicht ausgedrückt werden – fiel das süditalienische Normannenreich zur Stauferzeit durch Erbschaft an das deutsche Reich. Die Zersplitterung der deutschen Kräfte und die Bedrohung, die durch die Umklammerung des Vatikanstaates durch das deutsche Reich ausging, führten zur Auslöschung des staufischen Herrschergeschlechts, zum Ende der deutschen Herrschaft in Italien und gleichzeitig auch zum Ende der mittelalterlichen deutschen Kaiserherrlichkeit. Die Macht im Zentrum Europas, die integrierend und einheitsfördernd auf Europa hätte wirken können, versank in Kleinstaaterei und Bedeutungslosigkeit.

Im Oktober des Jahres 1018 kam es am Ofanto bei Cannä, wo einst Hannibal die Römer besiegte, zur Entscheidungsschlacht zwischen einem neuen verstärkten griechischen Heer und den Kriegern des Fürsten Melus. Gegen die zahlenmäßig weit überlegenen Griechen konnte Melus nicht siegen und verlor alle Eroberungen, die er gemacht hatte.

Die griechische Herrschaft in Unteritalien ging gestärkt aus den Kämpfen hervor. Melus erkannte, dass er mit der schwachen Unterstützung aus den langobardischen Fürstentümern und den normannischen Hilfskräften nicht gegen das Byzantinische Reich bestehen konnte. Dennoch gab er seine Sache nicht verloren und beschloss, den deutschen Kaiser um Unterstützung zu bitten. Zu diesem Zweck reiste er mit seinem Normannenführer Rudolf über die Alpen an den kaiserlichen Hof. Hier übergab er Kaiser Heinrich II. das Geschenk, das heute noch in Bamberg zu sehen ist, den kostbaren und berühmten Sternenmantel.

Die anderen Überlebenden aus der Schlacht von Cannä, vor allem die Normannen, verteilten sich auf die nichtgriechischen unteritalienischen Fürstentümer. Capua, Salerno und die Abtei Monte Cassino unterwarfen sich der griechischen Herrschaft. Der Aufstand des Fürsten

Melus und damit auch die Politik Papst Benedikts VIII. in Unteritalien waren gescheitert.

Benedikt befand sich nun in großer Gefahr und vor allem deshalb trat er im Jahr 1020 seine Reise nach Deutschland an. Sie hätte ihn wie einen Bittsteller wirken lassen, wenn der Kaiser dem negativen Eindruck nicht durch mehrfache Einladungen vorgebeugt hätte. Melus wurde am Osterfest des Jahres 1020 von Heinrich II. zum Herzog von Apulien ernannt, doch er starb wenig später, am 23. April 1020, in Bamberg und wurde dort beigesetzt.

Papst Benedikt kehrte nach seinem Besuch in Deutschland mit der Zusicherung des Kaisers nach Rom zurück, dass er in absehbarer Zeit persönlich in Italien eingreifen wollte. Den letzten noch verbliebenen Führer des süditalienischen Aufstands gegen die griechische Herrschaft nahm der Heerführer Boiannes im Juni 1021 gefangen. Es war Datto, der Schwager Herzog Melus', der mithilfe des Fürsten Pandulf II. von Capua in Garigliano in die Gewalt der Griechen kam, nach Bari gebracht und dort öffentlich ertränkt wurde.

Heinrich II. konnte in den ersten Jahren nach seinem zweiten Italienzug in Italien nicht viel bewirken, zu sehr war er durch die Ereignisse im Reich und an der Ostgrenze nördlich der Alpen gebunden. Zwar schickte er seinen Hofkanzler Pilgrim im Jahre 1017 als Boten nach Ober- und Mittelitalien. Aber mehr, als Informationen zu sammeln und den wenigen verbliebenen Herren der deutschfreundlichen Partei Mut zusprechen, konnte er nicht tun.

In der Folgezeit musste der Kaiser die drei wichtigsten Erzbistümer in Norditalien, Mailand, Ravenna und Aquileja, neu besetzen. Besonders der Tod seines Halbbruders, Erzbischof Arnulfs von Ravenna, gestorben am 17. November 1019, war für den Kaiser ein schwerer Verlust. Außer im Erzbistum Mailand, das Erzbischof Aribert erhielt, ein Mann aus norditalienischem Adel, setzte der Kaiser deutsche Kleriker in diesen italienischen Erzbistümern ein. In Aquileja wurde Poppo, aus bayerischem Adel, und in Ravenna ein nicht näher bekannter Heribert zum Erzbischof ernannt.

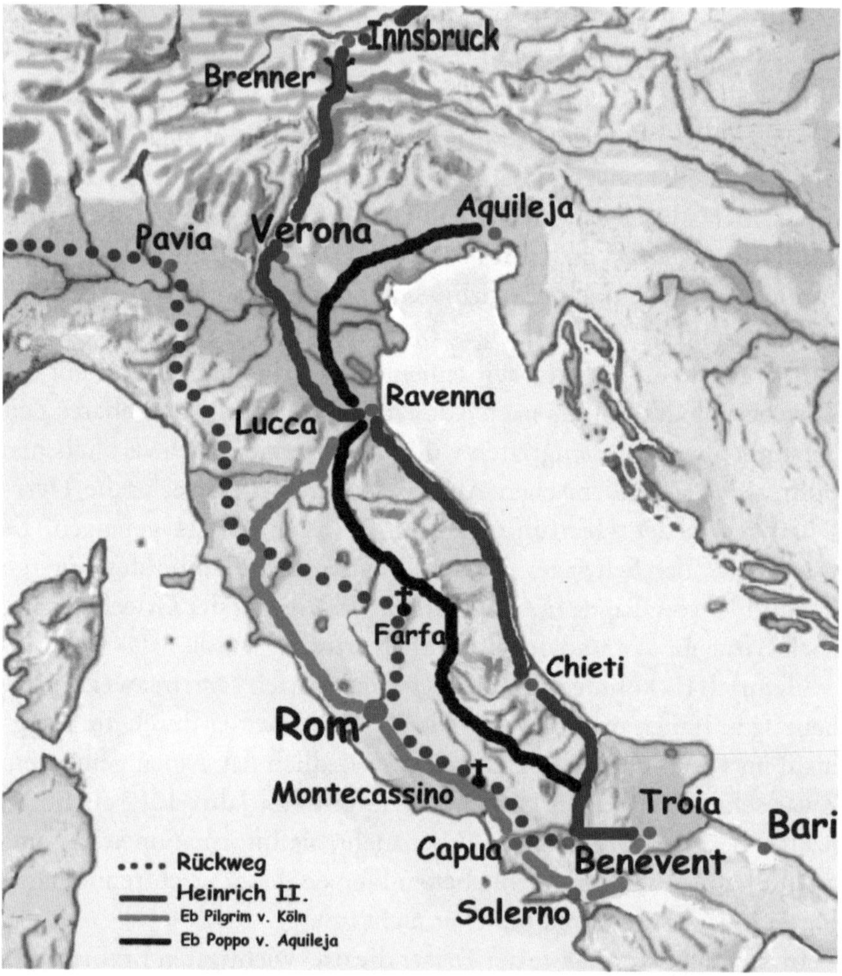

Karte 5: Der dritte Italienzug Heinrichs II.

Im Herbst des Jahres 1019 hielt der Kaiser in Straßburg einen großen Reichstag ab, zu dem alle Anhänger der deutschfreundlichen Partei in Italien erschienen waren. Dabei wurden Gesetze beschlossen, die eine Verschärfung des geltenden Rechts in Italien bedeuteten. Diese Gesetze werfen mit ihren Texten und Strafandrohungen ein bedeutsames Licht auf die Realitäten und die politische Unsicherheit im Lande.

Im Herbst des Jahres 1021 war es endlich so weit, dass der Kaiser sein Versprechen an Papst Benedikt VIII., mit einem Heer nach Italien zu kommen, in die Tat umsetzen konnte. Am 13. November brach der Kaiser in Augsburg auf. Die Überquerung des Brenners muss zu dieser Jahreszeit bereits recht schwierig gewesen sein, denn erst am 6. Dezember 1021 traf das Heer in Verona ein. Hier wurde der Kaiser von nahezu allen Anhängern der prodeutschen Partei in Italien begeistert empfangen. Heinrich II. nutzte seinen Aufenthalt in Verona zur Durchführung eines Gerichtstags im Kloster San Zeno.

Von Verona aus bewegte sich der Zug, verstärkt durch italienische Kontingente, über Mantua nach Ravenna, wo das Weihnachtsfest gefeiert wurde. Dort gönnte der Kaiser dem Heer eine Ruhepause. Erst im Januar des Jahres 1022 verließ Heinrich II. Ravenna.

Die Streitmacht war inzwischen zu enormer Stärke angewachsen. Dem Kaiser kamen nun seine Erfahrungen, die er als Herzog unter Kaiser Otto III. in Italien sammeln konnte, sehr zustatten. Er teilte seine Streitkräfte in drei Heeressäulen auf, um die Verpflegung der vielen Soldaten sicherzustellen und die Belastung der Bevölkerung möglichst gleichmäßig auf das Land zu verteilen. Erzbischof Poppo von Aquileja erhielt den schwierigsten Auftrag: Er sollte mit seinem Heeresteil mitten durch das italienische Bergland des Apenninengebirges ziehen. Erzbischof Pilgrim von Köln führte seine vorwiegend lothringischen Soldaten entlang des Tyrrhenischen Meeres über Rom nach Capua. Der Kaiser selbst nahm die östlichste Route und rückte mit dem größten Teil der Streitmacht an der adriatischen Küste nach Süden vor.

Ohne auf Widerstand zu stoßen erreichte der Kaiser den Biferno bei Termoli. Von hier aus überquerte er das Apenninengebirge und traf am 3. März 1022 in Benevent ein. Benevent bestand damals aus zwei unterschiedlichen Stadtteilen, dem antiken römischen und dem neueren langobardischen Teil.

Kurz vor Benevent war das von Erzbischof Poppo von Aquileja befehligte Korps wieder mit dem Haupttheer zusammengetroffen und auch Papst Benedikt VIII. befand sich inzwischen beim Kaiser. Das dritte Heer unter Erzbischof Pilgrim von Köln stand inzwischen am Monte Cassino, um Abt Atenulf zu bestrafen, der sich den Griechen angeschlossen hatte. Aber Abt Atenulf war rechtzeitig nach Otranto geflohen und hatte dort ein Schiff mit dem Bestimmungshafen Konstantinopel bestiegen. Doch den Abt verließ das Glück; sein Schiff versank am 30. März 1022 im Sturm und alle Menschen an Bord kamen ums Leben.

Von Monte Cassino zog Erzbischof Pilgrim vor das nur etwa 50 Kilometer entfernte Capua, um dort Fürst Pandulf, den Bruder Abt Atenulfs, zur Rechenschaft zu ziehen, der sich ebenfalls den Griechen unterworfen hatte. Fürst Pandulf von Capua leistete keinen Widerstand und wurde in Haft genommen. Die nächste Station Pilgrims war Salerno. 14 Tage belagerte er die stark befestigte Stadt, bis Fürst Waimar mit dem Versprechen aufgab, sich dem Kaiser zu unterwerfen. Seinen gleichnamigen Sohn stellte er als Geisel. Der Fürst von Neapel folgte daraufhin kampflos dem Beispiel Waimars. Erzbischof Pilgrim von Köln hatte seinen Auftrag voll erfüllt und kehrte zum Hauptheer zurück, das sich inzwischen von Benevent aus nach Troia begeben hatte, um die starke griechische Festung zu belagern. Mitte April war der Kaiser dort eingetroffen.

Die Festung Troia liegt hoch über der Ebene Tavoliere auf einem Berg, der nach drei Seiten steil abfällt. Nur im Osten ist der Ort über eine schräg ansteigende Fläche zugänglich. Eine militärische Eroberung der Stadt war nur über diese Neigung im Osten möglich. Allerdings ist diese Fläche recht schmal, sodass ein breit gefächerter Angriff nicht infrage kommen konnte. Der Zugang zur Stadt und Festung war an dieser schwachen Stelle durch Mauern und Gräben natürlich besonders gut geschützt. Die Verteidigungsanlagen und die natürliche Lage machten Troia mit den kriegerischen Mitteln des Mittelalters nahezu uneinnehmbar. Zwei Monate dauerte die Belagerung, bis sich die Stadt ergab. Die Zeit drängte, denn Heinrich II. wollte vermeiden, die heiße Jahreszeit im Süden des Landes zu verbringen, da sich schon erste Fälle der gefürchteten Fieberkrankheiten im Heer zeigten. Um eine Katastrophe im Heer zu verhindern, verzichtete der Kaiser darauf, seinen Erfolg in Troia durch Schleifen der Befestigungsanlagen oder durch die völlige Zerstörung der Stadt zu festigen. Bereits zwei Jahre später befanden sich die Troianer wieder fest auf griechischer Seite.

Wenn auch die langobardischen Fürstentümer südlich von Rom zurückgewonnen werden konnten, so hatte der Kaiser die byzantinische Herrschaft in Apulien und Calabrien nicht antasten können. Von einem großen Erfolg des Kaisers in Süditalien konnte nicht gesprochen werden; der große Wurf war ihm nicht gelungen.

Bereits während der Belagerung Troias war über die langobardischen Fürsten verhandelt worden. Gegen Pandulf von Capua verhängte das Gericht zunächst das Todesurteil, doch durch die Vermittlung Erzbischof Pilgrims von Köln ließ der Kaiser Gnade walten und wandelte das Urteil zu lebenslanger Haft um. Pandulf wurde in Ketten nach Deutschland gebracht, wo er später starb.

Sein Fürstentum erhielt ein entfernter Verwandter von ihm, Graf Pandulf von Teano. Ihm und seinem Sohn Johannes bestätigte Kaiser Heinrich II. den Besitz des Fürstentums Capua in einer Urkunde vom 5. Januar 1023 (MGH DD H II Nr. 483) mit Ausnahme der Abteien Monte Cassino und St. Vincenzo am Volturno. Der Kaiser persönlich führte den neuen Fürsten von Capua in sein Amt ein.

Fürst Waimar von Salerno hatte mehr Glück als Fürst Pandulf von Capua, er durfte sein Fürstentum behalten. Sein Sohn blieb allerdings in Gewahrsam des Papstes.

Nachdem der Kaiser über Benevent und Capua in Monte Cassino eingetroffen war, galt es, die letzte Aufgabe des Heerzugs in Süditalien zu lösen. Der Abtstuhl der wichtigen Abtei Monte Cassino musste nach dem Tod Abt Atenulfs neu besetzt werden.

Wie auch in Deutschland wollte der Kaiser in Italien einen Mann nach seinen Vorstellungen zum Vorstand des Klosters einsetzen, aber der Konvent von Monte Cassino besaß das Recht der freien Wahl des Abtes. Heinrich II. favorisierte Theobald, den Propst des

Klosters St. Liberator am Lenta, den er während seines Marsches durch die Marken an der Küste der Adria kennen und schätzen gelernt hatte.

Die Mönche jedoch wollten ihren hochbetagten Bruder Johannes wählen. Dieser hatte dem Kloster schon einmal für ein Jahr vorgestanden, doch dann aus eigener Einsicht auf das Amt verzichtet und sich mit einigen Mönchen in eine nahe gelegene Klause zurückgezogen. Nachdem Heinrich II. Theobald ausdrücklich gewürdigt und empfohlen hatte, ließ er öffentlich abstimmen. Im Beisein des Kaisers sollten sich die Mönche von ihren Plätzen erheben, die für Theobald stimmen wollten. Natürlich wagten es nur sehr wenige Mönche, sich gegen den Wunsch des Kaisers zu stellen und sich nicht zu erheben. Am Tage darauf erhielt Theobald von Papst Benedikt VIII. persönlich seine Abtweihe.

Auch in Rom machte das Heer nur wenige Tage Rast. Dennoch gelang es dem Kaiser, die Angelegenheiten des Klosters Farfa abzuschließen und gleichzeitig die Crescentier auf seine Seite zu ziehen. Dieser Erfolg durch das Verhandlungsgeschick Heinrichs II. muss dem Kaiser hoch angerechnet werden, denn die Crescentier hatten sich jahrzehntelang gegen die Bevormundung durch das deutsche Reich gewehrt. Gleichzeitig stärkte und festigte Heinrich II. damit die Stellung des Papstes in Rom. Noch während der Regierungszeit Konrads II. zählten die Crescentier zur prodeutschen Partei Italiens.

Im Latium besuchte der Kaiser die Benediktinerabtei Farfa. Dort wurde er von Abt Hugo von Farfa freundlich empfangen. Der Abt hatte die cluniazensischen Reformen auch in seinem Kloster durchgesetzt. Er befand sich also mit Heinrich II. hinsichtlich der Einstellung zum klösterlichen Leben auf der gleichen geistigen Ebene. Bereits beim Besuch Ottos III. in Farfa im September des Jahres 999 hatte Heinrich II. Abt Hugo kennen gelernt. Neben der Bestätigung des Besitzes der Burgen Buckinianum und Tribuccum belohnte der Kaiser die treue Einstellung des Abtes mit der Gabe mehrerer Schenkungen.

Inzwischen hatte die Malariaepidemie im deutschen Heer das erste fürstliche Opfer gefordert; Abt Burchard von St. Gallen war ihr am 17. Juli 1022 erlegen. Der Kaiser drängte wegen der vielen Krankheitsfälle im Heer weiter zur Eile.

Am 23. Juli 1022 traf er in Lucca ein und Ende des Monats Juli erreichte das schwer dezimierte Heer Pavia. Um auch hier machtvoll auftreten zu können, musste Heinrich II. Truppenverstärkungen aus Deutschland herbeirufen. Der Aufenthalt des Kaisers in Pavia sollte unter den dritten Italienzug des Herrschers einen ausdrucksvollen Schlusspunkt setzen.

Die Reichssynode, die der Kaiser im Beisein Papst Benedikts VIII. durchführen ließ, beschäftigte sich vor allem mit der Entfremdung ehemaligen Kirchengutes in Oberitalien, ein Thema, mit dem sich Heinrich II. schon anlässlich seines ersten Besuchs in Italien befasst hatte. Im Zusammenhang mit der Entfremdung des Kirchengutes standen zu dieser Zeit in Oberitalien immer noch die vielen Ehen selbst hoher kirchlicher Würdenträger. Den Kindern aus diesen Verbindungen wurde im Beschluss der Synode von Pavia das Erbrecht aus Kirchenbesitz genommen. Darüber hinaus verfügten Kaiser und Papst ein Eheverbot für alle Priester.

Die Synode hätte weitgehende Auswirkungen auf das Leben und die Besitzverhältnisse in Italien besessen, doch inwieweit die Beschlüsse durchgesetzt worden sind, ist nicht gewiss. Nur von Bischof Leo von Vercelli ist bekannt, dass er die Synodenbeschlüsse in seinem Bistum rigoros angewendet hat. Das gute Einvernehmen zwischen Benedikt VIII. und Heinrich II. kommt in den Reformbeschlüssen von Pavia voll zum Ausdruck. Papst und Kaiser hatten sich zuvor immer wieder für die Ehelosigkeit der Priester ausgesprochen, in Pavia kamen sie endlich zu einer gemeinsamen Entscheidung.

Ende des Monats August entließ der Kaiser die Militäraufgebote in Pavia. Der dritte Italienzug des Herrschers war damit beendet. Während seine Truppen in die Heimat zurückstrebten, begab sich der Kaiser über den Mont Cenis ins Rhonetal und von dort flussaufwärts zum Kloster Cluny, wo er seinem Freund, Abt Odilo von Cluny, einen Besuch abstattete. Im Herbst des Jahres 1022 kehrte der Kaiser nach Deutschland zurück.

Die angeschlagene Autorität des Kaiser- und Papsttums in Italien war vollständig wieder hergestellt worden. Die langobardischen Fürstentümer in Süditalien standen wieder fest auf der Seite des Kaisers und befanden sich in den Händen treuer Fürsten. Damit war Rom vor dem Angriff der Griechen gesichert. Insofern durfte der Kaiser mit dem Ergebnis des Italienzugs zufrieden sein, wenn auch das Ziel, die Errichtung des zum Reich gehörenden Herzogtums Apulien, nicht erreicht worden war. Darüber hinaus hatte die Aktion nicht wegen militärischer Auseinandersetzungen, sondern durch die Malaria, die im Heer ausgebrochen war, zahlreiche Todesopfer gefordert.

Wie schwach die deutsche Herrschaft in Italien blieb, belegt ein Vorfall aus dem Jahr 1024. Kaum hatte sich der Tod Kaiser Heinrichs II. in der Lombardei herumgesprochen, zerstörten die Bürger der Stadt Pavia die ihnen verhasste deutsche Königspfalz vollständig.

Kapitel 16

1022–1024

DIE LETZTEN JAHRE DES KAISERS

Als sich Heinrich II. in Italien befand, war es sowohl dort als auch im Episkopat des Reiches zu vielen Todesfällen gekommen. Die frei gewordenen Ämter mussten nun mit Männern besetzt werden, denen der Kaiser vertraute. Zu diesem Zweck ließ er sogleich nach seiner Rückkehr noch im Westen des Landes eine Synode durchführen. Neue Bischöfe erhielten die Bistümer Brixen, Konstanz, Eichstätt, Münster und Minden. Außerdem mussten für das Kloster St. Gallen und für das im Jahre 1001 von Bischof Bernward gegründete Kloster St. Michael zu Hildesheim Äbte gefunden werden. St. Michael erhielt zur Klosterweihe, an der zwölf Bischöfe teilnahmen, vom Kaiser einen Schutzbrief (MGH DD H II Nr. 479), mit dem die Rechte und Besitzungen des Klosters unter ausdrücklichen kaiserlichen Schutz genommen wurden.

Nur kurze Zeit nach der Klosterweihe in Hildesheim starb am 20. November 1022 hochbetagt der berühmte Bischof Bernward von Hildesheim.

Bernward wurde in der Krypta des Westchores in der Michaeliskirche zu Hildesheim bestattet. Sein Grab trägt die Aufschrift: »Ich, eines Menschen Rest, war Bernward; jetzt hält mich verschlossen grausam der Sarkophag, Asche ist es und Staub! Welch Schmerz, dass ich mein hohes Amt nicht gut geleitet! Sanfter Friede sei mir, ihr aber singet mir Amen!«

Heinrich II. hatte mit dem für ihn unbequemen Bernward nie in einem guten Verhältnis gestanden. Vor allem nahm der Herrscher dem Bischof übel, dass dieser im Jahre 1002 Ekkehard von Meißen wie einen König in Hildesheim empfangen hatte. Für Hildesheim ließ Bernward Baudenkmäler und Kunstwerke schaffen, die zu den größten Schätzen der deutschen Romanik gehören. Am 16. August 1194 wurde Bernward von Hildesheim heilig gesprochen.

Nach dem Tode Bischof Bernwards musste nun auch für dieses wichtige Bistum ein Kleriker ausgewählt werden, der den Vorstellungen des Kaisers entsprach. Heinrich II. befand sich im November in der Königspfalz Grone (Göttingen), also nicht weit von Hildesheim entfernt. Zum Nachfolger Bischof Bernwards wünschte sich der Kaiser seinen Freund, Abt Godehard von Niederaltaich.

Godehard lehnte die Berufung ab, er hätte lieber einen Bischofssitz im heimatlichen Bayern angenommen, sofern Heinrich II. mit ihm als Bischof plante. Doch der Herrscher und die in Grone anwesenden Bischöfe drängten Godehard zur Annahme des Amtes in Hildesheim.

Endlich, am Morgen des 29. November 1022, gab Godehard seine Zustimmung, nachdem er in der Nacht angeblich eine entsprechende Erscheinung gehabt haben soll. Danach fand eine formelle Wahl statt und am 2. Dezember 1022 wurde Godehard von Erzbischof Aribo von Mainz zum Bischof geweiht.

Die Weihe Godehards wurde von einem Eklat überschattet. Erzbischof Aribo von Mainz versuchte, anlässlich der Ernennung Godehards dem Bistum Hildesheim das Kloster Gandersheim zu entreißen. Die Rechte an Gandersheim hatte der verstorbene Bischof Bernward nach jahrelangem Streit und der Entscheidung Heinrichs II. zugunsten Hildesheims zu Weihnachten des Jahres 1006 in Pöhlde von Erzbischof Willigis von Mainz erhalten.

Nun glaubte Aribo, dass die Stunde gekommen war, zu der er Gandersheim für das Erzbistum Mainz zurückfordern konnte. Vor der Weihe wollte er Godehard förmlich zum Verzicht auf Gandersheim zwingen. Doch Godehard reagierte geistesgegenwärtig, er verzögerte geschickt eine endgültige Entscheidung und nutzte die erste sich bietende Gelegenheit, um den Kaiser zu informieren. Heinrich II., der den Gandersheimer Kirchenstreit längst beendet glaubte, geriet daraufhin in Zorn und ließ Erzbischof Aribo sofort zur Audienz rufen.

In Gegenwart vieler Zuhörer wies der Kaiser den Erzbischof öffentlich zurecht. Nur die Zurückhaltung Aribos verhinderte einen sofortigen schweren Bruch zwischen ihm und dem Herrscher. Dennoch war das Einvernehmen zwischen Heinrich II. und Erzbischof Aribo empfindlich gestört.

Godehard hielt am 5. Dezember 1022 Einzug in Hildesheim, während der Kaiser noch einige Tage in Grone blieb.

Mitte Dezember brach Heinrich II. nach Paderborn auf, wo er bei seinem Freund und Lieblingsbischof Meinwerk das Weihnachtsfest feiern wollte. Gleichsam als Weihnachtsgeschenk übergab er dem Bischof die Güter Steini und Hohunseli (MGH DD H II Nrn. 484 und 485).

Die Aufenthalte in den Orten, die Heinrich II. nach seiner Rückkehr vom dritten Italienzug besuchte, wurden deutlich länger. Das könnte ein Indiz dafür sein, dass es mit der Gesundheit des Kaisers schlechter geworden war. Fast den gesamten Monat Januar des Jahres 1023 blieb der Herrscher in Paderborn und zog dann in langsamem Reisetempo über Hildesheim und Goslar nach Merseburg, wo er am 14. April 1023 Ostern feierte.

Die Reformbeschlüsse, die Kaiser und Papst in Pavia gefasst hatten, ließen Heinrich II. keine Ruhe. Er wollte als weltliches Oberhaupt der römischen Kirche, als das er sich empfand, nun auch in den christlichen Nachbarländern die Reformen umgesetzt wissen. Aus diesem Grund ließ er König Robert II. von Frankreich durch Bischof Gerard von Cambrai und Abt Richard von Verdun am 1. Mai 1023 in Compiègne eine Einladung zu einem persönlichen Treffen an der Maas im Sommer des Jahres 1023 überbringen. Bereits die Auswahl der beiden Boten signalisierte das Thema, um das es bei dieser Zusammenkunft gehen sollte, besonders Abt Richard von Verdun galt als glühender Anhänger der cluniazensischen Reformbewegung.

Die positive Antwort König Roberts erhielt der Kaiser in Köln, wohin er von Sachsen gereist war. Pfingsten hielt sich der Herrscher bei Erzbischof Aribo von Mainz auf, möglicherweise hatte sich das Verhältnis der beiden inzwischen wieder etwas gebessert. Danach folgte Heinrich II. einer Einladung Bischof Adalbolds nach Utrecht. Hier wollte er an der Einweihung der neuen Kathedrale St. Martin in Utrecht teilnehmen. Die Feier fand am 26. Juni 1023 statt, neben dem Kaiser waren zwölf Bischöfe in Utrecht erschienen.

Nach dem Besuch in Utrecht begab sich der Kaiser in Begleitung seiner Gemahlin über Aachen an die Maas zu der Zusammenkunft mit König Robert II. von Frankreich.

König Robert II. gehörte dem Herrschergeschlecht der Kapetinger an. Sein Vater, Herzog Hugo Capet, hatte im Jahre 987 in Senlis den letzten Karolinger, Herzog Karl von Lothringen, geschickt ausmanövriert und sich zum französischen König wählen lassen, nachdem König Ludwig V. von Frankreich, der Bruder Herzog Karls von Lothringen, bei der Jagd so unglücklich vom Pferde gestürzt war, dass er wenige Tage später starb.

König Hugo Capet regierte Frankreich kraftvoll und erfolgreich. Er starb am 24. Oktober 996; seinen Sohn, König Robert II. von Frankreich, hatte er bereits im Jahre 987 mit 15 Jahren zum Mitkönig krönen lassen. Die Nachfolge auf dem französischen Thron war daher für Robert II. problemlos.

Ähnlich wie Kaiser Heinrich II. förderte auch Robert II. die Klosterreform und galt als gebildeter und frommer Herrscher. Er erhielt deshalb später den Beinamen »der Fromme«, obwohl er wegen mehrerer Affären mit Frauen von der Kirche gebannt worden war. Der Biograf König Roberts II., Helgaud von Fleury, berichtete, dass Robert II. aufgrund seiner Frömmigkeit die Gabe besaß, durch Handauflegen und Kreuzschlagen Wunden zu heilen. Seitdem schrieb man dem kapetingischen König göttlich inspirierte Heilkräfte zu.

Das Herrschertreffen an der Maas wurde die eigenartigste Begegnung in der Regierungszeit Heinrichs II. Alle Schrecknisse und alles Elend deutsch-französischer Auseinandersetzungen schwebten wie ein böses Vorzeichen noch nicht erkennbar, aber doch zu erahnen über den beiden Feldlagern.

Seit dem Tode Kaiser Lothars I. im Jahre 855 war das Verhältnis zwischen West- und Ostfranken wegen des Streits um den Besitz von Lothringen belastet. Kaiser Otto II. hatte den Konflikt durch eine umstrittene Entscheidung noch geschürt, indem er im Jahre 977 ausgerechnet seinen Cousin, den westfränkischen Karolinger Karl, Sohn König Ludwigs IV. von Westfranken (Frankreich) und seiner Tante, Königin Gerbergas, zum Herzog von Niederlothringen ernannte. Die gute Absicht Ottos II., die beiden Länder durch diese Auswahl miteinander zu verbinden, ist in Frankreich nie erkannt worden, sondern man glaubte, darin eine stille Übereignung Lothringens an Frankreich sehen zu müssen. Die lothringische Frage stand also auch jetzt an der Maas im Hintergrund der Verhandlungen.

In beiden Lagern überschattete die Ungewissheit, was geschehen würde, die Gemüter der Soldaten. Die Stimmung war bis zum Bersten gespannt. Vier Tage lagen sich die Heere untätig gegenüber, ohne dass es zu einer Zusammenkunft der Herrscher kam. Die Frage der Etikette, wer den ersten Schritt in des anderen Lager machen sollte, hätte die Veranstaltung beinahe zunichte gemacht. Eine ernste Verstimmung zwischen den Herrschern hätte die Folge sein müssen. Beim ersten Treffen zwischen Robert II., dem Frommen, König von Frankreich (987/996–1031), und Heinrich II. im Jahre 1006 hatte man das Problem buchstäblich damit umschifft, indem sich die beiden Regenten zu Schiff mitten im Strom trafen. Damals besaßen beide Herrscher den Königsrang, doch inzwischen war Heinrich II. zum Kaiser gekrönt worden und konnte daher erwarten, dass Robert II. als Erster den Fluss überqueren würde, um den ranghöheren Kaiser zu ehren. Doch der König dachte nicht daran. Zahlreiche weltliche und geistliche Würdenträger befanden sich im Gefolge der Herrscher. Im Lager des Kaisers bei Ivois, unweit der Stelle, an der der Chiers in die Maas mündet, hielten sich unter anderen Herzog Gottfried von Niederlothringen, Erzbischof Pilgrim von Köln, Bischof Gerard von Cambrai und Bischof Johann von Lucca auf. König Robert II. lagerte etwas weiter südlich auf dem linken Ufer der Maas bei Mouzon.

Heinrich II. ging es nicht um die Wahrung der Form, sondern um die Sache. Er begab sich am Morgen des 10. August 1023 mit geringem Gefolge, in dem sich auch die Kaiserin befand, über den Fluss, um König Robert II. in seinem Lager aufzusuchen. Sicherlich befanden sich auf beiden Seiten des Flusses nicht wenige Männer, die die menschliche Größe des Kaisers würdigten und ihm diesen Schritt nicht als Schwäche auslegten. Auch König Robert gehörte zu ihnen; er umarmte den Kaiser und gemeinsam hörten die Herrscher die Messe, um Gottes Segen für die Besprechungen zu erbitten. Danach ließ der König Geschenke für den Kaiser vorbringen, Kunstgegenstände aus Gold und Silber, zum Teil mit Edelsteinen verziert, und außerdem 100 Pferde, jedes mit einem Helm und einem Panzer beladen. Heinrich II. nahm von den Geschenken lediglich ein Evangelienbuch und ein Reliquiar mit einem Zahn des heiligen Vincentius an, während Kaiserin Kunigunde einige Goldstücke behielt.

Am 11. August 1023 wiederholte sich die Begegnung der Herrscher auf deutschem Boden, also auf dem rechten Ufer der Maas im Lager des Kaisers. Auch König Robert II. nahm von den angebotenen Geschenken Heinrichs II. (vor allem ein großer Goldschatz, um den Reichtum des Kaisers zu demonstrieren) nur einige Stücke an. Die Begleiter des Königs kehrten allerdings reich beschenkt nach Frankreich zurück. Das Treffen, das beinahe zur Katastrophe geworden wäre, wurde jetzt mit allem Prunk zelebriert.

Die Verstimmung zwischen den beiden Ländern war zu diesem Zeitpunkt noch einmal abgewendet. Auch mit den Ergebnissen der Verhandlungen konnte Heinrich II. zufrieden sein. Der Freundschaftsvertrag von 1006 wurde erneuert. König Robert II. von Frankreich versprach, die Kloster- und Kirchenreform nach deutschem

Muster in Frankreich durchzusetzen, und die Herrscher einigten sich, zukünftig alle kirchlichen Fragen gemeinsam für Frankreich und für Deutschland zu regeln. Dazu sollte eine große Synode in Pavia einberufen werden, an der auch der Papst teilnehmen sollte. Diese Synode kam zwar wegen des Todes Heinrichs II. im Jahre 1024 nicht mehr zustande, die Verabredung dazu zeigt jedoch, dass das Kaisertum und das französische Königtum sich als gleichberechtigte Vertreter der Christenheit empfanden und eine führende Rolle spielten. König Robert II. erhielt vom Kaiser die Zusage, dass er ihm in einem Streit mit Graf Odo von der Champagne beistehen wollte. König und Kaiser schieden im besten Einvernehmen voneinander.

Graf Odo von der Champagne war ein Cousin Heinrichs II., denn Odo war der Sohn der ältesten Tochter König Konrads III. von Burgund, Berthas von Burgund. Heinrich II. war der Sohn Giselas, einer weiteren Tochter Konrads III. Graf Odo konnte wegen seines Verwandtschaftsgrades mit König Rudolf III. von Burgund, der sein Onkel war, Rechte auf das Erbe des Königreiches Burgund geltend machen. Da er der Sohn der ältesten Tochter König Konrads III. war, stand er in der Erbfolge sogar in einer besseren Position als der Kaiser.

Die Grafschaft Champagne grenzte an das Herzogtum Oberlothringen, das zum deutschen Reich gehörte. Herzog Dietrich von Oberlothringen hatte sich bereits mehrfach gegen Übergriffe des Grafen auf dem Gebiet seines Herzogtums zur Wehr setzen müssen. Unter anderem hatte Graf Odo bereits einige Burgen auf oberlothringischem Gebiet erbauen lassen. Es lag also auf der Hand, dass es Heinrich II. auch aus eigenem Interesse daran gelegen war, mit Graf Odo in Verhandlungen zu treten.

Nach einem kurzen Abstecher ins Elsass traf der Kaiser am 8. September 1023 in Verdun mit Graf Odo zusammen. Hinsichtlich der Auseinandersetzungen mit Oberlothringen und in der Erbfrage kam Heinrich II. mit Graf Odo zu guten Ergebnissen, obwohl sich die Beziehungen des Grafen zu König Robert II. des riesigen Erbes wegen verschlechtert hatten und Robert II. daher versucht hatte, ihm bei

Heinrich II. Schwierigkeiten zu machen. Die Burgen, die der Graf auf lothringischem Gebiet errichtet hatte, wurden geschleift. Herzog Dietrich und Graf Odo wurden formell miteinander versöhnt.

In der Frage der französischen Interessenvermittlung konnte der Kaiser jedoch keinen Erfolg verbuchen. Erst zwei Jahre später kam es zwischen König Robert II. und Graf Odo zu einem Ausgleich, als es gemeinsam gegen das deutsche Reich ging. Später verbündete sich der Sohn König Roberts II., König Heinrich I. von Frankreich, mit Kaiser Konrad II. gegen Graf Odo.

Noch während des Aufenthalts Heinrichs II. in Lothringen starb Herzog Gottfried von Niederlothringen; das genaue Datum ist unbekannt. Er wurde im Kloster St. Vitonus in Verdun beigesetzt. Der Kaiser ernannte den Bruder des Verstorbenen, Gozelo, zum Nachfolger auf dem niederlothringischen Herzogssitz.

Von Verdun reisten Kaiser und Kaiserin über Metz und durch das Elsass nach Basel. In Basel übereignete der Kaiser Bischof Adalbero von Basel Ländereien, die dem Kloster Murbach im Elsass gehörten. Möglicherweise sollte Bischof Adalbero mit diesen Geschenken freundlich gestimmt werden, um bei König Rudolf III. von Burgund positiv für die Durchführung der Kirchen- und Klosterreform im Königreich Burgund und zum Beitritt zum deutsch-französischen Freundschaftsvertrag einzuwirken.

Während der Kaiser sich in Lothringen aufhielt, hatte Erzbischof Aribo von Mainz am 13. August 1023 in Seligenstadt am Main eine Provinzialsynode abgehalten, an der, außer den beim Kaiser weilenden Klerikern, alle wichtigen Bischöfe und Äbte des Reiches teilnahmen. Die Beschlüsse dienten der Vereinheitlichung gottesdienstlicher Rituale, aber auch sehr spezielle einschneidende Bestimmungen wurden durch die Synode verabschiedet. So sollte für eine Wallfahrt nach Rom zunächst eine Genehmigung durch den zuständigen Bischof erwirkt werden und eine vom Papst erteilte Absolution sollte nur dann wirksam sein, wenn zuvor die vom zuständigen Priester verhängte Buße abgeleistet worden war.

Diese Beschlüsse bezogen sich ganz konkret auf den Fall des Grafen und der Gräfin von Hammerstein. Der dem Fürstengeschlecht der Konradiner angehörende Graf Otto von Hammerstein hatte Irmgard, die Tochter des Grafen Gottfried des Gefangenen von Verdun, geheiratet. Gegen diese Ehe hatte Heinrich II. wegen zu naher Verwandtschaft Einspruch erhoben.

Daher waren beide schon 1018 in Nimwegen exkommuniziert worden. Die Ehe wurde offiziell für unrechtmäßig erklärt. Otto und Irmgard waren jedoch nicht bereit, auseinander zu gehen. Im Herbst 1020 belagerte Heinrich II. schließlich die Burg Hammerstein und zwang somit Otto, sich zu ergeben und erneut auf die Ehe mit Irmgard zu verzichten (siehe Kapitel 13).

Doch seine Gemahlin pilgerte allein nach Rom, um vom Papst die Annullierung ihrer Ehe durch Erzbischof Aribo von Mainz aufheben zu lassen. Ihr Bittgesuch veranlasste Papst Benedikt VIII., die zwischenzeitlich durch Erzbischof Aribo von Mainz annullierte Ehe doch anzuerkennen, obwohl dieser jede Appellation an die römische Kurie verboten hatte. Der Streit um die Rechtmäßigkeit der Ehe Graf Ottos von Hammerstein setzte sich solange fort, bis Kaiser Konrad II. das Verfahren niederschlug, sodass die Ehe weitergeführt werden konnte.

Die Synodalbeschlüsse von Seligenstadt sind deshalb so bemerkenswert, weil damit die Rechte des Papstes als höchste kirchliche juristische Instanz angegriffen und auf die Bischöfe übertragen werden. Eine solche Entscheidung konnte Kaiser Heinrich II. nicht dulden. Er wollte seine Kirchenreform mit dem Papst und nicht gegen ihn durchsetzen. Eine Auseinandersetzung zwischen dem Kaiser und Erzbischof Aribo schien unvermeidlich. Heinrich II. sandte Erzbischof Pilgrim von Köln nach Rom, um Papst Benedikt VIII. zu unterrichten.

Der Kampf um die Bedeutung des Erzbistums Mainz im deutschen Reich war wegen der Entscheidungen von Seligenstadt und letztlich wegen der Aufhebung der unerlaubten Nahehe des Grafen Otto von Hammerstein voll entbrannt. Erzbischof Aribo von Mainz versuchte die Kaiserin für sich zu gewinnen, was ihm auch gelang, und in Rom zu intervenieren. Doch der Streit blieb ungelöst, denn bevor es zu einer endgültigen Entscheidung kam, starb Papst Benedikt VIII. am 9. April 1024 in Rom. Dass sich Erzbischof Aribo an Kunigunde wandte, zeigt, wie hoch die Bedeutung der Kaiserin neben ihrem Mann eingeschätzt wurde.

Noch im Herbst des Jahres 1023 hatte der Kaiser auf dem Rückweg von Basel in der oberrheinischen Tiefebene das Kloster St. Maximin in Trier wegen der dort eingerissenen Zustände schwer gemaßregelt. Zahlreiches Klostergut ließ er einziehen und vergab es an weltliche Herren. Als kurze Zeit später der Abt des Klosters starb, setzte der Kaiser den strengen Reformabt Poppo von Stablo in Trier ein, der das Kloster im Sinne Heinrichs II. umgestaltete.

Zur Feier des Weihnachtsfests begaben sich Kaiser und Kaiserin im Dezember des Jahres 1023 in ihr geliebtes Bamberg.

Wieder waren durch zahlreiche Todesfälle frei gewordene Bischofsstühle neu zu besetzen. Der Kaiser ließ sich Zeit zu ausführlichen Beratungen, an denen auch Erzbischof Aribo von Mainz teilnahm. Offenbar gelang es Aribo, einige ihm ergebene Kandidaten beim Kaiser durchzusetzen. Auf diese Weise konnte Aribo seine Stellung wenigstens im Reich einigermaßen festigen, sodass er in Ruhe der entscheidenden Reichssynode entgegensehen konnte, die er zum 13. Mai 1024 nach Höchst einberufen hatte.

In einem zweiten Schreiben an Kaiserin Kunigunde drückte Aribo seine große Gelassenheit aus, mit der er den Tag von Höchst erwartete. Indem sich der Erzbischof mit seinen Plänen und Erwartungen im vertraulichen Tone an die Kaiserin wenden konnte, lässt der Brief gleichzeitig erkennen, dass der Konflikt mit Rom bis in die Familie des Kaisers vorgedrungen war.

Die Synode von Höchst, bei der wiederum fast alle Bischöfe des Landes versammelt waren, wurde eine machtvolle Demonstration des deutschen Klerus. Gemeinsam forderten die deutschen Bischöfe in einem Manifest vom Papst die Rücknahme der Entschlüsse gegen

Erzbischof Aribo von Mainz. Das Höchster Manifest hat Papst Benedikt VIII. nicht mehr erreicht und an dem Nachfolger, dem Bruder Papst Benedikts VIII., Romanus, der als Laie den päpstlichen Stuhl bestieg und an einem Tag sämtliche kirchlichen Weihen empfing, prallte der Brief der deutschen Bischöfe ab. Die Sache des Erzbischofs verlief im Sande, zu dem das bald darauf eintretende Ereignis bedeutend beitrug. Auch den Fall des Grafen Otto von Hammerstein verfolgte Papst Johannes XIX. nicht mehr.

Das Jahr 1024 hatte für den Kaiser äußerst unerfreulich begonnen. Eine auffällige Tatenlosigkeit in der schwierigen Zeit des Konflikts der deutschen Bischöfe mit Rom bestätigt, dass auch für den Herrscher der letzte Italienfeldzug nicht ohne negative gesundheitliche Folgen geblieben war. Fast drei Monate musste Heinrich II. im Krankenbett in Bamberg verbringen, bis es seine Gesundheit zuließ, die Stadt zu verlassen.

Immerhin ließ er in diesen Tagen von seiner Kanzlei die Ansätze zu einem regulären Strafgesetzbuch für das Bistum Worms und die Klöster Lorsch, Fulda und Hersfeld erarbeiten.

Die Strafen, mit denen die einzelnen erwähnten Verbrechen bedroht waren, entsprachen voll dem Zeitgeist und dem Charakter des Kaisers, das bedeutete, sie waren überaus hart und streng. Neben grausamen Körperstrafen, wie verschiedenartige Todesstrafen, Abziehen der Haut, Brandmarken des Gesichts und das Scheren der Kopfhaare, waren Straftaten oft auch mit Bußgeldern belegt, die ein Dienstherr ersatzweise für seinen zahlungsunfähigen Untergebenen leisten konnte.

Mitte März des Jahres 1024 brach der Kaiser in Bamberg auf, um das Osterfest beim neu ernannten Erzbischof Hunfried von Magdeburg zu feiern. Die Reise war für den Herrscher sehr beschwerlich, da er nach seiner Erkrankung noch geschwächt war, nur langsam kam der kaiserliche Heerzug voran. Am 29. März 1024 traf er in Allstedt ein. An allen Orten, an denen der Kaiser vorüberkam, wurde das Volk, das ihn sehen wollte, zurückgehalten. Offenbar ging es

Heinrich II. zunehmend schlechter. Am Samstag, dem 4. April 1024, erreichte der Kaiser sein Ziel, Magdeburg. Noch einmal war es ihm gegönnt, in der sächsischen Metropole das Osterfest zu feiern.

Von dort reiste er über Halberstadt nach Goslar, wo er mit einer Verfügung für das Kloster Monte Cassino die letzte Amtshandlung für Italien vornahm. Auch in Goslar musste Heinrich II. wieder eine längere Reisepause einlegen, sodass er dort das Pfingstfest begehen musste. Seine letzte Urkunde, die der Kaiser in Goslar ausstellen ließ, weicht in ihrer Form und vom sonstigen nüchternen Stil, in dem die Diplome Heinrichs II. ausgefertigt wurden, so sehr ab, dass sie wie ein Vermächtnis wirkt. Sie verlangt vom Abt des auf Fürbitte der Kaiserin mit der Grafschaft Stoddenstadt beschenkten Klosters Fulda (MGH DD H II Nr. 509) Einhaltung und Wahrung der klösterlichen Regeln, Sorge für das Heil der in der Obhut des Klosters befindlichen Seelen und Erhaltung des weltlichen Besitzes. Der Text der Urkunde endet in einer Vision, in der allen Klöstern das Ende der Liebe und des Reichtums vorhergesagt wird.

Noch einmal ließ eine vorübergehende gesundheitliche Besserung neue Hoffnung im Leben des Herrschers aufkeimen, sodass er zu einer Reise in den Westen des Reiches aufbrechen konnte. Aber er kam nicht mehr weit. Getroffen von einem neuen schlimmen Anfall seiner Krankheit wurde er in der Königspfalz Grone auf sein Lager gezwungen. Dort starb der letzte sächsisch-ottonische Kaiser umgeben von Würdenträgern des Reiches am 13. Juli 1024.

Der Leichnam des toten Kaisers wurde gemäß seinem Wunsche nach Bamberg überführt und dort bestattet. Alle zeitgenössischen Chronisten, die allerdings ausnahmslos der Kirche angehörten, waren sich in der Würdigung des Herrschers einig. Kaiser Heinrich II. erwarb sich um Kirche und Reich große Verdienste, die Trauer um ihn empfanden alle Menschen im Lande tief und echt.

Kaiserin Kunigunde setzte nach den Trauerfeierlichkeiten die Führung der Regierungsgeschäfte für ihren verstorbenen Mann fort. Dabei ließ sie sich von ihren Brüdern, Herzog Heinrich V. von Bayern und Bischof Dietrich von Metz, sowie von Erzbischof Aribo von Mainz beraten. Im August berief sie eine Fürstenversammlung zur Wahl eines Nachfolgers nach Kamba ein, einem nicht mehr existierenden Ort gegenüber der Stadt Oppenheim am Rhein.

Am 4. September 1024 setzte Erzbischof Aribo von Mainz hier die Wahl Konrads II. zum deutschen König durch. Wahrscheinlich hatte sich Heinrich II. diesen Nachfolger selbst gewünscht. Ohne Umschweife übergab Kunigunde in ihrer letzten Amtshandlung als Mitregentin ihres Mannes die Reichsinsignien an König Konrad II., den Begründer des salischen Herrscherhauses, der am 8. September 1024 in Mainz gesalbt und gekrönt wurde. Danach begab sich Kunigunde nach Kaufungen, wo sie als Novizin in das von ihr gestiftete Kloster eintrat. Als am 13. Juli 1025, ein Jahr nach dem Tode ihres Mannes, die neue Stiftskirche in Kaufungen eingeweiht wurde, ließ sie sich gleichzeitig von Erzbischof Aribo von Mainz zur Nonne in ihrem Benediktinerinnenstift weihen. Dort starb sie am 3. März 1033 knapp neun Jahre nach ihrem Gemahl. Sie wurde in seiner Nähe im Bamberger Dom beigesetzt.

Kapitel 17

Nachklang

HEINRICH II., DER HEILIGE

Thietmar von Merseburg: Loblied auf Kaiser Heinrich II.

Heinrich, dem Hause der Herrscher entsprossen, erwarb sich den höchsten
Menschlichen Adel, sobald er der frühesten Jugend entwachsen.
Vater war Heinrich, der Herzog; die edele Gisela Mutter.
Königlich Wesen ward ihr zu Eigen in weiblichen Züchten,
Da sie als Konrads Tochter burgundischen Herrschern entstammte.
Lehrmeister war Bischof Wolfgang dem hochgeborenen Zögling,
Der in der Nachfolge Christi, des Herrn, voll Eifer sich mühte.
Nach seines Vaters Verscheiden folgt' er ihm als Herzog und Erbe.
Schon war beschieden ihm, auch des Kaisertums Würde zu tragen.
Weite, von grausamen Slawen verwüstete Teile des Reiches
Dürfen erleichtert sich freuen, denn Frieden brachte der lieben
Heimat er wieder zurück und Recht, da er vornehme Räuber
Gründlich zu bannen verstand und in harte Gesetze zu zwingen.
All seiner Gegner freche Anmaßung warf er zu Boden,
Machte sich jeden zum Freunde durch heiter gewinnenden Zuspruch.

Ging er, sein Maß überschreitend, zu weit: Gleich besann er sich wieder,
Rechte Buße zu tun, wo durch Fleisches Schwachheit er fehlte.
Treue erwies er der Kirche, Barmherzigkeit wo er's vermochte.
Merseburg, wüsstest du alle die frommen Gelübde des großen
Fürsten, du würdest sein Kommen mit Sehnsucht erwarten, um Christi
*Herrliche Gaben zu loben und lohnenden Dank zu erweisen.**

* Thietmar von Merseburg: »Chronik«, Prolog zum 5. Buch, in der Übersetzung von Werner Trillmich, Seite 193–195, der lateinischen Versform des Werkes angepasst.

In seiner Regierungsauffassung und -ausübung kehrte Heinrich II. zu den Prinzipien Kaiser Ottos I. zurück, indem er die vorhandene Kirchenorganisation und Kirchenadministration als Reichsverwaltung benutzte und dieses System perfektionierte. Der Herrscher war zweifellos nicht der kühne Held, der mit einem Handstreich die Welt veränderte. Seine schöpferischen Kräfte und seine Fähigkeit, vorausschauend zu denken und zu handeln, besaßen nicht die genialen Züge, die einen Regenten »groß« machen, dazu reichte schon seine über weite Abschnitte seines Lebens schlechte Gesundheit nicht aus. Die Angst, seine Pläne nicht erfolgreich abschließen zu können, zwang den Kaiser wegen dieser instabilen Gesundheit ständig zu raschem Handeln. Doch weil er unter diesem Druck leben und arbeiten musste, gelang ihm das Erreichen des nahe liegenden Zieles, des Machbaren und der Lösung des Unkomplizierten besonders gut. Er entwickelte eine hohe Flexibilität und operierte in Verhandlungen mit erstaunlichem Geschick. Erreichte er seine Ziele nicht sogleich, so stellte er die Angelegenheiten zurück, bis sich eine bessere Chance zur Problemlösung auftat. Heinrich II. konnte sich bescheiden. Oft führte seine Politik in kleinen Schritten zum Erfolg. Und Erfolge hat er wahrlich genug aufzuweisen.

Mit seiner Innenpolitik gelang es dem Herrscher, Ruhe und Ordnung im Lande herzustellen. Er band die Fürsten an die Krone und sorgte für Stabilität und Rechtssicherheit. Sein Geschick in der Auswahl geeigneter Personen für wichtige Ämter überzeugt. Dabei zählte für ihn nur die Eignung und das Können des Kandidaten und nicht dessen gesellschaftlicher Stand.

Bei der Besetzung von Ämtern griff er nicht nur – seiner Zeit entsprechend – auf den Hochadel zurück, sondern auch auf Angehörige des niederen Adels, wenn sie durch Leistung hervorgetreten waren. Heinrich II. wollte die lasche Glaubensauffassung beenden, die sich im Reich verbreitet hatte, die christliche Lehre sollte wirklich gelebt und als fester Bestandteil des Lebens integriert werden. Deshalb trieb er die Kloster- und Kirchenreform unermüdlich an. Für Heinrich II.

als Realpolitiker – im Gegensatz zu Kaiser Otto III. – kam es darauf an, das Reich durch eine enge Verflechtung mit der Kirche zu festigen und vor allem die Bistümer durch Schenkungen so zu stärken, dass er sie als Eckpfeiler seiner königlichen Macht nutzen und zu Dienstleistungen einspannen konnte.

In der Endphase seiner Regierungszeit ließ Heinrich II. durch seine Kanzlei für das Bistum Worms und die Reichsklöster Fulda, Lorsch und Hersfeld ein Strafgesetzbuch entwickeln. Es handelte sich dabei um den kaiserlichen Versuch einer gleich lautenden, einheitlichen Gesetzgebung, die jedoch nicht konsequent im ganzen Reich eingeführt und durchgesetzt wurde; dazu kam der Versuch zu spät. Doch wird durch den Vorstoß deutlich, dass sich Heinrich II. für die einheitliche Rechtsprechung im Lande verantwortlich fühlte. Ähnliches gilt auch für die von ihm erlassenen Fehdeverbote, durch die sein Verantwortungsgefühl für den Frieden im Reich erkennbar wird.

Außenpolitisch bereitete er für Kaiser Konrad II. den Erbfall des Königreichs Burgund vor, das nach dem Tode König Rudolfs III. von Burgund im Jahre 1032 an das Reich fiel. Das Bistum Basel, das König Heinrich I. unter anderem für den Besitz der »Heiligen Lanze« geopfert hatte, führte er in das Reich zurück. Mit Frankreich hielt er Frieden, trotz der umstrittenen lothringischen Frage. Die italienische Krone fügte der Herrscher problemlos seiner Reichskrone hinzu. Nach dem dritten Italienzug des Kaisers war das Reich wieder fest mit Italien verbunden, nachdem Kaiser Otto III. mit seinen unrealistischen Träumen die Verbindung zerstört hatte.

Weniger Erfolg hatte Heinrich II. mit seinen Kriegen gegen Polen, doch dort war er mit Boleslaw Chrobry auf einen hartnäckigen, mutigen, tapferen und energischen Gegner gestoßen. Als nüchterner Realpolitiker war er durchdrungen von seiner Aufgabe als Beschützer der Kirche und von der von Gott gegebenen Heiligkeit seines Amtes.

Sicher in seinen Entscheidungen und in seinem Urteil hielt er die Zügel der Reichsführung fest in seinen Händen. Nur verlässlich in seiner Liebe und in seinem Hass verschrieb er sich als hervorragender

Politiker und Diplomat zwei Zielen, für die er sich trotz seiner körperlichen Gebrechen bis zur Selbstaufopferung einsetzte: die Einheit des Reiches und die Größe der Kirche.

Heinrich II. wirkte in seinem alltäglichen Benehmen oftmals abstoßend. Sein Humor, mit dem er unter anderen seinen besten Freund, Bischof Meinwerk von Paderborn, beinahe tödlich quälte, wirkte verletzend, mitleidslos und nicht versöhnlich oder fröhlich. Dazu gehört auch die Anekdote vom Gaukler, der sich in Anwesenheit des Kaisers mit Honig bestreichen und zum Ergötzen der Zuschauer von einem Bären ablecken ließ. Solche menschlichen Eigenarten des Herrschers fanden bereits zu seinen Lebzeiten Kritiker. Seine charakterlichen Züge zeigen unübersehbare Schwächen, dazu gehörten gelegentliche Unaufrichtigkeit, Arglist, Strenge und Grausamkeit.

Das düstere Bild des Menschen Heinrich II. wird allerdings durch seine treue Liebe zu seiner Frau und durch seine unerschütterliche Bindung an seine Freunde erhellt. So stark, wie er liebte, so sehr konnte er auch hassen. Verzeihen gehörte nicht zu seinen hervorragenden Charaktereigenschaften. Heribert von Köln vertraute er durch die Rolle, die der Erzbischof nach dem Tode Kaiser Ottos III. im Kampf um den Thron gespielt hatte, niemals restlos.

Seine tief verwurzelte Abneigung gegen seine kaiserlichen Verwandten aus dem ottonischen Herrscherhaus zieht sich wie ein roter Faden durch sein ganzes Leben. Trotzdem war er als Herzog Kaiser Otto III. ein ergebener Weggefährte, auf den sich dieser absolut verlassen konnte. Die Unterdrückung der Seitenlinie des sächsischen Fürstenhauses, aus der Heinrich stammte, vor allem durch Kaiser Otto I. und Kaiser Otto II. sowie durch die beiden Kaiserinnen Adelheid und Theophanu, konnte er nur mühsam verwinden. So entstand mit ihm ein später Rächer, der die ottonische Gedenkstätte der Primogenitur, das Kloster Memleben, bedeutungslos machte und das von Kaiser Otto II. aufgelöste Bistum Merseburg wieder herstellte.

Mit gleichem Hass verfolgte er seine entfernten Verwandten aus der

Nachkommenschaft Liutgards, der Tochter Kaiser Ottos I. Es handelte sich um den Zweig der Familie, aus dem sich später die salische Kaiserfamilie entwickelte, die Heinrich II. mit Konrad II. auf dem Thron folgte und die die Geschicke des Landes etwas länger als 100 Jahre lenkte. Vielleicht erkannte der Herrscher am Ende seines Lebens, dass der spätere König Konrad II. das Format besaß, seine Nachfolge anzutreten, nur diese Erkenntnis hätte den Realpolitiker über die tiefen Schatten in seinem Herzen hinwegsehen lassen. Wenn es so gewesen ist, dann hat ihm die Geschichte Recht gegeben.

Auch heute lässt das Studium der vorhandenen Quellen zu, den Charakter Heinrichs II. deutlich auszumachen. Die Schwierigkeit, ihn zu verstehen, ergibt sich aus dem Abstand, der zwischen seiner und der heutigen Zeit besteht.

Obwohl das Herrscherpaar Heinrich und Kunigunde einen großen Teil ihres Lebens gemeinsam verbracht hat, verlief der Weg in die Kanonisation (Heiligsprechung) der beiden in unterschiedlichen Epochen und auf getrennten Wegen. Die Heiligsprechung des Ehepaares kam grundsätzlich nur deshalb zustande, weil das Volk Kunigunde und Heinrich verehrte. Bei Heinrich II. reagierte die Kirche lediglich, bei Kunigunde musste die Verehrung im Volk angeregt werden. Besonders im Bamberger Klerus, aber auch an anderen Orten, wie zum Beispiel in Basel, wurde diese Verehrung ausdrücklich durch Kirchenvertreter von Anfang an geschürt und deutlich unterstützt. Wahrscheinlich hat bereits Bischof Eberhard I. von Bamberg, den Kaiser Heinrich II. selbst zum ersten Bischof des neu geschaffenen Bistums ernannte, die Kanonisation des Herrschers in die Diskussion gebracht. Diese Diskussion hielt vor allem deshalb an, weil Heinrich II. schon lange vor der Heiligsprechung bei seinen Anhängern eine Verehrung genoss, die einem Heiligen gleichkam. In Bamberg wurde die Verehrung des Kaisers durch Seelenämter und Gedächtnisgottesdienste gestützt und damit die Erinnerung an ihn wach gehalten.

In mehreren Stufen erreichte der »Fall« Heinrich II. das Kanonisationsverfahren in Rom. Papst Eugen III. (1145–1153) war durch Gesandte des Bamberger Domkapitels über die Verehrung Heinrichs II. im Volk und über die angeblichen Wunder am Grabe des Herrschers informiert. Er sandte zwei Legaten nach Bamberg, um die Angaben Bischof Egilberts von Bamberg zu überprüfen. Zahlreiche Zeugen bestätigten die Wunder am Grabe Heinrichs II. und seine Verehrung durch das Volk. Die Prüfung fiel daher positiv aus und Papst Eugen III. konnte am 14. März 1046 die Kanonisationsbulle für Heinrich II. ausstellen.

In der Bulle geht Papst Eugen III. besonders auf die vorbildliche Ehe Heinrichs II. und auf seine einfache Lebensführung ein. Seine Kinderlosigkeit wird in den Legenden als besonderes Anzeichen für tugendhaftes Verhalten herausgestellt. Heinrich II. hätten im 11. Jahrhundert durchaus Wege offen gestanden, seine Ehe mit Kunigunde wegen der Kinderlosigkeit des Paares zu lösen, doch die Liebe und Treue der beiden halfen über alle Anfechtungen und Spannungen hinweg. Obwohl seit dem Tode des Kaisers inzwischen der Investiturstreit während der Amtszeiten Papst Gregors VII. und Kaiser Heinrichs IV. getobt hatte und Heinrich II. als König und Kaiser nach Belieben mit der Kirche und den Klöstern des Landes umgegangen war, sah Papst Eugen III. in Heinrich II. nur noch den Wohltäter der Kirche.

Bischof Egilbert von Bamberg erlebte den Erfolg seiner Bemühungen nicht mehr. An seiner Stelle erhob sein Nachfolger, Bischof Eberhard II. von Bamberg, in einer eindrucksvollen Feier am 13. Juli 1147 die Gebeine des Herrschers zum Heiligen, am Todestag des Kaisers nach 123 Jahren.

Kaiser Heinrich II. wurde heilig gesprochen, weil das Herrschergeschlecht der Staufer mit König Konrad III. und das Bistum Bamberg den Wunsch des Volkes durchsetzten. Damit erhielten die einwandfreie Lebensführung und Frömmigkeit des Herrschers, seine aufopferungsvolle Amtsführung und seine freudige Schenkungsbereitschaft ihre ausdrucksvollste Würdigung.

Die Verehrung Kaiserin Kunigundes blieb in der Bevölkerung in den ersten Jahrzehnten nach ihrem Tod (3. März 1033) weit hinter der ihres Gemahls zurück. Die Bamberger Kirche sah in Kunigunde eine Frau, die der Jungfrau Maria in ihrer Ehe und nach dem Tode ihres Mannes als Nonne im Kloster Kaufungen ähnelte. In den Annalen des Bistums Bamberg wird die aufopferungsvolle und hingebungsvolle Arbeit Kunigundes im Kloster ausdrücklich gewürdigt. Erst Ende des 12. Jahrhunderts setzten die Bemühungen ein, auch Kunigunde heilig sprechen zu lassen. Zu der Zeit übte Papst Coelestin III. (1191–1198) das Pontifikat in Rom aus. Doch als der Papst im Jahre 1198 starb, geriet die Angelegenheit zunächst in Vergessenheit.

Neue Wunder am Grabe der Kaiserin veranlassten das Bamberger Domkapitel im Jahre 1200, eine Gesandtschaft nach Rom zu schicken, die einen glaubhaften Bericht über die Wunder am Grabe Kunigundes übergab. Gleichzeitig bestätigten die Mitglieder der Gesandtschaft die Echtheit der Aussagen des Berichts durch Eid. Papst Innozenz III. (1198–1216) vollzog daher die Heiligsprechung Kunigundes am 29. März 1200 in einer dem Anlass angemessenen Feier. Die Kanonisationsbulle enthält neben dem Text der Heiligsprechung Angaben über die liturgische Feier am Tage der neuen Heiligen sowie Texte liturgischer Gebete zu Ehren der heiligen Kunigunde. Die feierliche Erhebung der Gebeine Kunigundes erfolgte am 9. September 1201 anlässlich eines Reichstags in Bamberg im Beisein König Philipps von Schwaben. Die heilige Kunigunde wird auch heute noch besonders in Kaufungen und im Bistum Luxemburg verehrt (3. März).

Die Heiligsprechung des Paares Heinrich und Kunigunde hat der verdienten Grabruhe eher geschadet. Beide Gräber wurden im Verlaufe der Jahrhunderte immer wieder geöffnet. Knochen sind als Reliquien entnommen worden.

Die beiden bedeutendsten dieser Reliquien sind die beiden Kopfreliquiare im Bamberger Domschatz. Sie enthalten die Schädelknochen Heinrichs II. und die seiner Gemahlin Kunigunde. Die beiden Reliquiare wurden bei Prozessionen zu Ehren der beiden Heiligen am Heinrichstag (13. Juli) und am Translationsfest der heiligen Kunigunde (9. September) dem Prozessionszug vorangetragen.

Im Jahr 1513 wurden die Knochenreste der Heiligen gemeinsam in das Stiftergrab übertragen, das Tilman Riemenschneider als Auftragsarbeit geschaffen hat. Die beiden früheren Särge wurden leer unter dem Riemenschneider-Hochgrab im Boden des Bamberger Doms versenkt. Als im 20. Jahrhundert der Dom wissenschaftlich untersucht wurde, entdeckten Archäologen die Stelle, an der sich das ursprüngliche Grab Kaiser Heinrichs II. befand, es liegt in der Mitte des Kirchenschiffes.

Auch das Hochgrab blieb seit seiner Installation nicht unangetastet und wurde mehrfach geöffnet. Reliquien des heiligen Heinrich und der heiligen Kunigunde finden sich über ganz Europa verteilt.

ANHANG

Der Lebensweg Heinrichs II. in Daten (Itinerar)

Datum/Zeit	Ort/Gegend	es urkundete	Bemerkungen
06.05.973	Bad Abbach (?)	Thietmar	Geburt Heinrichs
ab 978 (?)	Hildesheim	****	
ab 985 (?)	Regensburg	****	
ab 988			Mitregent als Herzog v. Bayern
994			
07.11.994 (?)	Bruchsal	Otto III.	anw. Heinrich mit seinem Vater ua
995			
****	Magdeburg	Thietmar	Hoftag
28.08.995	Gandersheim	Thietmar	Tod Heinrichs d. Zänkerss
****	****	****	Aufenthalt in Bayern
996			
18.02.996	Regensburg	Otto III.	Aufbruch zur ersten Italienreise
20.04.996	Cremona	Otto III.	
01.05.996	Ravenna	Otto III.	
06.05.996	Palazzuolo	Otto III.	
22.–31.05.996	Rom	Otto III.	Kaiserkrönung Ottos III.
12.06.996	Foligno	Otto III.	
23.06.996	Pistria	Otto III.	
26.06.996	Plistia	Otto III.	
12.07.996	Arezzo	Otto III.	
20.07.996	Marlia	Otto III.	
21.07.996	Vico	Otto III.	
26.07.996	Borgo San Donnino	Otto III.	
01.–05.08.996	Pavia	Otto III.	
11.09.996	Verona	Otto III.	

September 996			Rückkehr ins Reich
danach	Ingelheim u. Mainz	Gerbert	
31.10.996	Bruchsal	Otto III.	
01.11.996	Bruchsal	Otto III.	
18.11.996	Selz	Odilo	Hoftag
18.12.996	Nimwegen	Otto III.	Weihnachtsfest
997			
08.02.997	Aachen	Otto III.	
bis 09.04.997	Aachen	Otto III.	
18.04.997	Dortmund	Otto III.	Fürstentag
bis Juli 997	****	****	Aufenthalt in Bayern
17.07.997	Eschwege	Otto III.	
17.07.997	Mühlhausen	Otto III.	
20.08.997	Leitzkau	Otto III.	
02.09.997	Thor	Otto III.	
bis Ende Nov 997	****	****	Aufenthalt in Bayern
Ende Nov 997	Regensburg	****	Aufbruch nach Italien
13.12.997	Trient	Otto III.	
25.12.997	Pavia	Quedlinburger Annalen	Weihnachtsfest
31.12.997	Pavia	Otto III.	
998			
05.01.998	Pavia	Otto III.	
19.01.998	Cremona	Otto III.	
Ende Jan. 998	Ravenna	Otto III.	
05.02.998	Ravenna	Otto III.	
06.02.998	Ravenna	Otto III.	
09.02.998	Ravenna	Otto III.	
22.02.998	Rom	Otto III.	
14.02.998	Rom	Otto III.	
09.04.998	Rom	Otto III.	
22.04.998	Rom	Otto III.	
23.04.998	Rom	Otto III.	
26.04.998	Rom	Otto III.	
27.04.998	Rom	Otto III.	
28.04.998	Rom	Otto III.	

29.04.998	Rom	Otto III.	zugunsten Hrzg. Heinrich
01.05.998	Rom	Otto III.	
02.05.998	Rom	Otto III.	
25.05.998	Rom	Otto III.	
27.05.998	Rom	Otto III.	
30.05.998	Rom	Otto III.	
20.06.998	Fonte Rutoli	Otto III.	
06.07.998	Pistoja	Otto III.	
09.07.998	Pistoja	Otto III.	
18.07.998	Lucca	Otto III.	
15.08.998	Marlia	Otto III.	
23.08.998	Marlia	Otto III.	
01.09.998	Marlia	Otto III.	
01.10.998	Pavia	Otto III.	
06.10.998	Pavia	Otto III.	
30.11.998	Rom	Otto III.	
999			
03.01.999	Rom	Otto III.	
07.01.999	Rom	Otto III.	
10.01.999	Rom	Otto III.	
20.02.999	Capua	Otto III.	
11.03.999	Benevent	Otto III.	
29.03.999	Rom	Otto III.	
11.04.999	Rom	Otto III.	
13.04.999	Rom	Otto III.	
14.04.999	Rom	Otto III.	
15.04.999	Rom	Otto III.	
18.04.999	Rom	Otto III.	
26.04.999	Rom	Otto III.	
07.05.999	Rom	Otto III.	
31.07.999	Subiaco	Otto III.	
11.08.999	Subiaco	Otto III.	
08.09.999	Tivoli	Otto III.	
22.09.999	Farfa	Otto III.	
27.09.999	Rom	Otto III.	
03.10.999	Rom	Otto III.	
15.10.999	Rom	Otto III.	

23.10.999	Rom	Otto III.	
03.11.999	Rom	Otto III.	
05.11.999	Rayano	Otto III.	
12.11.999	Gaeta	Otto III.	
02.12.999	Rom	Otto III.	
03.12.999	Rom	Otto III.	
19.12.999	Ravenna	Otto III.	
1000			
01.01.1000	Verona	Otto III.	
17.01.1000	Staffelsee	Otto III.	
31.01.1000	Regensburg	Otto III.	
06.02.1000	Regensburg	Otto III.	
****	Zeitz	Thietmar	
****	Meißen	Thietmar	
Anfg. März 1000	Eulau	Thietmar	
****	Gnesen	Otto III.	
23.03.1000	Magdeburg	Otto III.	
24.03.1000	Magdeburg	Thietmar	
31.03.1000	Quedlinburg	Thietmar	Reichstag
06.04.1000	Quedlinburg	Otto III.	
April–Juni	****	****	Aufenthalt in Bayern
Anfg. Juni 1000	Bruchsal	Rudolf III. v. Burgund	Hoflager
11.06.1000	Hohentwiel	Otto III.	3 Urkunden
20.06.1000	Chur	Otto III.	
06.07.1000	Pavia	Otto III.	
09.07.1000	Pavia	Otto III.	
10.07.1000	Pavia	Otto III.	
07.10.1000	Rom	Otto III.	
01.11.1000	Rom	Otto III.	
05.11.1000	Rom	Otto III.	
27.12.1000	Rom	Otto III.	
1001			
01.01.1001	Rom	Otto III.	
04.01.1001	Rom	Thangmar	Vita Bernwardi
05.01.1001	Rom	Thangmar	

18.01.1001	Rom	Otto III.	
23.01.1001	Rom	Otto III.	
15.02.1001	Rom	Otto III.	
07.03.1001	Perugia	Otto III.	
18.03.1001	Palazzuolo	Otto III.	
25.03.1001	Ravenna	Otto III.	
31.03.1001	Ravenna	Otto III.	
04.04.1001	Ravenna	Otto III.	
20.04.1001	Ravenna	Otto III.	
26.04.1001	Ravenna	Otto III.	
27.04.1001	Ravenna	Otto III.	
28.04.1001	Ravenna	Otto III.	
12.05.1001	Ravenna	Otto III.	
04.06.1001	Rom	Otto III.	
19.07.1001	Albano/Ariccia	Otto III.	
25.07.1001	Paterno	Otto III.	
31.07.1001	Paterno	Otto III.	
11.09.1001	Ravenna	Otto III.	
22.09.1001	Bologna	Otto III.	
14.10.1001	Pavia	Otto III.	
****	****	****	Aufenthalt in Bayern

1002

Febr. 1002	Polling	Thietmar	
06.06.1002	Mainz	Thietmar	Krönung Heinrichs
10.06.1002	Worms	Heinrich II.	
24.06.1002	Reichenau	Thietmar	
29.06.1002	Konstanz	Heinrich II.	
01.07.1002	Sontheim a. d. Günz	Heinrich II.	
10.07.1002	Bamberg	Heinrich II.	2 Urkunden
13.07.1002	Bamberg	Heinrich II.	zugunsten B. Heinrich v. Würzburg
20.07.1002	Kirchberg	Heinrich II.	
24.07.1002	Merseburg	Heinrich II.	zugunsten Kloster St. Florian
28.07.1002	Merseburg	Heinrich II.	Königswahl durch Sächs. Fürsten
Anf. Aug.1002	Grone	Heinrich II.	
10.08.1002	Paderborn	Thietmar	Krönung Kunigundes
12.08.1002	Erwitte	Heinrich II.	
18.08.1002	Duisburg	Heinrich II.	

24.08.1002	Nimwegen	Heinrich II.	
27.08.1002	Utrecht	Heinrich II.	
03.09.1002	Elsloo	Heinrich II.	2 Urkunden
08.09.1002	Aachen	Heinrich II.	
09.09.1002	Aachen	Heinrich II.	Unt.werfg. der lothr. Fürsten
15.09.1002	Boppard	Heinrich II.	zugunsten Klst. S. Remi Reims
28.09.1002	Speyer	Heinrich II.	zugunsten Bisch. v. Paderborn
29.09.1002	Bruchsal	Heinrich II.	zugunsten Kloster Selz
01.10.1002	Bruchsal	Heinrich II.	Unt.werfg. Hermanns v. Schw.
03.10.1002	Bruchsal	Heinrich II.	"
31.10.1002	Augsburg	Heinrich II.	"
01.11.1002	Hasselbach	Heinrich II.	
12.11.1002	Regensburg	Heinrich II.	
16.11.1002	Regensburg	Heinrich II.	4 Urkunden
20.11.1002	Regensburg	Heinrich II.	2 Urkunden
21.11.1002	Regensburg	Heinrich II.	3 Urkunden
24.11.1002	Regensburg	Heinrich II.	Längerer Aufenthalt
25.12.1002	Frankfurt	Thietmar	Weihnachtsfest

1003

15.01.1003	Diedenhofen	Heinrich II.	Hoftag und Synode
24.01.1003	Aachen	Thietmar	Todestag Kaiser Ottos III.
****	Maastricht	Thietmar	
****	Lüttich	Thietmar	
****	Utrecht	Thietmar	
02.02.1003	Aachen	Thietmar	
05.02.1003	Aachen	Heinrich II.	
09.02.1003	Köln	Heinrich II.	2 Urkunden
23.02.1003	Nimwegen	Heinrich II.	
28.02.1003	Nimwegen	Heinrich II.	
10.o. 13.03.1003	Minden	Heinrich II.	
21.03.1003	Hildesheim	Thangmar	
22.03.1003	Magdeburg	Heinrich II.	2 Urkunden
02.04.1003	Quedlinburg	Heinrich II.	Osterfest
15.04.1003	Allstedt	Heinrich II.	
03.05.1003	Merseburg	Heinrich II.	
07.05.1003	Merseburg	Heinrich II.	
12.05.1003	Walbeck	Heinrich II.	

****	Quedlinburg	Heinrich II.	
16.05.1003	Halberstadt	Thietmar	Pfingsten
23.05.1003	Gandersheim	Heinrich II.	
25.05.1003	Gieboldehausen	Heinrich II.	
30.05.1003	Rohr	Heinrich II.	zugunsten Kloster Hersfeld
11.06.1003	Bamberg	Heinrich II.	
30.06.1003	Regensburg	Heinrich II.	
08.09.1003	Bamberg	Thietmar	
09.09.1003	Bamberg	Heinrich II.	2 Urkunden
Herbst	Spessart	Thietmar	Jagdaufenthalt
21.10.1003	St. Pilt	Heinrich II.	
22.10.1003	St. Pilt	Heinrich II.	
01.12.1003	Regensburg	Heinrich II.	
25.12.1003	Pöhlde	Heinrich II.	Weihnachtsfest

1004

23.01.1004 ?	Dornburg	Heinrich II.	
27.01.1004	Allstedt	Heinrich II.	
28.01.1004	Magdeburg	Thietmar	Beerdg. Bischof Giselers
29.01.1004	Magdeburg	Heinrich II.	
30.01.1004	Magdeburg	Thietmar	
****	Giebichenstein	Heinrich II.	
02.02.1004	Merseburg	Thietmar	Weihe B Tagino v. Magdeburg
06.02.1004	Merseburg	Thietmar	
08.02.1004	Wahren	Heinrich II.	
Febr. 1004			Heerzug gegen Boleslaw
24. od. 25.02.1004	Magdeburg	Heinrich II.	
28.02.1004 ?	Magdeburg	Heinrich II.	Erneuerung Bistum Merseburg
04.03.1004	Wallhausen	Heinrich II.	
05.03.1004	Wallhausen	Heinrich II.	
05.03.1004	Gebesee	Heinrich II.	
21.03.1004	Regensburg	Heinrich II.	Ern. Herzog Heinrich v. Bayern
****	Augsburg	Heinrich II.	Abschied von Kunigunde
****	Thingau	Thietmar	Treffen mit seinem Bruder Brun
09.04.1004	Trient	Thietmar	
10.04.1004	Trient	Heinrich II.	
18.04.1004	****	Thietmar	Lager an der Brenta
****	Verona	Thietmar	

****	Brescia	Thietmar	
****	Bergamo	Thietmar	
14.05.1004	Pavia	Thietmar	Königskrönung in Pavia
25.05.1004	Pavia	Heinrich II.	
****	Pontelungo	Thietmar	Hoftag
28.05.1004	Locate	Heinrich II.	
31.05.1004	Rhò	Heinrich II.	2 Urkunden
04.06.1004	Grumo	Thietmar	
04.06.1004	Cadempino	Heinrich II.	
12.06.1004	Locarno	Heinrich II.	2 Urkunden
17.06.1004	Zürich	Heinrich II.	2 Urkunden
25.06.1004	Straßburg	Heinrich II.	
29.06.1004	Mainz	Thietmar	
01.07.1004	Mainz	Heinrich II.	2 Urkunden
20.07.1004	Ohsen	Heinrich II.	
01.08.1004	Magdeburg	Heinrich II.	
08.08.1004	Nienburg	Heinrich II.	Weihe der Klosterkirche
****	Merseburg	Thietmar	Heeresversammlung
****	Magdeburg	Thietmar	Polen-Böhmenfeldzug
08.09.1004	Prag	Thietmar	- " -
****	Bautzen	Thietmar	- " -
09.10.1004	Magdeburg	Heinrich II.	
15.10.1004	Frose	Heinrich II.	
02.11.1004	Magdeburg	Heinrich II.	
13.11.1004	Magdeburg	Heinrich II.	
23.11.1004	Merseburg	Thietmar	
21.12.1004	Allstedt	Heinrich II.	
25.12.1004	Dornburg	Heinrich II.	Weihnachtsfest
28.12.1004	Dornburg	Heinrich II.	zugunsten Bischof von Worms

1005

Feb/März 1005	Tiel	Heinrich II.	
01.04.1005	Aachen	Heinrich II.	
05.04.1005	Aachen	Heinrich II.	
09.04.1005	Aachen	Heinrich II.	
02.05.1005	Utrecht	Heinrich II.	
05.05.1005	Utrecht	Heinrich II.	
31.05.1005	Utrecht	Heinrich II.	

06.07.1005	Dortmund	Heinrich II.	
07.07.1005	Dortmund	Heinrich II.	Synode
17.07.1005	Paderborn	Heinrich II.	
18.07.1005	Corvei	Heinrich II.	
13.08.1005	Nienburg	Heinrich II.	
15.08.1005	Magdeburg	Thietmar	
16.08.1005	Leitzkau	Thietmar	Heeresversammlung
****		Thietmar	Polenfeldzug
22.09.1005	Meseritz	Thietmar	
05.11.1005	Werla	Heinrich II.	
22.11.1005	Duisburg	Heinrich II.	
27.11.1005	Dortmund	Heinrich II.	
1006			
25.01.1006	Merseburg	Heinrich II.	
02.03.1006	Merseburg	Heinrich II.	
12.03.1006	Frose	Heinrich II.	
16.03.1006	Frose	Heinrich II.	
Anf. April 1006	Frose	Heinrich II.	
07.04.1006	Mühlhausen	Heinrich II.	
24.04.1006	Ingelheim	Heinrich II.	
28.05.1006	Erstein	Heinrich II.	
10.06.1006	Erstein	Heinrich II.	
10.06.1006	Boozheim	Heinrich II.	
14.07.1006	Basel	Heinrich II.	
28.07.1006	Bingen	Heinrich II.	
31.08.1006	Aachen	Heinrich II.	
****		Thietmar	Feldzug gegen Balduin v. Flandern
24.10.1006	Corvei	Heinrich II.	
07.12.1006	Merseburg	Heinrich II.	
1007			
01.01.1007	Pöhlde	Heinrich II.	2 Urkunden
06.01.1007	Gandersheim	Quedlinburger Annalen	
24.01.1007	Mühlhausen	Heinrich II.	
30.01.1007	Mühlhausen	Heinrich II.	
06.03.1007	Ladenburg	Heinrich II.	

02.04.1007	Neuburg	Heinrich II.	
06.04.1007	Regensburg	Thietmar	Osterfest
10.04.1007	Regensburg	Heinrich II.	
15.04.1007	Regensburg	Heinrich II.	
17.04.1007	See	Heinrich II.	
06.05.1007	Bamberg	Heinrich II.	2 Urkunden
10.05.1007	Bamberg	Heinrich II.	
13.05.1007	Bamberg	Heinrich II.	
27.05.1007	Mainz	Heinrich II.	
04.06.1007	Mainz	Heinrich II.	
08.07.1007	Aachen	Heinrich II.	
21.07.1007	Regensburg	Thietmar	Heinrichs Mutter stirbt
Sommer 1007		Thietmar	Feldzug in Flandern
19.08.1007	Gent	Thietmar	
22.10.1007	Aachen	Heinrich II.	
01.11.1007	Frankfurt	Heinrich II.	28 Urk. Grdg. Bistum Bamberg
25.12.1007	Pöhlde	Heinrich II.	Weihnachtsfest
1008			
März/Apr. 1008	Mühlhausen	Heinrich II.	
07.05.1008	Würzburg	Heinrich II.	3 Urkunden
11.05.1008	Trebur	Heinrich II.	
18.05.1008	Mainz	Heinrich II.	4 Urkunden
19.05.1008	Mainz	Heinrich II.	
24.05.1008	Ingelheim	Heinrich II.	
01.07.1008	Köln	Heinrich II.	
15.07.1008	Forchheim	Heinrich II.	
12.09.1008	Trier	Heinrich II.	
04.11.1008	Trier	Heinrich II.	
25.12.1008	Pöhlde	Thietmar	Weihnachtsfest
1009			
12.03.1009	Dortmund	Heinrich II.	
17.03.1009	Duisburg	Heinrich II.	
Ende März 1009	Frankfurt	Thietmar	
05.04.1009	Neuburg	Heinrich II.	
20.04.1009	Augsburg	Thietmar	
24.04.1009	Neuburg	Thietmar	Ern. Thietmars z. B. v. Merseburg

20.05.1009	Regensburg	Heinrich II.	Absetzg. Hzg. Heinrichs
22.05.1009	Regensburg	Heinrich II.	
25.05.1009	Allstedt	Heinrich II.	
01.06.1009	Merseburg	Heinrich II.	
05.06.1009	Merseburg	Thietmar	Pfingstfest
07.06.1009	Merseburg	Heinrich II.	
09.06.1009	Merseburg	Heinrich II.	
****	Magdeburg	Thietmar	
06.07.1009	Frankfurt	Heinrich II.	5 Urkunden
06.07.1009	Mainz	Heinrich II.	
Juli/August	****	Thietmar	Heerzug geg. d. Luxemburger
03.09.1009	Ingelheim	Heinrich II.	2 Urkunden
22.10.1009	Straßburg	Heinrich II.	
29.11.1009	Straßburg	Heinrich II.	
03.11.1009	Worms	Heinrich II.	
Nov./Dez. 1009	Kirchberg	Heinrich II.	
25.12.1009	Pöhlde	Thietmar	Weihnachtsfest
1010			
06.04.1010	Regensburg	Heinrich II.	
09.04.1010	Regensburg	Thietmar	
16.04.1010	Regensburg	Heinrich II.	
17.04.1010	Regensburg	Heinrich II.	
19.04.1010	Regensburg	Heinrich II.	2 Urkunden
28.04.1010	Bamberg	Heinrich II.	
01.06.1010	Mainz	Heinrich II.	2 Urkunden
28.07.1010	Merseburg	Heinrich II.	
16.08.1010	Frose	Heinrich II.	
27.10.1010	Oschersleben	Heinrich II.	
02.11.1010	Magdeburg	Heinrich II.	
25.12.1010	Frankfurt	Hildesheimer Annalen	Weihnachtsfest
1011			
07.02.1011	Corvei	Heinrich II.	
10.04.1011	Trebur	Heinrich II.	
09.05.1011	Bamberg	Heinrich II.	2 Urkunden
18.06.1011	Ramspau	Heinrich II.	

19.06.1011	Ramspau	Heinrich II.	
22.05.1011	Regensburg	Heinrich II.	
25.06.1011	Regensburg	Heinrich II.	
26.06.1011	Regensburg	Heinrich II.	
02.07.1011	Ingelheim	Heinrich II.	
02.07.1011	Mainz	Heinrich II.	Hoftag
18.07.1011	Trebur	Heinrich II.	
10.08.1011	Kaufungen	Heinrich II.	
20.08.1011	Kaufungen	Heinrich II.	
25.12.1011	Pöhlde	Thietmar	Weihnachtsfest

1012

Jan. 1012	Merseburg	Thietmar	Verkündigung 5 Jahre Landfrieden
21.01.1012	Magdeburg	Heinrich II.	
30.01.1012	Mainz	Heinrich II.	
06.05.1012	Bamberg	Thietmar	Domeinweihung
30.04.1012	Bamberg	Heinrich II.	
12.05.1012	Bamberg	Heinrich II.	
14.05.1012	Bamberg	Heinrich II.	2 Urkunden
01.06.1012	Merseburg	Thietmar	Pfingstfest
14.06.1012	Grone	Thietmar	
14.08.1012	Metz	Thietmar	
18.08.1012	Nierstein	Heinrich II.	
10.09.1012	Frankfurt	Heinrich II.	
17.09.1012	Grone	Heinrich II.	
21.09.1012	Seehausen	Thietmar	
22.09.1012	Magdeburg	Thietmar	
17.10.1012	Merseburg	Heinrich II.	
01.11.1012	Helmstedt	Thietmar	
10.11.1012	Koblenz	Thietmar	Synode (Verurt. B. Dietrich v. Metz
01.12.1012	Mainz	Thietmar	Frieden mit den Luxemburgern
25.12.1012	Pöhlde	Thietmar	Weihnachtsfest
29.12.1012	Pöhlde	Heinrich II.	

1013

06.01.1013	Allstedt	Heinrich II.
****	Merseburg	Thietmar
02.02.1013	Magdeburg	Heinrich II.

24.02.1013	Werla	Quedlinburger Annalen	Erkrankung des Königs
03.03.1013	Werla	Heinrich II.	
26.03.1013	Hildesheim	Heinrich II.	
05.04.1013	Paderborn	Thietmar	Osterfest
24.04.1013	Grone	Heinrich II.	2 Urkunden
24.05.1013	Merseburg	Thietmar	Pfingstfest
21.06.1013	Frankfurt	Heinrich II.	2 Urkunden
19.07.1013	Frankfurt	Heinrich II.	
21.09.1013	Merseburg	Thietmar	
22.09.1013	Balgstädt	Heinrich II.	
02.10.1013	Bamberg	Heinrich II.	
07.10.1013	Regensburg	Heinrich II.	
25.12.1013	Pavia	Heinrich II.	Weihnachtsfest
1014			
17.01.1014	Pavia	Heinrich II.	
****	Ravenna	Heinrich II.	4 Urkunden
14.02.1014	Rom	Thietmar	Kaiserkrönung
15.02.1014	Rom	Heinrich II.	8 Urkunden
****	Subtrio	Heinrich II.	
****	Fasciano	Heinrich II.	4 Urkunden
****	Pappiano	Heinrich II.	3 Urkunden
****	Piacenza	Heinrich II.	
25.04.1014	Pavia	Thietmar	Osterfest
07.05.1014	Pavia	Heinrich II.	2 Urkunden
12.05.1014	Pavia	Heinrich II.	7 Urkunden
21.05.1014	Verona	Heinrich II.	3 Urkunden
22.05.1014	S. Zeno b. Verona	Heinrich II.	
****	Dolce b. Volargne	Heinrich II.	
24.05.1014	Lizzana	Heinrich II.	
21.06.1014	Regensburg	Heinrich II.	2 Urkunden
05.07.1014	Bamberg	Heinrich II.	
29.07.1014	Mörfelden	Heinrich II.	
****	Dortmund	Heinrich II.	
****	Sohlingen	Heinrich II.	
17.09.1014	Halberstadt	Heinrich II.	
01.11.1014	Merseburg	Heinrich II.	

10.11.1014	Merseburg	Thietmar	
20.11.1014	Allstedt	Heinrich II.	
25.12.1014	Pöhlde	Thietmar	Weihnachtsfest
29.12.1014	Pöhlde	Heinrich II.	
30.12.1014	Pöhlde	Heinrich II.	2 Urkunden
1015			
15.01.1015	Mühlhausen	Heinrich II.	
26.01.1015	Frankfurt	Heinrich II.	
05.02.1015	Frankfurt	Heinrich II.	
25.02.1015	Bonn	Heinrich II.	
06.04.1015	Merseburg	Thietmar	
17.04.1015	Merseburg	Heinrich II.	
11.05.1015	Kaufungen	Heinrich II.	
28.05.1015	Imbshausen	Thietmar	Pfingstfest
24.06.1015	Goslar	Thietmar	
****	Magdeburg	Thietmar	
Sommer 1015			Polenfeldzug
03.08.1015	Oderquerung	Thietmar	Polenfeldzug
04.10.1015	Merseburg	Heinrich II.	2 Urkunden
28.11.1015	Nimwegen	Heinrich II.	
25.12.1015	Paderborn	Thietmar	Weihnachtsfest
1016			
10.01.1016	Dortmund	Heinrich II.	2 Urkunden
14.01.1016	Dortmund	Heinrich II.	2 Urkunden
25.03.1016	Würzburg	Thietmar	
15.04.1016	Bamberg	Heinrich II.	2 Urkunden
18.04.1016	Bamberg	Heinrich II.	
17.05.1016	Mörfelden	Heinrich II.	
18.05.1016	Mörfelden	Heinrich II.	
****	Frankfurt	Heinrich II.	
21.06.1016	Kembs	Heinrich II.	
****	Straßburg	Thietmar	Treffen mit König Rudolf III.
****	Basel	Thietmar	Burgundfeldzug
29.08.1016	Dammerkirch	Heinrich II.	
29.09.1016	Erstein	Heinrich II.	
11.10.1016	Frankfurt	Heinrich II.	2 Urkunden

17.10.1016	Frankfurt	Heinrich II.	2 Urkunden
06.12.1016	Duisburg	Heinrich II.	
25.12.1016	Pöhlde	Thietmar	Weihnachtsfest
1017			
06.01.1017	Allstedt	Heinrich II.	Hoftag
****	Merseburg	Heinrich II.	
02.02.1017	Merseburg	Thietmar	
17.02.1017	Magdeburg	Thietmar	
20.02.1017	Magdeburg	Heinrich II.	
22.02.1017	Halberstadt	Thietmar	
24.02.1017	Quedlinburg	Thietmar	
26.03.1017	Goslar	Heinrich II.	
****	Kaufungen	Heinrich II.	
14.04.1017	Mainz	Thietmar	
28.04.1017	Ingelheim	Heinrich II.	
08.05.1017	Frankfurt	Heinrich II.	
09.05.1017	Frankfurt	Heinrich II.	
Mai 1017	Aachen	Heinrich II.	Rückgabe Bayern an Hrzg. Heinrich
09.06.1017	Werden	Thietmar	Pfingsten
****	Paderborn	Heinrich II.	
29.06.1017	Goslar	Heinrich II.	
06.07.1017	Magdeburg	Thietmar	Polenfeldzug
10.07.1017	Leitzkau	Heinrich II.	
11.07.1017	Leitzkau	Heinrich II.	
09.08.1017	Glogau	Thietmar	
01.10.1017	Merseburg	Heinrich II.	
26.10.1017	Allstedt	Heinrich II.	
03.11.1017	Allstedt	Heinrich II.	
06.12.1017	Gottern	Heinrich II.	zugunsten Klst. Kaufungen
****	Mühlhausen	Heinrich II.	
****	Bamberg	Thietmar	
****	Würzburg	Thietmar	
25.12.1017	Frankfurt	Thietmar	Weihnachtsfest
1018			
01.01.1018	Frankfurt	Thietmar	
06.01.1018	Frankfurt	Thietmar	

12.01.1018	Frankfurt	Heinrich II.	
21.01.1018	Frankfurt	Heinrich II.	2 Urkunden
08.02.1018	Mainz	Heinrich II.	Übergabe d. burg. Insignien
30.03.1018	Nimwegen	Thietmar	
06.04.1018	Nimwegen	Thietmar	Osterfest
12.04.1018	Nimwegen	Heinrich II.	
12.-14.05.1018	Aachen	Thietmar	
25.05.1018	Ingelheim	Thietmar	Pfingstfest
****	Mainz	Thietmar	
****	Bürgel	Heinrich II.	Hof- u. Gerichtstag
09.06.1018	Worms	Heinrich II.	
16.06.1018	Straßburg	Heinrich II.	
****	Basel	Thietmar	Burgundfeldzug
02.09.1018	Zürich	Heinrich II.	
2.9.-Anf. Okt. 1018	Zürich	Thietmar	
26.11.1018	Lüttich	Heinrich II.	
****	Paderborn	Heinrich II.	

1019

09.01.1019	Kaufungen	Heinrich II.	
16.03.1019	Goslar	Heinrich II.	
20.03.1019	Goslar	Heinrich II.	
07.04.1019	Merseburg	Heinrich II.	
09.04.1019	Merseburg	Heinrich II.	
04.05.1019	Allstedt	Heinrich II.	3 Urkunden
10.05.1019	Allstedt	Heinrich II.	
12.05.1019	Gutistat	Heinrich II.	
20.05.1019	Magdeburg	Heinrich II.	
****	Paderborn	Heinrich II.	
01.07.1019	Köln	Heinrich II.	
11.07.1019	Köln	Heinrich II.	
15.08.1019	Koblenz	Heinrich II.	
****	Mainz	Heinrich II.	
11.10.1019	Basel	Heinrich II.	
****	Regensburg (?)	****	
15.12.1019	Mühlhausen	Heinrich II.	2 Urkunden
25.12.1019	Würzburg	Heinrich II.	Weihnachtsfest
31.12.1019	Würzburg	Heinrich II.	

1020

18.02.1020	Köln	Heinrich II.	
23.04.1020	Bamberg	Heinrich II.	2 Urkunden
24.04.1020	Bamberg	Heinrich II.	
25.04.1020	Bamberg	Heinrich II.	
26.04.1020	Bamberg	Heinrich II.	
01.05.1020	Fulda	Heinrich II.	
03.05.1020	Fulda	Heinrich II.	
22.05.1020	Kaufungen	Heinrich II.	
29.05.1020	Allstedt	Heinrich II.	
10.06.1020	Trebur	Heinrich II.	
24.07.1020	Aachen	Heinrich II.	
05.08.1020	Gent	Blandainer Annalen	
27.09.1020	Hammerstein	Heinrich II.	
30.10.1020	Hammerstein	Heinrich II.	
23.12.1020	Hammerstein	Heinrich II.	

1021

****	Köln	Heinrich II.	
16.02.1021	Paderborn	Heinrich II.	
01.03.1021	Imbshausen	Heinrich II.	
21.05.1021	Magdeburg	Heinrich II.	
****	Allstedt	Quedlinburger Annalen	sächsischer Hoftag
29.06.1021	Köln	Heinrich II.	
03.07.1021	Köln	Heinrich II.	3 Urkunden
28.07.1021	Nimwegen	Heinrich II.	
07.08.1021	Köln	Heinrich II.	
10.08.1021	Koblenz	Heinrich II.	
****	Walbeck	Heinrich II.	
24.09.1021	Quedlinburg	Heinrich II.	Weihe Klosterkirche
05.10.1021	Merseburg	Quedlinburger Annalen	
****	Allstedt	Ouedlinburger Annalen	sächsischer Hoftag
02.11.1021	Bamberg	Heinrich II.	
11.11.1021	Augsburg	Heinrich II.	2 Urkunden

12.11.1021	Augsburg	Heinrich II.	
13.11.1021	Augsburg	Heinrich II.	2 Urkunden
14.11.1021	Mehring	Heinrich II.	
15.11.1021	Inning	Heinrich II.	
06.12.1021	S.Zeno b. Verona	Heinrich II.	
10.12.1021	Mantua	Heinrich II.	
31.12.1021	Ravenna	Heinrich II.	2 Urkunden
1022			
01.02.1022	Chieti	Heinrich II.	
Feb. 1022	Campo di Pietra	Heinrich II.	
10.03.1022	Benevent	Heinrich II.	
09.04.1022	Benevent	Heinrich II.	
31.05.1022	Troja	Heinrich II.	
****	Montecassino	Heinrich II.	
14.07.1022	Marturio	Heinrich II.	
23.07.1022	Priuaria b. Lucca	Heinrich II.	
01.08.1022	Pavia	Heinrich II.	Synode
03.11.1022	Grone	Heinrich II.	
05.12.1022	Grone	Heinrich II.	
09.12.1022	Grone	Heinrich II.	
11.12.1022	Ermschwerd	Vita Meinwerci	Hof- u. Gerichtstag
24.12.1022	Paderborn	Vita Meinwerci	Weihnachtsfest
1023			
04.01.1023	Paderborn	Heinrich II.	
05.09.1023	Paderborn	Heinrich II.	
14.01.1023	Paderborn	Heinrich II.	4 Urkunden
16.05.1023	Köln	Heinrich II.	2 Urkunden
18.06.1023	Neuss	Heinrich II.	
27.07.1023	Aachen	Heinrich II.	
****	Ivois	Heinrich II.	
02.09.1023	Brumath	Heinrich II.	2 Urkunden
25.09.1023	Basel	Heinrich II.	
29.10.1023	Erstein	Heinrich II.	
04.11.1023	Straßburg	Heinrich II.	
30.11.1023	Mainz	Heinrich II.	
02.12.1023	Trebur	Heinrich II.	

10.12.1023	Trebur	Heinrich II.	
13.12.1023	Trebur	Heinrich II.	
1024			
03.01.1024	Bamberg	Heinrich II.	
05.02.1024	Bamberg	Heinrich II.	
08.03.1024	Bamberg	Heinrich II.	
09.03.1024	Bamberg	Heinrich II.	
21.–25.03.1024	Mühlhausen	Quedlinburger Annalen	Hoftag
29.03.1024	Allstedt	Quedlinburger Annalen	
02.04.1024	Nienburg	Quedlinburger Annalen	
19.04.1024	Goslar	Heinrich II.	
13.07.1024	Grone		Tod Heinrichs II.
1146			
13.07.1146	Rom	Papst Eugen III.	Heiligsprechung Heinrichs II.

Literatur- und Quellenverzeichnis

Althoff, Gerd: »Otto III.«, Darmstadt 1997

Angrüner, Fritz: »Abbacher Heimatbuch«, 1. Auflage, Bad Abbach 1973

Bauer, Heinz / Hohmann, Friedrich Gerhard: »Der Dom zu Paderborn«, 4. Auflage, Paderborn 1987

Bauer, Karl: »Regensburg – Kunst-, Kultur- und Alltagsgeschichte«, 5. Auflage, Regensburg 1997

Baumgärtner, Ingrid (Hrsg.): »Kunigunde – eine Kaiserin an der Jahrtausendwende«, Kassel 1997

Beumann, Helmut: »Die Ottonen«, 4. Auflage, Stuttgart/Berlin/Köln 1997

Becker, Joseph (Hrsg.): »Die Werke Liudprands von Cremona«, MGH, München 1993

Beyreuther, Gerald: »Heinrich II.«, in: »Kaiser, König, Edelmann ...«, hrsg. von Evamaria Engel und Eberhard Holtz, Leipzig 1989

Bresslau, Harry / Bloch, H. / Holtzmann, R. u. a. (Hrsg.): »Die Urkunden Heinrichs II. und Arduins (Heinrici II. et Arduini Diplomata)«, MGH, München, Nachdruck 1980

Bresslau, Harry: »Die Urkunden Konrads II. (Conradi II. Diplomata)«, mit Nachträgen zu den Urkunden Heinrichs II., MGH, München, Nachdruck 1980

Breuers, Dieter: »Ritter, Mönch und Bauersleut – Eine unterhaltsame Geschichte des Mittelalters«, Bergisch-Gladbach 1994

Brunner, Karl / Daim, Falko: »Ritter, Knappen, Edelfrauen – Das Rittertum im Mittelalter«, Frechen

Buchner, Rudolf (Hrsg.): »Frutolfs und Ekkhards Chroniken und die anonyme Kaiserchronik«, in: Ausgewählte Quellen zur Deutschen Geschichte des Mittelalters – Freiherr vom Stein-Gedächtnisausgabe, Darmstadt 1972

Burckhardt, Rudolf F.: »Der Basler Münsterschatz«, in: Die Kunstdenkmäler des Kantons Basel-Stadt, Band II, Basel 1933

Diwald, Hellmut: »Heinrich der Erste – Die Gründung des Deutschen Reiches«, Bergisch-Gladbach 1987

Eckhardt, Karl August (Hrsg.): »Sachsenspiegel«, MGH, München 1989

Ders.: »Sachsenspiegel. Quedlinburger Handschrift«, MGH, München 1989
Eickhoff, Ekkehard: »Theophanu und der König Otto III. und seine Welt«, Stuttgart 1997
Ders.: »Kaiser Otto III. Die erste Jahrtausendwende und die Entfaltung Europas«, Stuttgart 1999
Einsle, Hans: »Die Ungarnschlacht im Jahre 955 auf dem Lechfeld – Ursachen und Wirkungen«, Augsburg 1993
Ennen, Edith: »Frauen im Mittelalter«, München 1991
Fillitz, Hermann / Kahsnitz, Rainer / Kuder, Ulrich: »Zierde für ewige Zeit – Das Perikopenbuch Heinrichs II.«, Bayerische Staatsbibliothek (Hrsg.), München 1995
Fischer-Fabian, S.: »Die Deutschen Cäsaren – Triumph und Tragödie der Kaiser des Mittelalters«, Locarno 1977
Flodoard von Reims: »Historia Remensis ecclesiae«, hrsg. von Martina Stratmann, MGH, München 1998
Fried, Johannes: »Die Formierung Europas 840–1046«, München 1993
Fußbroich, Helmut: »Theophanu – Die Griechin auf dem deutschen Kaiserthron«, Köln 1991
Grundmann, Herbert (Hrsg.): »Gebhardt – Handbuch der Deutschen Geschichte«, 9. Auflage, Band 3 und 4, Stuttgart 1970
Guth, Klaus: »Die Heiligen Heinrich und Kunigunde. Leben, Legende, Kult und Kunst«, Bamberg 1986
Hartmann, Wilfried (Hrsg.): »Deutsche Geschichte in Quellen und Darstellung«, Band 1, Frühes und hohes Mittelalter 750–1250, Stuttgart 1995
Hiller, Helmut: »Otto der Große und seine Zeit«, München 1980
Hirsch, Paul / Lohmann, Hans-Eberhard (Hrsg.): »Die Sachsengeschichte des Widukind von Korvei«, MGH, München 1989
Hirsch, Siegfried: »Jahrbücher des Deutschen Reichs unter Heinrich II.«, Band 1–3, Neudruck der 1. Auflage von 1862, Berlin 1975
Historischer Verein Bamberg: »Bericht 135 (1999)«, Bamberg 1999
Höfer, Manfred: »Die Kaiser und Könige der Deutschen«, München 1994
Ders.: »Adelheid – Mutter Europas – Das Leben einer Kaiserin«, unveröffentlichtes Manuskript
Ders.: »Phalanza – Kaiserpfalzen und Königshöfe am Harz – Eine Reise in die Frühzeit der deutschen Geschichte«, unveröffentlichtes Manuskript
Holtzmann, Robert (Hrsg.): »Die Chronik des Bischofs Thietmar von Merseburg und ihre Korveier Überarbeitung«, MGH, München 1996
Jedin, Hubert (Hrsg.): »Die mittelalterliche Kirche«, Erster Halbband: Vom

kirchlichen Frühmittelalter zur gregorianischen Reform (mehrere Autoren), in: Handbuch der Kirchengeschichte, Band III, Die mittelalterliche Kirche, Freiburg/Basel/Wien 1966

Keller, Hagen: »Reichsstruktur und Herrschaftsauffassung in ottonisch-frühsalischer Zeit«, aus: Frühmittelalterliche Studien 16/1982

Kempf, Friedrich: »Die mittelalterliche Kirche«, Freiburg 1985

Kienast, Walther: »Monographien zur Geschichte des Mittelalters«, Band 9, I, Deutschland und Frankreich in der Kaiserzeit (900–1270), Weltkaiser und Einzelkönige, Erster Teil, Stuttgart 1974

Ludat, Herbert: »An Elbe und Oder um das Jahr 1000 – Skizzen zur Politik des Ottonenreiches und der slawischen Mächte in Mitteleuropa«, Köln 1971

Mikoletzky, Hanns Leo: »Kaiser Heinrich II. und die Kirche«, in: Veröffentlichungen des Instituts für Österreichische Geschichtsforschung, hrsg. von Leo Santifaller, Wien 1946

Moser, Peter: »Bamberg – Geschichte einer Stadt«, Bamberg 1998

Ders.: »Würzburg – Geschichte einer Stadt«, Bamberg 1999

Nicolle, David: »The History of Medieval Life«, London 1997

Odilo von Cluny: »Epitaphium Domine Adalheide Auguste« und »Liber miraculorum«, in der Bearbeitung von Herbert Paulhart, Übersetzung von Esther Lampe und Manfred Höfer, in: Höfer, Manfred: »Adelheid – Mutter Europas – Das Leben einer Kaiserin«, unveröffentlichtes Manuskript

Ott, Irene (Hrsg.): »Ruotgers Lebensbeschreibung des Erzbischofs Bruno von Köln«, MGH, München 1951

Patze, Hans / Schwind, Fred (Hrsg.): »Ausgewählte Aufsätze von Walter Schlesinger 1965–1979«, in: Vorträge und Forschungen, hrsg. vom Konstanzer Arbeitskreis für mittelalterliche Geschichte, Band 34, Sigmaringen 1987

Pfaff, Carl: »Kaiser Heinrich II. Sein Nachleben und sein Kult im mittelalterlichen Basel«, Baseler Beiträge zur Geschichtswissenschaft, Band 89, Basel/Stuttgart 1963

Sala, G. / Vedovelli, G.: »Vita e miracoli di Adelaide di Borgogna«, Verona 1990

Schneider, Reinhard: »Die Königserhebung Heinrichs II. im Jahre 1002«, in: Deutsches Archiv für Erforschung des Mittelalters namens der MGH, hrsg. von Horst Fuhrmann und Hans Martin Schaller, München 1972

Schneider, Rolf: »Vor 1000 Jahren – Alltag im Mittelalter«, Augsburg 1999

Schneidmüller, Bernd / Weinfurter, Stefan (Hrsg.): »Otto III. – Heinrich II. Eine Wende?«, Sigmaringen 1997

Schütz, Markus: »Adalbold von Utrecht: Vita Heinrici II Imperatoris«, in: Historischer Verein Bamberg, Bericht 135, Bamberg 1999

Seidlmayer, Michael: »Geschichte Italiens«, Stuttgart 1989
Sickel, Theodor (Hrsg.): »Die Urkunden Otto des III. (Ottonis Diplomata)«, MGH, München, Nachdruck 1980
Staub, Johannes (Hrsg.): »Iotsald von Saint-Claude, Vita des Abtes Odilo von Cluny«, MGH, München 1998
Stumpf, Marcus (Hrsg.): »Die Vita sancti Heinrici regis et confessoris und ihre Bearbeitung durch den Bamberger Diakon Adelbert«, MGH, München 1999
Sturm, Werner / Knesch, Günther: »Festschrift zur Beendigung der Sanierung des Heinrichsturmes«, Bad Abbach 1985
Tenckhoff, Franz (Hrsg.): »Das Leben des Bischofs Meinwerk von Paderborn« (Vita Meinwerci episcopi Patherbrunnensis), MGH, München 1987
Thangmarus »Hildesheimensis«: »Vita Bernwardi – das Leben des Bischofs Bernward von Hildesheim«, Neuübersetzung verschiedener Autoren, Hildesheim 1993
Trillmich, Werner: »Thietmar von Merseburg – Chronik«, Ausgewählte Quellen zur deutschen Geschichte des Mittelalters, Freiherr vom Stein-Gedächtnisausgabe, 7. Auflage, Darmstadt 1992
Waas, Adolf: »Der Mensch im deutschen Mittelalter«, Wiesbaden 1996
Wagner, Wilhelm J.: »Neuer Großer Bildatlas der Deutschen Geschichte«, Gütersloh 1999
Weiland, Ludwig (Hrsg.): »Constitutiones et acta publica imperatorum et regum inde ab a. DCCCCXI usque ad a. MCXCVII«, MGH, München, Nachdruck 1963
Weinfurter, Stefan: »Heinrich II. – Herrscher am Ende der Zeiten«, Regensburg 1999
Ders.: »Kaiser Heinrich II. – Ein Herrscher aus Bayern«, in: Oberbayerisches Archiv 122, München 1998
Wenzler, Claude: »Die Könige von Frankreich«, Rennes 1995
Wies, Ernst W.: »Otto der Große – Kämpfer und Beter«, München 1989
Wienbruch, Anny: »Adelheid, Königin und Kaiserin«, Lahr-Dinglingen 1978

Personenregister

C

D

E

H

M

N

O

T

U

V

W

Orts- und Sachregister

A

B

C

D

E

I

J

K

T

U

Bildnachweis

Bild 1 Vereinfachte Stammtafel des sächsischen Herrscherhauses, Zeichnung des Verfassers
Bild 2 Gesamtanlage der Burg Abbach, der Geburtsstätte Heinrichs II., Zeichnung von Günter Knesch, Nachdruck mit freundlicher Genehmigung des Heimatvereins Bad Abbach e. V.
Bild 3 Das Lehnswesen in Deutschland, Grafik des Verfassers
Bild 4 Die bayerischen Herzöge und ihre Regierungszeiten im 10. und frühen 11. Jahrhundert, Tabelle des Verfassers
Bild 5 Vereinfachtes Modell der Regierungsvorstellung Kaiser Ottos III., Grafik des Verfassers
Bild 6 Stammbaum der Kaiserin Kunigunde, Hartmann Schedel, Weltchronik, Nürnberg; Anton Koberger, 1493 (Staatsbibliothek Bamberg, Inc. Typ. E I 2 a, fol. 187 r)
Bild 7 Kaiser Heinrich II. und Kaiserin Kunigunde als Stifter, Weltchronik des Arztes Dr. Hartmann Schedel, 1493 (Staatsbibliothek Bamberg)
Bild 8 Die Pflugscharprobe, Holzschnitt, vermutlich Bamberger Künstler, 1511 (Staatsbibliothek Bamberg)
Bild 9 Die Familie Kaiserin Kunigundes, Grafik des Verfassers

Separate Bildteile:

Bild [1] Die Reichskrone, Foto: Marianne Haller
Bild [2] Heinrich II., Merseburger Dom, Foto des Verfassers
Bild [3] Kaiserin Kunigunde, Merseburger Dom, Foto des Verfassers
Bild [4] Initialseite aus dem Perikopenbuch Heinrichs II., Bayerische Staatsbibliothek, München
Bild [5] Die Krönung Heinrichs II., aus dem Regensburger Sakramentar, Bayerische Staatsbibliothek, München
Bild [6] Heinrich II. und Kunigunde werden von Christus gekrönt, Perikopenbuch, Bayerische Staatsbibliothek, München
Bild [7] Die Kinderkrone Ottos III., Essen, Domschatz

Karten:

Stammtafel des ottonischen Herrscherhauses

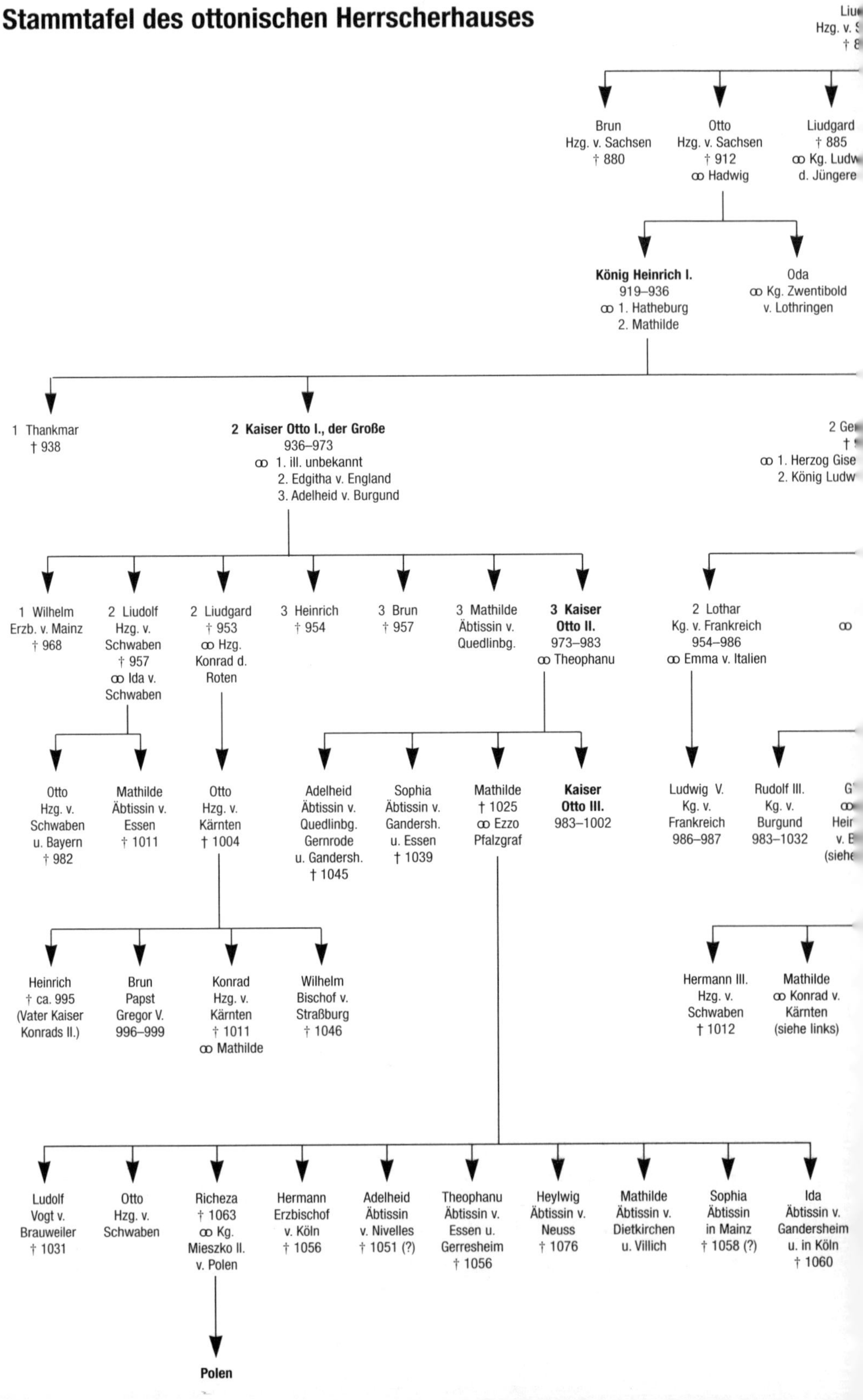